JN271029

「自分らしさ」を認める
PCAグループ入門
新しいエンカウンターグループ法

Person Centered Approach

村山正治 編著
Murayama Shoji

創元社

はしがき

　本書は新しいグループコンセプトに基づいて、新しいエンカウンターグループ（EG）の方法を提案したものである。
　筆者は50年近くエンカウンターグループを実践してきた。エンカウンターグループ体験の場は、筆者にとっては、実践仲間が生まれてきたり、自分自身の成長につながる場であったり、専門家としての研究フィールドでもある。また、筆者はいわゆる「非構成的エンカウンターグループ」も「構成的エンカウンターグループ」も両方を経験してきているが、どちらも好きであるし、どちらも有効であると思っている。
　日本にエンカウンターグループが導入されて50年近い歳月がたった。その間、筆者は、仲間たちと人間関係研究会、福岡人間関係研究会の創設に携わってきた。さまざまな実績をつくってきたし、著作も多数刊行され、実践も積まれてきている。しかし、現在、日本におけるエンカウンターグループは転機にあると筆者は見ている。それは、時代の大きな転換点にエンカウンターグループをどう活かすかが明確でないからである。

本書をなぜ出版するのか
　ここ10年ほど、私は本書で述べる「PCAグループ（Person Centered Approach Group; PCAG）」と呼ぶ新しいエンカウンターグループの方法を仲間とともに編み出してきた。エンカウンターグループのさらなる発展に役立ちたいと心から願っているからである。それは新しい時代認識の問題であろう。
　もともとエンカウンターグループは、セラピーではなく、1960年代のパラダイムシフトの時期に生まれてきた人間回復運動であった。だとすれば、現代の人間回復とは何かを問うことで、エンカウンターグループの時代的意義が明らかになるであろう。
　21世紀はどんな時代か、私たちはどんな社会に生きているのか、エンカウンターグループをやる目的は何か、が改めて問われなければならない。筆者は

現代社会は「私の時代」である、「自己実現の時代」であると認識している。自分自身も含めて一人ひとりが大切にされる時代である。筆者がエンカウターグループ体験から学んだことは、人間は一人ひとり、なんと違った別々の存在であるか、ということである。一人ひとりは代理不可能な存在である。しかし人類史的に見れば、人間は一人では生きられない。家族をつくり、社会をつくって相互に助け合って生活してきた。したがって、「私の時代」は当然、お互いの相違を尊重する、「多様性に寛容」であることが必要になってくる。社会的には「ダイバーシティモデル」「多様性モデル」と呼んでもよい。お互いに分かり合うにはコミュニケーションが必要である。あうんの呼吸も大事だが、それだけではお互いに理解できない状況が生まれてきている。日本文化だけでなく、さらに多様な文化のなかで育った一人ひとりの人間が、相互に理解しながら、人間がどのようにして仲間と生きていくかが問われる時代なのである。地球規模でそれが問われているのは、おそらく人類始まって以来のことではないか。

こうしたなかで、日本文化の直面している最大の課題は、個と集団のバランスである。社会も学校も会社も家族も、この問題にぶつかっている。この課題に、われわれはPCAグループで挑戦していこうとしているのである。

PCAグループの新しさとは何か

PCAグループは、「グループアプローチ」であるにもかかわらず「はじめに個人ありき」を第一原則にもってくる。そのほかにも「心理的安全感の醸成」「あるがままの自分を認める」など、運営・実践上、七つの視点を大切にしている（これについては、第1章2.でくわしく述べる）。

これまでのグループは、集団になじめない個人を集団に適応させようとする傾向があった。特に公立学校で行われる集団合宿は、規則、規律訓練であった。もちろん、その重要性を否定するものではないが、PCAグループは、個人を殺すことなく、今の自分を肯定しながら仲間と相互理解していく新しい試みである。

このグループから生まれてくる人間像は、実証的研究によって三つの特徴をもっていることが明らかになった。それは、「自分らしさの肯定」「メンバー相互のつながり」「お互いの相違の尊重」の三つである。

これはまさに、21世紀の特徴である「私の時代」「多様性の時代」「相互理解の時代」に必要な人間像であると見ていいだろう。つまりPCAグループは、この実現に寄与すべく実績をあげてきたのである。まだその途上にいることも確かであるが、目指している方向性は間違っていないであろう。

最近の日本社会の課題

さてここで、グループ体験から見えてくる日本社会の課題の一端を見ておきたい。

（1）初期不安の緩和の必要性

日本の社会では、昔から大学生に「5月病」と言われる現象がある。5月という時期は、大学に合格して、目標達成後の喪失感とともに、さまざまな心理的病気が出やすい時期である。最近は大学だけでなく会社でも、「6月病」と言われて退職する人が増えているという。新しい環境に入ったときには、人間は誰でも初期不安を感じるものである。しかし、そうしたことを考慮せず、過重な課題を与えて不安にさせ、うつや不登校を生み出す風潮が、日本の文化にはあるのではないだろうか。

PCAグループは、こうした「初期不安の緩和」に非常に有効である。ある看護学校では入学初期のPCAグループ体験で5月病が無くなったと聞いたことがある。小学校から大学、会社まで、日本の初期猛烈ダッシュ文化そのものを変えていく必要があるのではないかと筆者は思っている。

（2）自己肯定感の育成

最近、国際比較調査で、日本の高校生が韓国・中国・米国と比較して、自己肯定感が極端に低いことが判明している。しかも、日本の高校生では、過去15年にわたって自己肯定感がだんだん低くなっていることが明らかになっている。ほかの三国と比較して、謙虚さを美徳とする日本の文化の相違を考慮に入れても低すぎる。これにはさまざまな要因が絡んでいるが、日本の社会・文化・教育のどこかにひずみがあることは確かであろう。自己肯定感が低いのは、ロジャースの人格論を待つまでもなく、その人のもつパーソナルパワーを発揮できていない状態であると見ていいだろう。この改善は急務である。

（3）対人不安の強さ

　これもPCAグループの実践から気づいたことであるが、10年くらい前から、「グループ嫌い」と「初期不安」を感じている人たちが増えているように思う。批判を極端に恐れ、人前で自己表現できない人たちが増えている。おそらく自己肯定感の低さが関係しているものと思われる。生徒指導が大変やりにくい。ものを言わないことも含めて、そこに安心してただ「居る」ことができる状態をつくることが大切である。

　PCAグループは、「私の時代」に生きる人たちのパーソナルパワーを解放することを目指した活動である。自己実現を促進できる場を提供したいのである。
　自己実現の諸側面のうち、PCAグループでは次の3要因（自分らしさの肯定、メンバー相互のつながり、お互いの相違の尊重）の変化が確認されている。3要因については第4章3．❷を参照していただきたい。この三つの特徴を顕著にもって生きている人たちが自己肯定感を高め、自分を信頼して人生を生きていく方向を目指している。
　これまで、学校、看護、臨床心理、福祉の分野で実績をあげてきているが、今後も研究と実践を積んで、「私の時代」を生きる場をつくっていきたい。

本書を読んでいただきたい方々

　PCAグループは、これまで臨床心理士養成大学院・学部教育・学校教育・看護の領域で有効であることを示す実績を積んできている。
　生徒のもつ生徒相互の援助力を生かすグループをこれからもさまざまな領域で活用していただけることを筆者たちは心から願っている。新しいグループ時代の幕開けの一端を担えれば、幸甚である。
　以下に、特に読んでいただき、実践に役立てていただきたい領域を挙げておきたい。
　①臨床心理士養成大学院で大学院生の臨床実習・スクールカウンセラー養成・グループアプローチ特論などを担当されている教員
　②大学の新入生のオリエンテーションや宿泊訓練担当の教員
　③看護専門学校の新入生オリエンテーション担当教職員
　④企業・自治体の新入社員研修・離職防止などの担当職員

⑤小学校・中学校・高等学校・高等専門学校・大学などの生徒指導担当教職員やスクールカウンセラー
⑥教員や看護師のリフレッシュ研修担当者
⑦精神科デイケアを担当している臨床心理士
⑧子育て支援のための親のグループ担当の臨床心理士やソーシャルワーカー

本書の構成

　本書では、上記のような理念のもとに、PCAグループを効果的に実践するために必要なことを、これまでの体験をもとに述べてゆきたい。

　第Ⅰ部「理論編」では、PCAグループの理論と特徴、発想の経緯をくわしく述べる。PCAグループの企画立案から実施方法、モデルプラン、実施上の留意点についても述べる。

　第Ⅱ部「実践編」では、スクールカウンセラーによる学校現場への展開をはじめ、看護学校、大学、看護教員、ナース教育、大学院生への展開などのプランを豊富に集めている。すぐに実践したい読者の方は、ここから読み始めてくださると参考になるかもしれない。

　第Ⅲ部「実証研究編」は、本書の誇りとするところである。PCAグループの成果、効果、結果をデータで示すことができた。現代はエビデンスの時代でもある。「事実は味方」である。「理論編」で述べていることに納得がいかない方は、是非こちらをご覧いただきたい。大学院生の若い研究者たち、ファシリテーターたちとの共同研究の成果である。学会誌に掲載された論文を中心に編集を行った。

　第Ⅳ部「資料編」では、PCAグループを実施する際に役立つ資料をそろえた。研修の担当者がその目的と実施形態に役立つ独自のものを作成する参考資料として使用していただければ幸いである。

村山　正治

❖ 目　次

はしがき　村山正治 ……………………………………………………………… 003

第Ⅰ部　理論編

第1章　PCAグループの理論と実際　村山正治 …………………………… 012
第2章　PCAグループの原点と発想　村山正治 …………………………… 027
第3章　ファシリテーター論　村山正治 …………………………………… 041
第4章　PCAグループの現状と今後の展望　村山正治 …………………… 051

第Ⅱ部　実践編

第5章　スクールカウンセラーが学校に展開した事例　黒瀬まり子 ……… 062
第6章　大学入学初期の導入事例　木村太一・相原誠・村山正治 ………… 069
第7章　大学1年次演習科目への導入の試み　本山智敬 ………………… 081
第8章　学部生・院生・教員の連携による大学学部教育への導入の事例
　　　　　　相澤亮雄 ……………………………………………………… 101
第9章　参加困難な事例へのファシリテーターによる支援の実際
　　　　　　鎌田道彦・村山正治 ……………………………………… 128
第10章　PCAグループにおける「メンバーズセッション」の意義
　　　　　　白井祐浩・木村太一・村山正治 ……………………… 146

第Ⅲ部　実証研究編

第11章　PCAグループによる自己肯定・対人不安の軽減・共感の増大
　　　　　　鎌田道彦 …………………………………………………… 166
第12章　PCAグループ的視点から見た学級集団形成尺度の作成
　　　　　　白井祐浩 …………………………………………………… 184

第13章	PCAグループによるダイバーシティモデルの学級集団の形成	
	白井祐浩	194
第14章	テキストマイニング法によるPCAグループの効果の測定	
	杉浦崇仁	207
第15章	PCAグループのセッションの意味の分析──体験感想文を手掛かりに	
	渡辺元・杉浦崇仁・村山正治	215

第Ⅳ部 資料編

資料1	参加者カード	228
資料2	セッション・アンケート	230
資料3	夢マニュアル	231
資料4	「こころの花束」	232
資料5	標準2泊3日PCAグループプログラム準備用品参考例	233
資料6	PCAグループ的学級集団形成尺度	234
資料7	3つの伝言ゲーム	236
資料8	PCAグループの実践に役立つ参考文献	238

あとがき　村山正治 ………… 241

第 I 部

理論編

| 第Ⅰ部 | 理論編

第1章 PCAグループの理論と実際

村山正治

本章では「PCAグループ」の基本的視点、新しいグループコンセプト、具体的プラン、今後の問題などをくわしく述べる。

1. なぜ今PCAグループか

　筆者は50年にわたり、ベーシックエンカウンターグループ（BEG）のファシリテーターメンバー体験を重ねてきている。また、20年近く、学校、看護師教育のために研修型の構成型エンカウンターグループのファシリテーター体験をしてきている。両グループのそれぞれがその特徴を生かして研究と実践を重ねてきている。

　しかし、この15年、参加者の質が変化してきていることに気がついた。この両方のアプローチで実施しても、研修型のワークショップでは必ずしも所期の成果を得られないことにぶつかってきたのである。

　その理由を追求してみると、学生の自己肯定感の低さ、対人不安傾向の強さ、初期不安に過剰に反応しやすい学生たちという新しい要因が浮かび上がってきた。

　そこで、グループ体験を重ねているうちに、これらに対応する工夫として、構成／非構成にこだわらず、目的に応じてこの両者を自由に活用することを思いついた。さらに、新しいグループコンセプトと呼んでいいグループ実践仮説を経験則として定式化し、表現することができるようになった。これを「PCAグループ」

と村山が命名することになった。これが「PCAグループ」の誕生のポイントである。

2. PCAグループの新しいグループコンセプト
――新しいグループ実践仮説

　エンカウンターグループのファシリテーターおよび企画者としての筆者の体験から、PCAグループを運営、実践する際に大切にしているコンセプトとスタンスを以下に挙げておきたい（村山，2008）。

❶ はじめに個人ありき
　グループは個人個人がつくり出していくものであり、人間は一人ひとり違う存在であることを認識するところから出発する。
　日本において「グループ」という言葉で連想されるのは、学校教育における「グループ学習」「班学習」である。それは、ある参加者が述べたように、「面白くもない課題をグループまたは班で無理矢理させられる」体験で、「集団適応」「集団規律」の学習であり、まずグループ規律にはめられることが優先される。しかしPCAグループでは、一人ひとりのあり方の尊重が何よりも優先される。「グループ嫌い」でもよく、自分の今のありのままの気持ちでいられ、個人のペースが尊重される。

❷ 所属感の尊重――その人なりの「つながり方」「参加の仕方」を大切にする
　集まった人は、みな同じグループのメンバーである。見捨てられ不安を緩和することを重視し、時に自分を守るためにグループから出て行ったり、隣室で参加したりすることも認める。また、みんなで外出したときは、参加できなかったメンバーにおみやげを買ってきたりする。また「天の岩戸方式」と名づけた、病気であるために襖を隔てて参加し、隣室で寝ていながらの参加なども認めている。この方式については第3章✥2を参照していただきたい。

❸ 「バラバラで一緒」「一人ひとりで一緒」
　メンバー一人ひとりがお互いの違いを尊重しながら、グループとしてつな

がれる雰囲気を目指し、強力な「一体感」よりも「連帯感」を大切にするコンセプトである。これまでの日本流の一体感、つまり「みんな同じ」「一致団結」という感覚よりも、「別々でありながらつながれる感覚」を大切にしている。

❹ 心理的安全感の醸成──一人ひとりの心理的スペースの確保

心理的安全感は、グループプロセス全般にわたって重要であるが、初期の心理的安全感の醸成を重要視することを強調している。特に参加メンバーが初期に感じる不安をわれわれは「初期不安」と命名しており、日本のグループでは特に留意が必要である。この時期には、自己に脅威を与えるようなワークや評価的な言動はできるだけ避けるようにする。

❺ ワークショップ期間全体と場を、メンバーのふれあいが生まれるコミュニティと認識する

いわゆるセッションだけがメンバーの変化やふれあいの場ではなく、ワークショップの全生活がふれあいの場であると考えている。従来、このことは「セッション外セッション」（中田，1996）とも呼ばれてきた。たとえばお風呂で話したことや、寝泊まりした同じ部屋の仲間で話したことが、その人の体験として大きな意味をもつことが参加者から多数報告されている。

❻ ありのままの自分でいられる場であること

グループ参加のアンケートや面接調査によると、「グループ参加への嫌悪感」は参加初期に表面化する。特に大学、高校、中学校、小学校など学校で実施するグループは「必修授業」のため欠席できないので、初期不安が高くなる。これを緩和し、自分の気持ちを変えようとしなくていいこと、「そのままでいられる」「今のままでいられる」「無理しないでそこにいられる」ように配慮することが重要である。

❼ メンバー企画セッション（お任せセッション、メンバーズセッション）の組み入れ

これもPCAグループでは、重要なコンセプトであり、「メンバーが全員で楽しめる企画をお願いします」とだけ告げて、セッションの企画のすべてを参加者に信頼して任せるというものである。これは参加者の自発性とクラスの凝集

性を高めることを目的としている。各グループから1名お任せ委員を選出し、それに学級委員長を加える。前日に知らせ、実際は3時間くらいの準備期間が与えられるだけである。それは、委員に負担を与えないための配慮である。ファシリテーターは相談には乗るが、企画には直接はタッチしない。メンバー企画セッションについては、第10章でもくわしく述べる。

3. 基本仮説としてのロジャースのPCA仮説

　現代は、「コモンファクターズ（効果の共通要因）」と言われる心理療法の流派の相違に拘泥しないすべての流派に共通する効果要因が、メタ分析で析出される時代である。個人の成長力やセラピスト要因として、自己一致、共感、無条件の肯定的関心などロジャースのPCA仮説は、流派と関係なく有効な要因として析出されてきており、このことに筆者は注目しているのである。

　PCAグループも構成／非構成ではなく、メタ仮説として、PCA仮説を設定している。その内容は、「個人は自分の内部に自己理解や自己概念、基本的態度、自発的行動を変化させていくための大きな資源を内在させている。それらは心理学的に定義可能な促進的な態度に出会うならばそれが出現してくる」というものである。

4. 典型的なPCAグループのプログラム

❶ メンバー構成

　メンバー構成は、グループの目的によって、小グループの構成も考える。研究の初期の頃には、グループ形成は自然に任せ、自然に遊びながら2人組、4人組、さらに8人組を形成したり、出席簿順に分けたりしていた。しかし、結果として、日頃の仲良しグループが集まることが多くなったり、グループ間の力関係にアンバランスが生じることが起こり、現在では、「個性のパワーの配分」「男女のバランス」「年齢のバランス」を考えながら、「比較的接触の少ない学生」を1グループに集めることを原則としている。これは参加者には「多様性のグ

ループ編成」と説明している。教室でのメンバー編成は、クラスの学生に関する情報を豊富にもっているクラス担任に依頼している。

また、いじめや摂食障害、過呼吸などさまざまな障害をもつ学生が参加するようになったので、参加の許可、不許可を含めて担任と協議することにしている。いじめを受けていた学生に対して、支援していた学生を同じグループに配置したりすることもある。実際にはグループの展開を効果的にするとても大切な作業である。

❷ プログラムの順序

プログラムは、基本的に、初期不安の軽減→比較的安全なレベルの自己開示→グループの凝集性の促進→自発性の発揮とクラスの凝集性の促進 という順序で行うことが多い。企画者のグループに関する哲学が、順序を決める基準となっている。

ここで、2泊3日のPCAグループ標準プログラムを提示してみることにする（表）。

表─ 2泊3日のプログラム例

（1日目）	
10:00～11:30	オリエンテーション、アンケート
11:30～13:00	昼食
13:00～14:30	セッション1 「ボディワーク」
15:00～17:00	セッション2 「ゲーム・自己紹介・ネームつけ」
17:00～19:00	夕食
19:00～20:40	セッション3 「夢を語る守護霊ワーク」
20:40～21:00	お任せ委員を決めてもらう（各グループ1名＋クラス委員2名）
（2日目）	
9:00～11:00	セッション4 「コラージュ」
11:30～13:00	昼食

13:00〜15:30	セッション5	「散策」
15:30〜17:00		お任せ委員の打ち合わせ会
17:00〜19:00		夕食・自由時間
19:00〜21:30	セッション6	「お任せセッション」
(3日目)		
9:00〜11:30	セッション7	「こころの花束」
11:30〜12:00	セッション8	クロージング、アンケート
12:00		解散

セッション1からセッション7のそれぞれの目的、意義は以下のとおりである。

セッション1　からだの感じに挨拶するボディワーク

教育現場や職場では、グループは「必修授業」「強制参加」として実施される。当然のことながら初期不安が高い。そこで、不安を軽減するため、「からだの感じ」に注目し、今の自分の感じに「こんにちは」と挨拶する。これはフォーカシングの訓練ではなく、「自由に、自分の気持ちにふれる」ことをねらいとするフォーカシングのやり方である。

このようにヨガやフォーカシング、リラクセーションなどから取り込んだボディワークを行うが、上手にできるかどうかではなく、自分の今の気持ちにふれることがポイントであり、「グループ嫌いの気持ちを除かないままでいてもいい」ことを保証する場である。

セッション1での留意点は、「原則としてメンバー相互の対人フィードバックをしない」「小グループに分かれない」「自己開示を求めない」「各人が楽しんでやることを勧める」「自分のペースでやる」ことである。

セッション2　小グループの形成とグループアイデンティティの形成

伝言ゲーム、100マス作文ゲームなどを行うことが多い。セッション2で初めてグループに分かれるところが、われわれ独自のやり方である。これによってグループ嫌いの人にも安心して参加してもらうことができる。

ここでの留意点は「グループ間の競争を煽らない」「作品を評価しない」「グループ間の順位をつけない」ことである。

セッション2では、三角錘形のボール紙に「名前」「自分の特徴」「今はまっていること」を書いて自己紹介を行う。また、自分たちのグループ名を相談して決めてもらう（グループアイデンティティ）。ここまでで、かなり雰囲気が和らいできて、笑いと声が大きくなってくる。

セッション3　夢を語る守護霊ワーク

セッション3でのワークは、3分ないし5分ほど各自の夢を語ってもらうというもので、これは本人に将来のビジョンをメモ書きし、自己開示してもらうワークである。各メンバーの思いを知ってもらうことで、メンバーの相互理解を促進することができる。「守護霊ワーク」というのは、夢を聞いたメンバーが一人ひとり順番に、夢を語っている人の後ろにまわり、肩に手を当てて、耳元に語りかけるように、感想や夢の実現に役立ちそうな具体的なことを伝えるものである。そのような行動を若い院生たちが「守護霊」と名づけたことからこのワークの名が付けられたことを明記しておきたい。これにより、メンバー各人にパワーを与えるとともに、勇気をもらうことになる。参加メンバーから評価が高いワークである。

セッション4　コラージュ

非言語型の材料を用いて、自分自身を表現してもらう機会にする。これをセッション3にもっていくこともある。自分だけでできる作業であるし、自己完結性が高いので、他人との交流は少なくてすみ、言語化の苦手な人にとっては、イメージの世界で自分を楽しめる機会になるからである。通例「自分の夢」「今の気持ち」「心地よい場所」などのテーマを出すことが多い。

セッション5　近辺の散策

各小グループの自主的活動と凝集性の促進、戸外に出てメンバーと一緒にエネルギーを発散することを目的とする。グループごとに目的地を決めて行動する。2時間後に会場に戻り、各グループの体験シェアリングタイムをもつ。また危険時の緊急連絡のため、各グループ代表の携帯電話の番号を黒板に書いて

おくなどの措置をとる。また、ファシリテーター代表の番号も知らせる。

> セッション6　**メンバー企画セッション**（お任せセッション、メンバーズセッション）

このセッションの目的、意義は後で詳述する。ファシリテーターは、メンバー側の要請で、メンバーとして参加することが多い。大変な盛り上がりを見せるセッションである。

> セッション7　**こころの花束**

メンバー各自の魅力的なところ、長所をカードに書いてグループで発表し、それを花束としてプレゼントするワークである。

他人からほめられるのは恥ずかしいし、こそばゆいが、心地良い感覚である。特に他人から直接ほめてもらうこと、伝えることが特徴である。

> セッション8　**クロージング**

全員が円陣をつくって、一人ひとりが順番に参加した体験について30秒ほどで語り、体験をシェアリングする時間として、コミュニティミーティングを行う。日本的なのは、一人ひとり順番に発言することである。参加体験の感じが生き生きと伝わり、それを瞬時に全メンバーとシェアできる素晴らしい場になる。

❸ お任せセッション（メンバーズセッション）の意義

お任せセッションがインタレストグループ*と異なるところは、グループの凝集性を高めるために行われ、全員が参加する点である。またメンバーの自発性と創造性を発揮する機会を設けることも目的としている。特に、ファシリテーターにとっては、見えないメンバーのニーズを、メンバー自身が柔軟に反映させる機会になる。実際の経験からすると、お任せセッションは、ファシリテーターには何が出てくるか分からないところが新鮮でわくわくするところである。

これまでも、メンバーの必要から生まれた「病院実習暴露大会」（第10章参照）、男性の力量あるメンバーが中心に企画した「肝試し大会」、ピアノが上手なメンバーを活かした「フォークダンス大会」、会場が使用できなくてファシリテーターや教員が困っているときに企画された、戸外で全員が参加する「ケイドロ」遊び（鬼ごっこの一種）など、メンバーにとって意味がある素晴らしいこと

が起こることが多い。したがって、セッション・アンケートによる評価では、どのグループでもほとんど例外なく、メンバーズセッションの満足度が最も高くなっている。

5. 企画の留意点

❶ 企画段階での留意点

（1）依頼者と実施目的を明確化する

学校ではPCAグループを万能視していたり、軽視していたりすることがある。現実が厳しいので、役立ちそうなことに何でも飛びつく気持ちが強い。グループについての認識、その特徴について、依頼者と相互によく認識し合うことが大切である。

（2）何のためにグループをやるのか、十分に意見交換する

たとえば、①新入生の親密感と相互理解の促進、②国家試験のためにクラスの心構えをつくる、③クラス再編のため、相互信頼の促進、④新しい長期の研修会の初期に実施して初期不安を軽減する、⑤いじめが発見されたのでその解決のため、など学校や依頼者側はさまざまな目的をもっている。

（3）会場の下見

この点は意外と見逃されているが、宿泊の場合は特に、会場の広さ、カーペットの研修室の有無、食事などの生活条件を、事前に現地に行って点検しておくことが大切である。食事や宿泊環境は重要な条件の一つと認識することは重要である。

（4）セッション中だけでなく、2泊3日の宿泊であれば、全期間中のどこでも重要なふれあいが起こることを考えておく（風呂や部屋での話など）

（5）机の有無や机の移動ができるか、円陣を組めるか、床に座れるか、などの会場の点検

(6) 材料、資料の点検と準備

グループでワークをやるには、材料の準備、点検が必要である。依頼者側に伝えて、生徒に伝達してもらったり、購入してもらったりしなければならないことがある（資料編資料5参照）。

❷ 実施プログラムの作成段階

(1) ワークの選択

企画者としては最も楽しい段階である。國分（1999）の文献をはじめ、さまざまなリソースブックから目的にふさわしいワークを見つけたりする。また、自分でワークを創造したり、既成のものを改変したりするのも楽しい（資料編資料8参照）。

(2) ファシリテーター自身がワークを体験してみる

特に、創作したワークは、自分でもやってみるとよい。メンバーを不安にする要因はないか、どんな点が難しいか、どんなことに役立つか、時間はどれくらい必要か、などが分かる。特に教育現場で授業時間を使ってやるときは、ワークの所要時間が大切である（第8章参照）。

(3) 実施目的にしたがって、プログラムの順序を決める

表を参照していただきたい。PCAグループは、先ほども述べたように、初期不安の軽減 → 比較的安全なレベルの自己開示 → グループの凝集性の促進 → 自発性の発揮とクラスの凝集性の促進 という基本ラインに沿った順序で展開できるよう準備をする。

ここは企画の中心であり、企画責任者が中心となって決めていく必要がある。企画者のグループ哲学の特徴が出るところである。筆者の場合は、「はじめに個人ありき」など、前述したようなグループコンセプトに立脚した選択をする。

(4) プログラムの内容は明示しない

グループの進展状況、メンバーの状況によってプログラムの内容を変更したりするので、参加者にはそのプログラムの内容は明示しない。しかし、「内容が明示されないと不安である」というメンバーもなかには出てくるので、明示しない理由を説明する。

6.
PCAグループの企画・実施の４段階のまとめ

われわれは、大学院生をファシリテーターとして養成訓練している。そのプランの現状を述べておきたい。以下のように４段階に分けて実施している。

❶ チーム組織段階

１チームは原則として企画者（オーガナイザー）、リサーチマネージャー、ファシリテーターで組織している。企画者は依頼者側との交渉とその責任者で、企画の立案とファシリテーターの選択を行う。リサーチマネージャーは企画者を補佐し、プログラム全体の効果を測定し、報告書を作成する。ファシリテーターはワークを分担し、小グループに参加する。

❷ 企画段階

（１）実施目的を、学校をはじめ、依頼者側と十分に話し合う
（２）依頼者側の目的に沿ったワークを選択する
（３）ファシリテーター相互で予行演習を実施する
（４）ワークの分担を決定する
（５）プログラム全体の決定
（６）会場の下見
（７）メンバー構成の決定
（８）企画書の作成と学校への提出

❸ 実施段階

（１）プログラム表に従って実施する
（２）毎回セッション・アンケートを配布し、回収して、メンバーの参加状況、満足度などをチェックする。特に気がかりなメンバーに注目する
（３）全体の進行状況を見守る
（４）予定したワークの変更は必要か検討する
（５）担任など依頼側の実務責任者との情報交換
（６）毎晩、１日のセッションが終了した後、スタッフミーテイングを行う（学

校の教員などの担当者を含む）
（7）アンケートの配布と回収

❹ 終了後の段階
（1）アンケートの分析と検討により研修の評価を行う
（2）報告書の作成と学校をはじめ依頼者への報告
（3）1〜3か月後にフォローアップ調査の実施

7. PCAグループを学校教育に導入するときの課題

❶ 自発参加ではなく、必修授業であることを認識する

参加者を全国から募集するのではなく、学校や講習会でPCAグループを実施するときは、参加者や学生にとっては、原則的に「強制参加」であることを認識しておくことが必要である。つまり参加者は「させられ感」をもっていることが前提となるのである。

❷ 対人不安傾向が強い学生、「グループ嫌い」の学生が増加している

統計データは無いが、経験的には、対人不安傾向が強い学生が増えているように感じている。ゼミなどで恥をかくことを怖れて発言しない、自己開示に抵抗が強い、などの現象が見られる。安全感の醸成が必要とされるゆえんでもある。

❸「初期不安」の認識とその緩和の重要性

グループの初期に対人不安が最高潮になる。初期段階は「させられ感」への不満があり、何が始まるのか分からない不安が強く、時には腹痛や頭痛を訴え、休養を求めたりすることが起こる。

自発参加のグループであっても、初期不安は自然なことだが、強制参加のときは、特に、初期不安が強まる傾向がある。ワークの選択の際に、企画者側はこのことをはっきり認識しておくべきである。

参加者に不安ながらも耐えていける安全な雰囲気を提供するよう心がけ、現

在、セッション I では「からだの感じに挨拶」を選んでいる。初期不安の緩和が以後のグループのプロセスの展開に、大きく影響するのである。

❹ 学級生活とグループ体験の連続性

日常性と非日常性の問題として、従来から論じられてきている問題であるが、クラス担任、学級委員、いじめ、摂食障害など、日常のコミュニティの人間関係がもろにグループ体験に持ち込まれ、学校コミュニティ、クラスコミュニティとグループ体験が連続していることをわれわれは認識させられてきた。つまり日常性と非日常性が連続しているのである。この点については、本章 4. の ❶「メンバー構成」ですでに述べているので、参照されたい。

❺ クラスの凝集性

「はじめに個人ありき」で出発するので、グループの凝集性がすぐに高まることはないが、ゲーム（100マス作文ゲームなど）をすることで親密感が高まり、「お任せセッション」のあたりで凝集性が最高の高まりを見せるようになる。参加者が「エンカウンターグループマジック」と呼んでいる興奮した雰囲気は薄れるが、「挨拶する」「声をかける」「一緒に遊びに行く」などの交流はバックホーム後も継続される。

8. まとめ

○ 日本の学校教育場面にエンカウンターグループを持ち込むために、構成／非構成の二分法にとらわれずに、両者を統合ないし必要に応じて活用する柔軟な方法として、「PCAグループ」と呼ぶ新しい考え方を筆者は提唱している。
○ この考え方の背景にある「新しいグループコンセプト」を 7 点提示した。なかでも強調したい点は、**はじめに個人ありき**と**初期不安の重視**である。つまり、「**一人ひとりを尊重しながら、つながりをもつ**」、ないしは「**バラバラで一緒**」というグループのつながり感である。
○ 看護学校生、大学生、大学院生、専門看護師、看護教員などによるグループ参加直後のアンケート調査、フォローアップ調査によると、PCAグルー

プは、満足度が非常に高くなっていた。
○ 効果測定尺度などを作成して、この方法の特徴を明らかにするとともに、実証レベルの効果測定を積み重ねてきている（第12章、第13章参照）。
○ 学校では、クラスのメンバー間に心のネットワークが形成され、相互の親密感が次のように深まる傾向が見られる。
　（1）学生相互の親密感が高くなる
　（2）素直な感情表現が多くなる
　（3）お互いに心を開くようになる
　（4）ありのままの自分を表現できる方向に進み、それがほかのメンバーの共感を呼んでクラスの凝集性が高まっていく
　（5）現実のクラスに戻っても、ある程度この相互作用は維持される
　（6）個人間のネットワークができる
　（7）クラス全体のネットワークができる
○ 日本の公教育へ展開するときに予想される抵抗は、PCAグループのグループコンセプトに対する抵抗である。これまで公教育における「グループ合宿」といえば、「集団規範、集団規律」のための訓練合宿であり、この体験が「グループ嫌い」を生み出す要因の一つでもあった。
　PCAグループの新しいグループコンセプトは、「甘やかし」として一蹴されるかもしれない。しかし、文部科学省の調査にみる不登校の増加、新中学1年生の不登校の増加、また、対人関係をもちにくい大学新入生に対する教育の必要性が叫ばれてきている。初期不安を緩和する新しい考え方が導入されるのは、時間の問題とも考えられる。今後も小学校、中学校、高校などで効果を確かめていく必要がある。

❖注
＊　**インタレストグループ**　エンカウンターグループは通常、全員集会・スモールグループ・インタレストグループで構成されていることが多い。インタレストグループとは、ファシリテーターやスタッフではなく、参加者が自発的に自分のやりたい活動を掲示板に提示して、参加を呼びかけて成立するグループのことを指す。村山らのフォーカシングセミナーでは、「出店方式」といって、スタッフが毎回全体集会でのセッションでやりたいことを提案していくところがインタレストグループと異なる点である。また、「お任せセッション」はクラス全員が参加する会であり、クラスの凝集性を高

めるのが目的である点でインタレストグループとは異なっている。

❖文献

國分康孝監修(1999)『エンカウンターで学級が変わる――ショートエクササイズ集』図書文化社

村山正治(2005)『ロジャースをめぐって――臨床を生きる発想と方法』金剛出版

村山正治(2006)「エンカウンターグループにおける『非構成・構成』を統合した『PCAグループ』の展開――その仮説と理論の明確化のこころみ」『人間性心理学研究』24（1），1-9.

村山正治(2008)「PCAグループの試みと実践を中心に」『人間性心理学研究』26（1・2），9-16.

中田行重(1996)「エンカウンター・グループにおけるセッション外体験の意義――3事例を通して」『人間性心理学研究』14（1），39-49.

Rogers, C. R. (1980) *A Way of Being*. Boston: Houghton-Mifflin.（畠瀬直子訳（2007）『新版 人間尊重の心理学――わが人生と思想を語る』創元社）

(本章は村山正治(2009)「PCAグループの試みと実践を中心に」『人間性心理学研究』26(1・2)，9-16および村山正治(2009)「PCAグループの現状と今後の展望」『人間性心理学研究』27（1・2），81-86の一部を転載し、加筆・修正したものである）

第2章
PCAグループの原点と発想

村山正治

1.
はじめに

　エンカウンターグループ（EG）は筆者にとっては、滾々(こんこん)と新しいものが生まれてくる生命の泉である。今でもその魅力は尽きないものがある。

　日本における1990年代からのエンカウンターグループ研究は、主として学校現場に展開する「非構成型（BEG）」を実施する際に生じる課題の解決から生まれてきた。

　この、エンカウンターグループの構成／非構成の二分法について、村山(1992)、鎌田(2002)、裵岩(2001)らは理論面、実践面から疑問を呈してきている。まだ小さな声であるが、われわれは、この二分法にこだわらない一つの道として、柔軟な新しい発想のグループ「PCAグループ」を提案してきたのである。

　エンカウンターグループを、日本の教育現場をはじめとするさまざまな課題や領域においてさらに発展させるためには、二分法から解放する必要がある。それが筆者の主張である。

　筆者は、鎌田・本山(2004)、白井(2006)、木村(2006)らとPCAグループの実践例を積み上げてきた。その結果、PCAグループの提案と実践が学校現場などにおけるエンカウンターグループの実践に有効であると考えるようになっている。

　本章では、PCAグループの発想の原点とその仮説の明確化、PCAグループ

の特徴について論じることにしたい。

2. 従来のエンカウンターグループの分類

本節ではまず、その論点となるエンカウンターグループの分類について示すことにする。

❶ 構成／非構成

日本のエンカウンターグループの発展に貢献している野島一彦（2000a）によれば、日本においてエンカウンターグループという用語は「構造化されていないグループ（unstructured group）」と、「ワークを中心に構造化されたグループ（structured group）」の二つの意味で使われている、という明快な分類をしている。この分類は、〈グループの形式〉に軸をおいたものである。

❷ 研修型／自発参加型

これは〈参加形態〉に軸をおいた分類である。たとえば、看護学校や教育委員会、市役所などの機関が研修の一環としてエンカウンターグループを実施する研修型の形態と、全国から参加者を募集する自発参加型の形態とがある。

平山ら（1994）は、非構成エンカウンターグループを看護学校の必修授業で実施する困難性を論じている。中田（2001）は、「逸楽行動」などの観察、「否定的感情の表明」など新しいファシリテーションについて論じている。

筆者自身は、1990年代にはまだ「強制参加の必修授業」に非構成エンカウンターグループを実施することに疑問を感じていなかった。しかし、さまざまな機関や看護学校からエンカウンターグループの実施を依頼されたり、長年のオーガナイザー体験を重ねるなかで、しだいにこの両者を統合する考え方がより実践的で有効であると考えるようになった。その経緯については後ほど詳細に述べたい。

❸ 既知集団／未知集団

安部（2006）による〈参加者の属性〉に従った分類である。学校や企業でエンカウンターグループを実施するとき、クラスや同じ企業の顔見知りのメンバ

ーでグループを実施することを「既知集団」と呼び、福岡人間関係研究会のように全国から未知のメンバーを公募して実施するグループを「未知集団」と呼んで区別する。

　区別する理由は、両グループに非構成エンカウンターグループを実施するときにファシリテーターがぶつかる困難性とプロセスに大きな相違があるからである。安部は未知集団と既知集団では、ファシリテーションとグループプロセスが異なることを指摘し、また既知集団のファシリテーションの困難性と、既知集団ではスケープゴーティング[*1]などの現象がグループの初期段階で見られることを記述している。

　これらはすべて、非構成エンカウンターグループを実施するときに起こる〈困難性〉を軸に分類されていることが分かる。つまり学校現場などにエンカウンターグループを適用するときに、非構成エンカウンターグループの実施が前提として論じられ、そのときのファシリテーションの困難性が指摘されている。野島（2000a）、安部（2006）、中田（2005）が述べているように、高度のファシリテーション技能が要求されるのである。しかし、筆者の体験からは、PCAグループではスケープゴーティングが起きることは少なく、この現象は、「必修」という強制参加の「既知集団」に「非構成」方式を実施することから起きやすい現象ではないだろうか。

　森園・野島（2006）は「半構成型」グループの試みとその効用について述べているが、筆者はこれを構成／非構成を統合する興味深いアプローチの試みの一つと見ている。

3. 分類の問題点とエンカウンターグループの更なる発展への視点

❶ 目的を問う重要性

　エンカウンターグループを「ワークを使う／使わない」「構造を作る／作らない」といった視点から分類することは、その目的性をあいまいにする傾向を生み出すように思う。筆者も含めて多くの研究者が、学会発表でも論文でも「構

成法で実施した」「小学校に非構成エンカウンターグループを実施した」などのタイトルをつけてきた。しかし、そこには「何のために非構成のエンカウンターグループを実施したか」という目的が十分に問われないという問題が生じることに気づき始めた。中田（2005）も指摘しているように、「元来、エンカウンターグループは一つの方法や技法である」。筆者の見解では、日本のエンカウンターグループは、グループそのものに価値をおく段階から、さまざまな目的に利用できる有効な「方法」として捉える段階にまで発展してきている。

　鎌田ら（2004）も指摘しているように、ロジャースらは、エンカウンターグループという方法を、世界平和や、対立する国々や異文化間の葛藤解決、たとえば有名な「ルスト・ワークショップ[*2]」を行ったり、「アイルランドの宗教紛争の解決」にも活用した。その際、「非構成」の創始者ロジャースはワークショップの組み立てに「講演」も行い、われわれには一見、「非構成ではない」プランで実施しており、柔軟に目的に合わせたプログラミングを行っているように見える。つまり、構成／非構成はグループ実施の一つの形式であり、目的ではないのである。目的を十分に問うことで、エンカウンターグループはさらに発展するのではないだろうか。

❷ 形式尊重の態度

　すでに鎌田（2003）が指摘していることであるが、日本では、同じ形式を尊重するというパターンがくり返し起こっている。

　たとえば、筆者も含め欧米のPCAのワークショップに参加した日本人たちは、参加者全員が集まる全体会ないしコミュニティミーティングを、PCAの本質であるとばかりに実施してきた。しかし、欧米で通用することが日本では有効性を発揮できない現象にぶつかっている。筆者は「コミュニティミーティング」が、国際社会に生きるこれからの日本人にとって重要な体験を提供していることを高く評価している。しかし、ファシリテーションのあり方などの研究がさらに必要である。このことは、エンカウンターグループと文化の問題を考えるうえで一つの大切な課題であると考えている。

❸ プロジェクト方式と継続性方式

　筆者は、アメリカの、特にロジャースらのワークショップ方式を「プロジェ

クト方式」と名づけ、一方、日本のそれを「継続方式」と呼び、両者は区別できると考えている。

　ロジャースらはPCAワークショップを開催する際に、目的をはっきり設定し、たとえばルスト・ワークショップでは「中央アメリカの挑戦」と題し、中央アメリカ諸国の関係改善に焦点を当てている。ところが、日本では、「福岡人間関係研究会30周年記念」などに象徴されるように、エンカウンターグループ活動そのものを継続することに意義を見いだしている傾向がある。たしかに「継続は力なり」である。そこに日本の特徴を見る。しかし、継続することで、しだいにエンカウンターグループそのものに価値をおく傾向が生まれ、逆に目的意識が薄れがちである。日本では参加者が集まらなくなったときが終焉である。一方、ロジャースたちは、目的を達成すれば、グループはそれ以上継続しない。

　金子ら（2005）の研究によれば、「エンカウンターグループ」という名称を使った研究は欧米ではほとんど無くなり、日本だけが盛んであるという。なぜ日本だけ盛んなのかは、これから解明しなければならない。しかし、金子らも述べているように、欧米でグループ活動が行われていないとは考えにくく、「エンカウンターグループ」という名称を使わずに、たとえば「Cross-cultural-communication group」とか、さまざまな名称でエンカウンターグループの取り組みがなされていると思われる。これは、彼らが「エンカウンターグループ」そのものを目的視せず、一つの〈アプローチ〉として利用しているからではないだろうか。だから、欧米ではエンカウンターグループは盛んでないと簡単には言えないと思う。もし日本だけでエンカウンターグループが盛んだとすれば、その要因を考えることも興味深いことである。

4. PCAグループの発想の原点と経緯

❶ 構成エンカウンターグループの実践から

　筆者はこれまで20年以上にわたって、看護教員養成講習会や、看護学校の学生のための宿泊形式のエンカウンターグループを、授業の一環として引き受けてきた。この体験から多くのことを学んできている。

筆者のやり方は、1クラス45人ほどを8人ぐらいの小グループに分けて、各グループを大きな60畳ぐらいの部屋に集め、同時進行でグループを展開するやり方である。これは形式で言うと「構成型」である。最近では、ファシリテーターは1人から4、5人で行うが、ファシリテーターが1人でもできるのが構成型のメリットである。

　プログラムの目的を「安全な雰囲気のなかで、自己理解や他者理解を深め、仲間との親密感、信頼感を形成する機会」という設定のもとで行っており、好評を得ている。公募して行う自発参加型エンカウンターグループのときに起こるような劇的な変化は望まず、安心して自己表現し、相互交流ができる場が設定されているのである。

　1980年代後半からこの方式を実践しながら、筆者が学会や論文で発表してこなかった理由はいくつかあるが、大きな理由は、筆者のアイデンティティにかかわることである。九州大学時代に「非構成」エンカウンターグループを院生たちと共に研究、実践し、ここから多くの博士、修士の学位論文を生産してきている。一方、筆者のグループ研修の実践方式は「構成」エンカウンターグループであり、「ロジャーリアン」をもって任じている手前、後ろめたい感じがしていたことも事実である。どこか「遊び」で「本物でない」ことをやっている感じがしていたのである。しかし、しだいに真剣に考えるべき参加者の声を耳にするようになってきた。

❷ 強制参加が生み出す「グループ嫌い」

　ある県の看護教員養成講習会では、毎年アンケート調査を実施している。そのなかに、これまでのグループ体験の有無を尋ねる項目があり、10年くらい前から現在までに、毎年1、2名の参加者が「エンカウンターグループなど出たくもない」「きわめて不快な体験をした」「いまだに思い出したくない」などの記載をしているのに気がついた。各参加者に理由を尋ねると、看護学生時代に非構成エンカウンターグループに参加していることが分かった。

　ここで筆者は、われわれが行ってきた非構成エンカウンターグループは、看護学生から見ると「必修授業」であり、就職試験や病気以外の理由では「不参加」という選択はできないこと、また、たとえグループが嫌いでも、グループ嫌いを治すための訓練として参加しなければならないといった「強制参加体験」

であることに気づかされたのである。そこから、自発参加型のエンカウンターグループと同じファシリテーションのやり方を教育現場で実践するのは、かなり無理があるのではないかと考えるようになった。このことは実は、企画者が考慮しなければならない重要なことであり、構成／非構成などの分類よりもっと大切なことではないかと思うようになってきたのである。

❸ 対人不安傾向の強い学生の増加

これもここ10年来目立ってきた現象であるが、対人不安傾向の強い学生が増加してきている。10年くらい前になるが、看護学生にいつものようにすぐに小グループに分かれて自己紹介とグループボディゲームをやってもらったところ、しらけてしまって学生が参加しない。これには驚いた。

看護学生は、通常、進学の目的がはっきりしていて、大学生よりも活動的で態度もはきはきしているが、その看護学生にすら、こんな現象が起こってしまうのである。この現象は、今日では、大学生がゼミなどで発言しないなど、「自己開示しない」傾向として認識されている。学生の対人関係パターンが変化してきているのである。

❹ 構成／非構成にとらわれない柔軟な統合的アプローチへの発展

1990年代に、久留米大学で筆者と鎌田道彦との共同研究が始まった。鎌田は学部生の頃から構成エンカウンターグループメンバー、ファシリテーター体験を積んできていた。その鎌田や本山智敬らとの討論、研究、学会発表などを通じて、筆者は、筆者の開発していた「構成型」のグループには、構成と非構成の両者を統合するような発想の独自性があるのではないかということにしだいに気づくようになった。また、エンカウンターグループと「学校コミュニティとの連続性」の重要性にも気づいていた。

それまで筆者は、福岡人間関係研究会の地域での活動やシカゴのチェンジズ[*3]の紹介など、エンカウンターグループと地域との関連性、そしてその重要性について論じてきた。しかし、構成／非構成論に焦点を当てすぎたきらいがあったかもしれない。エンカウンターグループを学校の授業として教育現場で展開するときには、「学校コミュニティとの連続性」という発想がきわめて重要であることに十分には気づいていなかったのである。

筆者もキャンパスカウンセラーの体験や文部科学省のスクールカウンセラー派遣事業を通じて、学校を「コミュニティ」と考える発想はもっていたが、学校で展開するエンカウンターグループは、学校コミュニティ、特にクラスとの連続性をもっていると考えなければならない。この構想と研究は、鎌田の博士学位論文として結実している（鎌田, 2003）。

5. 新しいグループのあり方の提案

❶ 参加メンバーの心理的安全感の醸成について

　われわれは、まず、参加メンバーの「心理的安全感の醸成」を第一優先にしている。

　先にも述べたとおり、最近の学生は対人不安傾向が強い。さらに、「必修授業で強制参加」であることから、参加者はグループ参加当初、グループへの期待感、不安感、嫌悪感など、さまざまな感じを抱いていることが、アンケート調査でも検証されている。「授業だから何か良いことを感じなくてはいけない」のではなく、こうしたさまざまな感じをもつことを認めること、無視することなく、あるがままに自由に感じとることを許容する雰囲気の醸成を優先する。これをわれわれは「一人ひとりの心理的スペースの確認」と呼んでいる。

　具体的には、最初から小グループを組まずに、1人で自分の世界を体験することから始める。通常は、言語による自己開示を要求せずに、「ボディワーク」と呼ぶ非言語系のワークを使っている。こうした雰囲気を提供するために、フォーカシング、クリアリング・ア・スペース[*4]、ボディワークなどさまざまな資源を活用している。最近では、冒頭にこのボディワークを実施することが多い。

　奥田ら（2007）の研究では、初期不安と満足度の関係について、あるワークショップでグループ開始前と終了後で調べたところ、グループへの満足度の変化量は低期待群のほうが大きく、高期待群の変化量と比較すると明らかに有意差がある、という興味ある結果を出している。つまり、エンカウンターグループへの初期不安が高い低期待群の人たちの不安を認めることで、その群が肯定的に変化したのである。このことから、われわれのプログラムはそのプロセス

❷ エンカウンターグループを実施する目的の明確化

「構成か非構成か」ではなく、「何のためにエンカウンターグループを実施するのか」という「目的の検討」を優先する。さもないと非構成は、「パーソンセンタード」ではなく、参加者をエンカウンターグループの枠にはめ込む「エンカウンターグループセンタード」になる危険性をはらんでしまう。

❸ メンバー構成に関して
（1）メンバー構成の一例

ここで、ある看護学校からエンカウンターグループの実施依頼を受けた際のメンバー構成のやり方を挙げよう。

その学校では、進級して新しいクラス編成になったので、「クラスメンバー相互の信頼感を醸成すること」をエンカウンターグループ実施の目的としていた。そこで、看護教員に依頼して、小グループメンバー編成は、できるだけこれまでに病院実習や寮生活で一緒だったことがない人を集めてもらうことにした。たとえば男子学生が4人いたならば、男子学生を各グループに1人ずつ配置する。年齢なども各グループに高齢者から若手まで等分に配置する。これは、村山（2005）の「ジェネラルエンカウンターグループ[*5]」におけるメンバー構成の原則に基づいたものである（第4章3.❶参照）。

時には、学校からの事前情報で、いじめられている生徒には、現実のクラスでサポート役をしているクラスメートを同じグループに配置することもある。現在は依頼側の看護学校教員にグループメンバー構成を依頼することにしているが、最初の数年は、まったく自然に任せたグループ編成をしたり、名簿順にグループ分けをしたこともあった。しかし、「仲良しグループ」が集まってしまう傾向が見られたり、特定のグループのリーダーシップをとる人だけが一つのグループにかたまってしまう傾向が見られたので、最近は、目的に応じたグループ編成方式をとるようになってきている。

筆者は「非構成」で有名なアメリカのカリフォルニアの「ラホイヤ・プログラム[*6]」に2年間参加したことがある。そのとき、グループの進行はいわゆるベーシックエンカウンターモデルに従っていたが、メンバー構成は、あらかじ

め主催者が決定していた。

（2）メンバー変更

　ワークによってメンバーを変えるやり方もあるが、メンバーの変更を行うかどうかはエンカウンターグループの目的による。メンバーの信頼関係を構築することを目的としているときは、ある一定の時間を同じメンバーと一緒に過ごすことが前提である。この場合は、信頼関係の深さ、グループの凝集性を大切にしているので、メンバーは変更しない。ある特定のスキルを学習することを目的としているときは、メンバーの変更が有効であろう。

❹ プログラムの順序性またはプロセス

　オーガナイザーとファシリテーターが依頼側の目的、参加メンバーの特徴、問題点などを視野に入れた企画案を作成する。

　筆者は、PCAグループから村山・野島（1977）の6段階プロセス理論[*7]のような理論が生まれてくる余地はないと考えている。それは、プログラムを組み立てる順序性にむしろウェイトがあると考えるからである。プロセス理論では「どんなプロセスが生まれるか」という問いが大切だが、PCAグループでは、目的が「安心感を醸成し、自己表現を促進する」ことなので、「そのためにはどんな組み立てをするか」という問いが中心になる。

　たとえば、3日間のグループ体験を例に説明しよう。

　1日目は、メンバーの安全感醸成のため、非言語系のワークを中心に準備する。メンバーとの相互作用はゆっくり進める。2日目は午後に特色をもたせる。まず、グループの凝集性を高める機会として、グループ単位で行動する企画を実施する。「探検」「散策」「ウォーキングカウンセリング」などと呼んで、屋外でグループ行動をする機会をつくったりする。その後は参加メンバーの主体性に任せる「メンバー企画セッション」（「メンバーズセッション」「お任せセッション」）を行う。メンバー主体のセッションにする目的は、参加メンバーの自発性が発揮できるチャンスを用意することで、PCAの自発性を尊重する理念が活かされると思うからである。3日目はポジティブフィードバックを中心に組み立て、対人関係を中心に言語による相互作用が可能となるようなプログラムを用意する。

❺「メンバー企画セッション（お任せセッション）」の組み入れの重視

メンバー企画セッションは、ファシリテーターが企画を提供するのではなく、メンバーが自身で企画、実施し、メンバーが主体性、自発性、創造性を発揮する場を提供するものである。

（1）目的

「メンバー企画セッション」は、PCAグループの重要な特徴となっており、次のような目的をもって行われる。

①PCAグループでは小グループ中心のプログラムで進行するので、クラス全体での交流をはかり、凝集性を高めること
②いわゆるセッションでは動けないメンバーや小グループに、動くチャンスを提供すること
③担任教員やファシリテーターも参加し、メンバーと教員とのふれあいを深める機会とすること

2泊3日の合宿形態であれば、メンバー企画セッションは2日目の夜に設定しているが、3日目の午前にやることもある。

（2）手順

手順としては、まず、各小グループから1名「お任せ委員」を選出してもらう。その際には、学級委員長を必ず委員に入れることにしている。これは、現実のクラスに戻ったときの学級コミュニティとの連続性を考慮したものである。

次に、「お任せ委員会」にこの時間の企画運営をすべて任せる。このときのファシリテーターの役割は、最初の「お任せ委員会」に出席し、この企画の目的を説明し、企画にある枠を設定することである。このセッションはグループの親睦、交流をねらいとしているので、小グループや個人の競争だけのプログラムにならないように留意する。たとえばカラオケ大会は禁止する、などである。ファシリテーターは、以後は「お任せ委員会」には参加せず、委員会の指示や依頼があるときだけ助言したりする。

（3）内容

内容は毎年異なるが、小グループ対抗のゲームが多く、たとえば「フルーツ

バスケット*8」ならぬ「何でもバスケット」などがよく行われている。からだを動かしてエネルギーを発散する、競争する、みんなで楽しむ、凝集性が高まる、メンバーの個性がにじみ出てくる、クラスの協調性が育まれる、などの意義が認められる。

　また、企画運営の責任を任されると、メンバーたちには最初は戸惑いがあるようだが、腹が決まると、その創造性に目を見張ることが多い。あるとき、会場のスペースが限られていて、ゲームができなくて困っていた。ところが、メンバーたちは、なんと研修会場の外の敷地全体を使った「ケイドロゲーム」を発案して、教員、ファシリテーター全員が参加できる場を設定し、見事にこの危機を乗り切ってしまったのである。

　アンケート調査の結果でも、この「メンバー企画セッション」がどのワークショップでも例外なく、どのセッションよりメンバーの評価得点が高い。メンバーが自分たちで成し遂げたという達成感、満足感が強いのである。こうした体験から、「企画全体をお任せする企画」も可能ではないかとさえ感じさせる。

❖注
* 1　**スケープゴーティング（scapegoating）**　もともとは精神分析的集団療法から生まれてきた用語である。特定のメンバーを選び生け贄にする過程で犠牲者に苦痛を与え、グループ風土に脅威を与えるものである。ヘブライの贖罪儀式とそこで生け贄になる2頭の山羊（goat）に用語の起源がある。グループ初期の不安が高いときに起きやすい。看護師のグループで、新人で魅力的な看護師が「あんたはそんな格好でおしもの世話はできないでしょうが」などと名指しで非難されている場面に出くわしたことがある。通常、国際政治の世界では、自国の安定のために他国を悪者のように悪しざまに言うことはよく見られる現象である。
* 2　**ルスト・ワークショップ**　ロジャーズが晩年エンカウンターグループを媒介とした国際紛争解決を目的としたワークショップを数多く行い、ノーベル平和賞の候補になった。「中央アメリカの挑戦」と題して、中央アメリカ17か国の政府高官を50人集めて対立している国々の人たちの相互理解を促進したプログラムである。ルストはオーストリアの地名である。
* 3　**シカゴのチェンジズ**　シカゴ大学の臨床心理学大学院生がシカゴ大学周辺の地域住民たちと立ち上げた新しいコミュニティである。「体験」やフォーカシングを中心としているが、車の修理、引っ越しの手伝いなど多彩な援助活動を展開していた。筆者は訪問して、メンバーの家に宿泊したり、ヘンドリクスに案内されて、集会に参加したことがある。
* 4　**クリアリング・ア・スペース（空間づくり）**　フォーカシングの6段階ステップにお

ける第一の作業。気がかりなことを一つずつ確かめ、それから適度な距離をおくことにより部屋の掃除をするように散らかった空間を整理する作業である。この「空間づくり」はそれだけで一つの独立した技法に発展している。増井武士はこの技法を使って統合失調症の事例を報告しているし、村山正治は、学校集団に応用できる手順を考案している。

* 5 **ジェネラルエンカウンターグループ** 村山正治の造語である。看護師や教師など同じ職の人が参加するエンカウンターグループではなく、一般市民が身銭を切って参加するエンカウンターグループを名づけた。これは、エンカウンターグループの原点は市民運動にあるからである。

* 6 **ラホイヤ・プログラム** 人間研究センター(CSP)が1968年に開始したファシリテーター養成プログラムである。特色はファシリテーター養成の哲学にある。「ファシリテーターがグループのなかにどのような種類の熟練者としてでもなく、1人の人間として参加するとき、メンバーとファシリテーター双方に最大限の成長がある」とする。筆者は1972年、1973年に参加した。

* 7 **6段階プロセス理論** 村山正治・野島一彦が共同で日本のエンカウンターグループのファシリテーター体験から生み出したプロセス仮説である。日本発のオリジナルプロセス理論である。

* 8 **フルーツバスケット** 子どもの遊びのことで、イスとりゲームの一種である。参加人数より一つイスの数を減らしておく。中央にいる"鬼"となった人が、フルーツの名前を発言すると、そのフルーツに割り当てられた人は席を移動する。アレンジとして「何でもバスケット」ではたとえば「朝食を食べてこなかった人」などと発言すると、該当する人が席を移動する。必ず1人余るので、席を取り遅れた人が次の"鬼"になる。また、「フルーツバスケット」と発言すると、全員が移動して別の席に移動することになる。このゲームは、①クラス全員でできること、②クラスメンバーの個々人の情報が伝えられ、相互理解に役立つこと、③身体を動かす単純なゲームなので、クラス全体の一体感醸成に役立つ。

❖**文献**

安部恒久(2006)『エンカウンター・グループ――仲間関係のファシリテーション』九州大学出版会

鎌田道彦(2002)「入学初期に必修授業として実施したエンカウンター・グループの効果の検討――自己像の肯定的変化・対人不安の軽減・共感の増大」『人間性心理学研究』**19**(2),82-92.

鎌田道彦(2003)「PCAGroupの基本的視点の提案とその展開――学校現場における事例研究による検討」東亜大学大学院総合学術研究科博士学位論文

鎌田道彦・本山智敬・村山正治(2004)「学校現場におけるPCA Group基本的視点の提案――非構成法・構成法にとらわれないアプローチ」『心理臨床学研究』**22**(4),429-440.

金子周平・畠橋紀子・廣梅芳・安田郁(2005)「海外エンカウンターグループの動向について――70年代の研究者たちはどこへ行ったのか」『日本心理臨床学会第24回大会発表

論文集』p.393.
平山栄治・中田行重・永野浩二・坂中正義(1994)「小企画：研修型エンカウンター・グループにおける困難とファシリテーションについて考える」『九州大学心理臨床研究』13，121-130.
袰岩秀章(2001)「グループの構成・非構成に関する考察」『日本女子大学カウンセリングセンター報告』23，1-6.
村山正治(1992)『カウンセリングと教育』ナカニシヤ出版
村山正治(2005)『ロジャースをめぐって――臨床を生きる発想と方法』金剛出版
村山正治(2009a)「PCAグループの現状と今後の展望」『日本人間性心理学会第28回大会発表論文集』p.33.
村山正治(2009b)「『バラバラで一緒』『はじめに個人ありき』を軸としたエンカウターグループの展開」日本カウンセリング学会記念講演(2009年8月19日)
村山正治・野島一彦(1977)「エンカウンター・グループ・プロセスの発展段階」『九州大学教育学部紀要(教育心理学部門)』21（2），77-84.
森園絵里奈・野島一彦(2006)「『半構成方式』による研修型エンカウンター・グループの試み」『心理臨床学研究』24（3），257-268.
中田行重(2001)「研修型エンカウンター・グループにおける問題意識性を目標とするファシリテーション」東亜大学博士学位論文
中田行重（2005）『問題意識性を目標とするファシリテーション――研修型エンカウンター・グループの視点』関西大学出版部
野島一彦(2000a)『エンカウンター・グループのファシリテーション』ナカニシヤ出版
野島一彦（2000b）「日本におけるエンカウンター・グループの実践と研究の展開――1970-1999」『九州大学心理学研究』1，11-19.
奥田綾子ほか(2007)「タイアップ・プログラムにおける集中合宿エンカンターグループの試み――PCA Groupによる企画と運営の実際」『九州産業大学大学院附属臨床心理センター紀要　心理臨床研究』3，45-60.
白井祐浩・木村太一・村山正治(2006)「PCAグループにおける『メンバーズ・セッション』の意味」『九州産業大学大学院　臨床心理学論集』1，3-9.
白井祐浩・村山正治（2005)「PCAグループによるクラス所属感の形成とその影響について」『九州産業大学大学院付属臨床心理センター紀要　心理臨床研究』1，17-25.
武井麻子(2002)『「グループ」という方法』医学書院

(本章は村山正治(2009)「PCAグループの試みと実践を中心に」『人間性心理学研究』26(1・2)，9-16および村山正治(2009)「PCAグループの現状と今後の展望」『人間性心理学研究』27（1・2），81-86の一部を転載し、加筆・修正したものである)

第3章
ファシリテーター論

村山正治

❖はじめに

　通常、エンカウンターグループでは、「リーダー」という言葉を使わず、「ファシリテーター」という用語を使う。促進者と訳されているが、むしろ、「ファシリテーター」のほうが多く使われている。

　リーダーはグループ全体を率いていくイメージが強いが、ファシリテーターはグループメンバーが参加しやすいように安全な雰囲気を創ることが主な役割である。また、ファシリテーターも参加者の一人になっていくプロセスが見られ、メンバーとの対等性を強調するときに好んで使われる用語である。

　日本では、PCAの文脈では野島一彦のファシリテーター論（2000）、安部恒久（2010）のファシリテーターの8原則が参考になる。

　またロジャースの『エンカウンター・グループ』（畠瀬稔・畠瀬直子訳）、ジェンドリンの「体験過程グループ」なども活用させていただいた。

　筆者自身は50年近いベーシックエンカウンターグループ体験、20年近いPCAグループ体験から、ファシリテーターのあり方を追求してきている。今回は、以下に筆者のメモとして、体験を整理してきたものである。

❖1. グループ全体を見る

　グループのなかで何が起こっているかをファシリテーターが確認するのは、決定的に大事なことである。

　たとえば、終了時のことを考えたとき、ファシリテーターは、「時間内に終

わるにはどうすればよいのか」「どのように終わるのか」「時間内に終わらなかったらどうするのか」というようなことを頭に入れておく必要がある。

　たとえば、時間になったときに、早く終わったグループとまだ一生懸命にやっているグループがあった場合、どうするのか。筆者はまだ継続しているグループが終了するのを待つことを大事にするようにしている。だから、終了の全体集会、いわゆる「クロージング」をやらずに、流れ解散という形にすることもある。ただ、学校で行う場合は、みんなで一緒に終わらなくてはならないところが多いため、約束の終了時間を大事にするのか、継続グループが終了するのを待つのかは、ファシリテーターが臨機応変に判断する必要がある。

　このように、ファシリテーターは「全体を見ている」ことが大事であり、そこでどのような行動をとるのか、たとえば早く終わらせることを優先するのか、時間がかかっても有意義なことをしたほうがいいのか、という選択はファシリテーターの価値判断による。「全体を見る」ということは、そういうことである。ただ観察をしているのではなく、いろいろなことが起きたときにどう対応するかを、「感じながら見る」のである。

　筆者は特に、エンカウンターグループをする際には2人でファシリテーターをすることがある。このようにしておくと、ファシリテーターの1人に見落としがあっても、もう1人が見てくれているので、非常に助かることが多い。

❖ 2. グループへの所属感を保証する

　アメリカのグループでは、ファシリテーターがつまらないと、何の連絡もなくメンバーが来ないことがある。しかし、日本人はつながりを大切にするので、たとえば、グループのメンバーの1人が用事のために途中で抜ける必要があるときには、それをほかのメンバーに知らせることが大事になってくる。

　こうしたことをメンバーに伝えるのは、「自分がグループを離れることで、グループを乱してしまうかもしれない」と思うからである。逆に「あなたがいなくても、あるいは途中で出ていったとしても、あなたはこのグループのメンバーなんですよ」と認めることは、その人の見捨てられ不安を和らげ、所属感を大事にすることになる、と筆者は考えている。

　たとえば、誰かがトイレに行って抜けたときに、自然にセッションをやめてその人の帰りを待つこともあるが、グループによってはそのまま続行してしま

うことがある。筆者はそのまま続けてしまうことには反対である。なぜなら、その人がトイレから帰ってきたときに、話が進んでしまっていると、みんなと話題をシェアすることができず、話に入りにくくなるからである。「トイレに行く」ということは誰にでも起こりうることであるし、その場に物理的に存在していることだけが所属感ではない。その人がそこにいるということを、みんなが心理的に受け止めていることのほうが大事だと考えるからである。

また、筆者がファシリテーターであったグループで、あるメンバーが頭痛でセッションに出られないと言ってきたことがあった。「何があったら出られますか」と尋ねると、「隣のコタツがある部屋で休んでいたい」との申し出があったので、隣室の襖を少し開けて、声が聞こえるように配慮した。お茶を飲むときは声をかけ、必要かどうか聞いたりした。すると、グループがある話題になったとき、それがその人の関心事だったらしく、隣室から突然出てきて、みんなの輪に入ったのである。

これと似たようなことはよく起こり、部屋に戻る許可をとって休んでいた学生が、あるワークには参加せず、イスに座って見学していたが、次のワークには参加するということもある。これらは「自分のペースで参加する」例である。無理に参加させるより、本人が自分の気持ちと大切に向き合いながら参加することに意味があるのである。

これを筆者は「天の岩戸方式」と呼んでいる。「天の岩戸」というのは日本古代の神話の、天照大神（あまてらすおおみかみ）が岩戸から出てくるシーンをイメージした名前で、初期不安状態にある人の所属感を守るための方法である。

❖3. 攻撃された人を守る

筆者は、あるグループで攻撃を受けて半年間ぐらいうつ的になった経験がある。しかし、その攻撃した人は、次の年も筆者のグループに参加したいと申し込んできたので、さすがにそのときは参加をお断りした。

このように、攻撃されたほうはそれをよく覚えているが、攻撃したほうは、自分が攻撃したなどとは思ってもいないのである。いじめでも、自分がどれだけのことをやっているのか、受け止める側がどんなことを感じているのか、加害者のほうは分かっていない。それだけ攻撃というのは怖いことなのである。

このような攻撃は、特にグループの初期段階に起こりやすく、たとえば変わ

った服装をしている人がいたときに、グループ慣れした人が、そういう人を見つけて攻撃したりすることがある。そのときのファシリテーターの役割は、その攻撃された人を絶対に守ることである。それは重要な役割であると同時に大変な役割でもある。こういうときにファシリテーターが2人いると、自分が抱えられない部分を、もう1人のファシリテーターが抱えることができるので、非常に助かることが多い。

❖4.メンバー一人ひとりのペースを守る

　グループの危険性の一つは、要求されて、自分が言いたくないこと、言わなくてもいいことまでしゃべってしまうということである。言わなくてもいいことまでしゃべってしまい、後で後悔する可能性もある。つまり、「グループではやたらと自己開示を要求しないこと」が大切であり、また、自己開示を要求すると、最近の人はグループに来なくなってしまう。

　逆に過剰に自分を表現してしまう癖がある人もいるが、発言をしてもしなくても、その人が安心してその場にいられるということが大事である。だから、メンバー一人ひとりのペースを守るために、しゃべることを強要せず、発言をパスすることを認めたり、表情を見て、何か言いたそうな人に話を振ってみたりする。セッション終了時に「何か一言ありますか？」と聞くこともあるが、それは確認をしているだけである。

　筆者も外国に行った際に、英語がうまくしゃべれなくてボーッとしていたときに、「君はどう思う？」と聞かれて、ものすごく嬉しかったことがある。また、「英語がよく分からないから時間がかかるだろう」と言葉では言わなくても、腕時計を投げて、「時間を気にするな」という身振りを示して見せ、筆者のペースを守ってくれたことは今でも忘れられない。

　このように、どれだけそこにきちんと受け入れられ、肯定された感じで安心していられるか、というのが大事なことなのである。その人にとっては、発言の量ではなく、自分の存在をきちんと受け止めてもらえたかどうかのほうが大事なのではないか、ということを考えておくことが、ファシリテーターにとっては大切なことである。

　夢セッションでは時間がないので、ある程度強制される部分もあるが、強制されるからこそ言えることもある。ただ、やはりどうしても「言えないから出

ていきます」と言う人もいる。そのときは「是非帰ってきてください」とだけ伝えておく。ファシリテーターはこのように指示に従えないで困っているかもしれない場合には殊に注意を要する。

　このように、筆者は常に「グループ全体を見る」ということを大事にしている。

❖ 5. ファシリテーターがまず実演してみせる

　ワークを中心としたプログラムには、参加メンバーにとって、「させられ体験」「させられ感」が吹っ切れないことも事実である。

　そこで筆者は、ワークの説明とデモンストレーションには、必ず先にファシリテーター自身が実際に実演してみせたり、自己表明するなりしている。これは、メンバーの「させられ感」の緩和と、ファシリテーターもメンバーの１人であり、メンバーと同様に１人の人間であることを感じてもらうことに役立っている。

❖ 6. ファシリテーターのその場の感触を活用する

　ワークをあらかじめ決めておいても、グループは絶えず変化し、参加メンバーの気持ちも行動も動いている。ファシリテーターは、ただ指示するだけでなく、メンバーの受け止め方、グループの全体の様子、小グループのなかで参加できていない人がいないかどうか、特定のメンバーが支配してしらけかけているグループが無いかどうかなど、様子を感じとり、グループを深めたり、安全な方向に促進したりする。そうした状況を感じとるときのファシリテーターのアンテナを「ファシリテーターの感触」と呼んで、大切にしている。これを養うために、ファシリテーターにはフォーカシングや「ベーシックエンカウンターグループ」を体験することを勧めている。

　これは筆者がフォーカシングから学んだことであるが、ファシリテーターは、「その場で自分の内面に起こっている体験過程に注目すること」も大事である。ここで自分が何を感じているのか、時々自分の感触をメンバーに伝えてみると、かなりのメンバーが同じことを感じていると分かることが多い。

　しかし、日本人に特にそのような傾向が強いが、困っていても、ファシリテーターでなければ、なかなか困っているとは言いづらい。そのようなときに、ファシリテーターがその場で自分の内面に起こってきたことを伝えることが大

事である。

　ただし、それはファシリテーターが感じたことすべてを伝えればよいということではない。ファシリテーターが感じているすべてを伝えるのはむしろ危険なことであり、ファシリテーターは自分の評価的な言動には十分に気をつけておく必要がある。それについては後述する。

❖7. プロセスの展開に応じた柔軟な対応

　大枠として、1日目はボディワーク、2日目は自発性を尊重した自主プログラム、3日目は「こころの花束」(資料編資料4参照)などのメンバー相互の対他肯定感情を伝える機会を準備する。しかし、最初に決めたプログラムやその順序がメンバーにフィットしていないことも起こってくる。そのようなときには、メンバーの反応やグループ全体の雰囲気などを感じとり、ファシリテーターは状況に応じてプログラムに適宜変更や修正を加える必要がある。そのためには、最初にワークの持ち駒を多めに用意しておくとよい。天候によって屋外の散策が不可能になり、変える必要性が生じることもある。

　また、ファシリテーターは全体や小グループの進行状況を見て、必要だと感じたら、適宜、参加的促進を行う。参加的促進とは、「外からグループを観察して介入」するだけでなく、ファシリテーターもできるだけメンバーのようにグループに参加しながら介入していくことで、メンバーの目線で対応する。これができると最も円滑な促進ができる。

　センスの良いファシリテーターはどんどんグループに入って、促進してしまうものである。実例を挙げてみよう。

[参加的促進の実例]

　メンバー企画のセッションで、参加者から出てきた新米ファシリテーターが、覚えたばかりのゲームの指示を不安そうに与えていた。当然、メンバーやグループの動きがかたい。「フルーツバスケット」だったので、文字どおり「リンゴ」「ミカン」「ブドウ」の3種類に分かれただけで、「リンゴ」と言えば、「リンゴ」の人が席を立って移動する、といったごく退屈な遊びになっていた。

　10分ぐらい経過したときに、あるファシリテーターが、鬼になって発言する番になった。「変化させるタイミングだ」と思ったファシリテーターは「今

度から、『メガネをかけている人』など、果物でなくても何でも良いことにしよう」と提案して実行した。

そこからいわゆる「何でもバスケット」ゲームに移行し、メンバーの動きが活性化し、エネルギーあふれる時間となった。「恋人のいる人」とか、「今朝、朝食を食べないで来た人」などメンバー個人の情報に関する発問が出てきたりして盛り上がり、適度の個人情報の開示と相互理解を生み出したプロセスがダイナミックに展開したのである。

このように、ファシリテーターは柔軟に、メンバーとして動きながらファシリテーションを行うのが最も効果的である。

8. 否定的、評価的な発言をしない

筆者がラホイヤ・ファシリテーター訓練プログラムを受けたとき、誰がファシリテーターなのかが最後まで分からなかったのだが、日本では誰がファシリテーターなのかがすぐに分かる。それはみんながファシリテーターにいつも注目しているからである。

ということは、あるメンバーが「あなたの考えは変ですよ」と言うのと、ファシリテーターが「あなたの考えは変ですよ」と言うのとでは、その発言の重みがまったく違ってくるということである。ファシリテーターがそのような発言をした場合、その人に「変人である」というラベリングをしてしまうことにつながりかねないのである。

筆者の体験をもう一つ挙げると、ある課題をグループ全員で完成するセッションで、ファシリテーターも悪気があったわけではないが、ほかのグループと比較してその作品について否定的なコメントをしてしまったことがあった。するとそのグループは、自分たちのグループに名前をつけるときに、「一番ダメなグループ」と名づけたのである。ファシリテーターへの反発もあったと思うが、ファシリテーターのコメントがそんなにも響くものかと驚いた経験であった。このようなことから、筆者はコラージュや集団制作にコメントをすることはできるだけ控え、メンバー自身に語ってもらうような仕組みに変えている。

たとえファシリテーター本人がそう思っていなくても、ファシリテーターを偉い人、権威者だとメンバーが受けとるのだという認識をもっておくこと、特に日本人は評価的な言動に過敏であり、ファシリテーターの評価的な言葉がグ

ループメンバーには非常に大きな影響を与えるのだという認識をもっておくことが大切である。そのような認識をもっておくことで、グループの安全感が高まるのである。

　また、筆者のグループで筆者に傷つけられた人はほかのグループに行って、また、ほかのグループで傷ついた人は筆者のグループで、「あのファシリテーターに私は傷つけられた」と言って癒やされる。つまり、傷つけたファシリテーターには自分が傷つけたということが耳に入ってこない。そういうことも考えておかなければならない。

9. 自分の間違いは素直に認める

　たとえば第3セッションで間違ったことを言った場合、第4セッションで修正する。特に、これは筆者にとって絶対に必要なことで、必ず訂正するようにしている。

10. あきらめない

　筆者がグループで学んでいることは、できるだけぎりぎりまでグループを信じてあきらめないことである。危機というのは良い方向に向く可能性もあるが、「このグループはダメだな」と思い始めてしまうと、グループに何が起きているのか、良いことが起こっていても、その芽が見えなくなってしまうからである。だから、できるだけグループを信じて頑張る気持ちでいるようにしている。

　グループは生き物なので、「なんとかなる」という感じをもてると良い。こういうスタンスでいることで、さっき言ったように、グループのなかで起きている、良い方向に展開するような芽が見えてくる。

11. 柔軟性と、決定する勇気

　グループでの実際の展開は、いろいろな変化が起こったりして、マニュアル通りにいかないことが多い。マニュアルに従ってきちんとやろうとしすぎると、先ほど述べたような否定的な評価につながりかねない。だから、マニュアルにとらわれすぎないようにしつつ、しかしマニュアルの基本はしっかり頭に入れておく必要がある。現実の事態とマニュアルがどこまでずれてもよいか、自分の許容範囲はどこまでか、マニュアルを学びつつ、そこからどれだけ自由にな

れるかの加減が大事である。

　昔のことになるが、ファシリテーター2人で、翌日何をやるかについて徹夜でディスカッションしたのだが、どうしても2人の意見が一致しないことがあった。仕方がないので、「これだけ考えたけれど、決まらなかった」とメンバーに言おうということになった。これは結果的に良かった。「そんなにいろいろ考えてくれたんだ」ということで、「僕たちはこうやるよ」とメンバーのほうから申し出てくれたのである。

　このようなことをファシリテーターが言うのは、勇気が要ることではあるが、今の事態に対してどれだけ自分が柔軟に動けるか、ということがファシリテーターにとって大事なことの一つである。

❖ 12. グループを無理に進めないようにする

　以前、ある大学で1年生のゼミを受けもったことがあった。その大学は学生のコンパにお金を出してくれるので、「みんなで行こう」という話になった。学生もみんなが賛成してくれたように見えた。ところが、コンパの日の定刻に行ってみたら、学生が半分も来ていなかったのである。このときの筆者の間違いのもとは、オピニオンリーダーの意見がみんなの意見だと思ってしまったことにあった。

　そこで翌年は、コンパをやるかやらないかで2コマの時間を取って話し合った。すると、「コンパが大嫌いだ」とか、「嫌いな人が隣だったらしゃべれない」とか、「狭い飲み屋さんでは隣の人としゃべるしかない」とか、「お酒が嫌いだ」とか、沢山の意見が出た。そして最後には、みんなでドラム缶を持って来るなどの役割分担を決めて、河原で焼肉大パーティーをすることになったのである。人間というのはうまくできているもので、文句を言った後は、きちんとそれを受け入れ、このようにポジティブに展開することが多い。

　ドイツでワークショップをしたときには、何も言わない人は賛成、文句がある人は必ずそれを言う、というカルチャーがあるので、そのようなことは無かった。日本では、こちらが無理にグループを進めようとすると、そのときは従っても、後で「あのとき自分の気持ちを無視された」という反動でいろいろなトラブルが起こってくる。また、「ファシリテーターがやれと言ったからやっただけ」となって、メンバーが責任をとらなくなる。

時間がかかっても、できるだけ忠実に一人ひとりの感じ方、意見を丁寧に拾うことで何らかの方向性が出てくる。結果として、このほうが成果が上がる。グループのもっている力を信頼するほうがずっと良いのである。

❖まとめ──自分のエンジンをつくる

心理臨床というのは個別性の高い仕事である。だから、いろいろなことを学び、そのなかで、「自分のファシリテーション」なり、「自分の臨床」というものを創っていく作業を是非してほしいと思う。

かつて平井達也氏から、アメリカの大学院では博士課程で「自分の理論を作る」時間があると聞いて驚いたことがある。ロジャースが筆者に「君はどう考える？」とくり返し言っていたことを考えると、「自分にとってのエンジンを作る」というのは、臨床家もそうであるが、人間が生きていくのに必要な世界共通のことだと感じている。

筆者は、そのために必要なのは、「自分のための時間」「自分に何が必要なのかを感じとる場」をもつことだと思っている。ほかの人の良いところを取り入れながら、同時に、それぞれの人が自分の良いところを伸ばしていただくのが一番大事ではないかと考えている。

❖文献

安部恒久 (2010)『グループアプローチ入門──心理臨床家のためのグループ促進法』誠信書房
野島一彦 (2000)『エンカウンター・グループのファシリテーション』ナカニシヤ出版
Rogers, C. R. (1970) *Carl Rogers on Encounter Groups*. New York: Harper & Row.（畠瀬稔・畠瀬直子訳 (1982)『エンカウンター・グループ──人間信頼の原点を求めて』創元社）

第4章 PCAグループの現状と今後の展望

村山正治

　PCAグループが生まれるまでには、エンカウンターグループの長年にわたる実践に基づいたさまざまな研究がある。本章ではもう一度、ざっとそれらの研究を辿り、PCAグループが生まれる背景を概観し、さらに今後の発展の可能性について考えてみたい。

1. エンカウンターグループ研究の流れとPCAグループの構想

　村山・野島（1977）は、「プロセス理論」を提唱し、6段階プロセス理論は、日本で初めてエンカウンターグループが展開していくときの地図を提供した。この理論は、ファシリテーターの道案内とともに、多くの事例研究とリサーチを生み出すことに貢献した。

　平山（1998）の研究は、村山・野島のエンカウンターグループよりも明確に「個人過程」に焦点をおいたことに独創性があり、「はじめに個人ありき」の萌芽であると言える研究であった。

　安部（2006）の「既知集団プロセス論」の展開は、看護学校に「非構成エンカウンターグループ」を展開する困難性を克服するファシリテーションを工夫している。

　中田行重（1996；2005）の研究は、エンカウンターグループを一つの技法と位置づけたこと、否定的自己表明がプロセスを促進するファシリテーターのあ

り方であること、エンカウンターグループの適用目的が問われることを提示した点が光る。この研究では、エンカウンターグループ実施自体を目的とすることから距離をとる視点が提示された。また中田は、エンカウンターグループ体験におけるセッション外体験の意義を指摘し、エンカウンターグループワークショップをコミュニティとみなす先駆となる視点を提示した。

　吉川（2008）は、沖縄戦体験者の調査から出発して、「リサーチパートナー」と「共創モデル」を生み出し、被調査者のニーズと支援に応える地域のグループを組織して、研究者と参加者のコラボレーションモデルを提示している。

　高松（2004）はセルフヘルプグループやサポートグループの立ち上げと幕引きの仕方を書いて、エンカウンターグループを日常レベルで、誰でも、自分たちだけで設定できる手引書を開発している。

　鎌田・本山・村山（2004）は、エンカウンターグループの非構成／構成モデルにとらわれないPCAモデルを提案し、村山（2006；2009）は、それをさらに発展させて、新グループコンセプトを基礎とした「PCAグループ」を提唱した。

　村山（2009）は、さらに「初期不安」を概念化し、その緩和がグループの発展に大きな影響を与えることを事例で提示し、その緩和策を提案している。

　白井・村山・石井・都能・加地（2009）はPCAグループの評価尺度の作成とその実証的研究に成功している。

2. 学校教育や研修にPCAグループを展開して見えてきたこと

　村山（2006；2009）は臨床心理系大学院生、看護教員、看護専門学校生、大学生などにPCAグループを多数回実施してきた経験から、参加者の特徴や留意点を五つ指摘している。

　（1）自発参加でなく必修授業であることの認識をもつ
　（2）対人不安、グループ嫌い現象が増加傾向にある
　（3）「初期不安」の増大とその緩和の工夫が必要である
　（4）学校生活とグループ体験の連続性を認識しておく
　（5）クラスの凝集性を高める工夫を行う

3. PCAグループの最近の発展

ここでは、村山（2009）の論文以後のPCAグループの発展について述べておきたい。

❶ メンバー構成の工夫の重要性

最初のうちは自然にグループを構成してもらっていた。全員が集まって、近くの人と2人で組んでペアをつくり、自己紹介する。さらに近くの人と組んで4人組、8人組となり、1グループを形成していく形式である。これは未知集団のときは有効である。しかし、学校のような既知集団では、自然に任せると、結果的には、日頃親しくしている仲良しグループができてしまうことが多い。これでは日常の生活の特定集団のつながりを強化するだけになり、わざわざ合宿エンカウンターグループをする必要がない。

このような経験を重ねるにつれて、小グループのメンバー構成を非常に大事にするようになってきた。非構成エンカウンターグループの発想では、「自然に任せる」のがその流儀であると見られていることが多い。しかし、筆者は、「**目的に沿ってグループが展開するようにメンバー構成をすること**」が重要であることを学んできている。

メンバー構成の視点からロジャースたちの企画を考察してみたい。1970年代に、ロジャースのいた人間研究センター（Center for Studies of the Person; CSP）が主催していた世界的に有名なファシリテーター訓練プログラムに「ラホイヤ・プログラム」がある（第2章の注6参照）。筆者は、このプログラムに1972年と1973年に参加した。筆者のようなファシリテーター訓練生が初めて2泊3日のベーシックエンカウンターグループに参加したときは、メンバー構成は、ラホイヤ・プログラムの企画者たちがかなり慎重に組んでおり、企画者側がすべて決めていた。しかし、筆者のような新米ファシリテーターのエンカウンター実習におけるファシリテーターのペア決めは、逆にメンバーに任されていた。

ロジャースたちが作成した3本のエンカウンターグループの映画ビデオ『出会いへの道』『鋼鉄のシャッター』『これが私の真実なんだ』を見ると、メンバ

ー構成の男女は同数で、年齢も職業も多様性をもたせている。『鋼鉄のシャッター』では、年齢のバランス、男女の比率だけではなく、対立するカトリックとプロテスタントの比率、イギリスの階級制度に配慮したメンバーの選択など、主催者側の緻密な計画性をうかがわせるものであった。

その理由は、ベーシックエンカウンターグループ、特にロジャース流エンカウンターグループが、「メンバー主導のグループ」であるところにある。ファシリテーターの役割はメンバーの活性化を促進することに重点がおかれており、ファシリテーターは同時にメンバーの1人でもある。したがってメンバーの影響力が大きい。ファシリテーターだけでなく、メンバーも組織の活性化を促すチェンジエージェントである。

これが、筆者がベーシックエンカウンターグループの「ジェネラルエンカウンターグループ」という和製英語で命名したグループにおけるグループメンバーの編成基準である。これが最も展開しやすいグループ構成である。

このようにメンバー構成は、ワークの選択とともに重要で大きな意味をもっている。また、PCAでは非構成グループが一般的ではあるが、メンバー構成などに関して何もしていないわけでないことも指摘しておきたい。

❷ 効果測定と数量的研究から見えてきたこと

エンカウンターグループの効果測定と数量的な検証は、実践と研究には非常に大事なことである。PCAグループでは、白井ら（2005；2009）を中心とした研究グループが、参加者アンケートから項目を作って、因子分析によって効果測定尺度を作成し、PCA仮説についての数量的な検証を行ったところ、次の3因子が析出された（第12章参照）。

(1) 第1因子：「自分らしさの肯定」

これはPCAグループの基本仮説の一つであり、PCAグループ体験の中で非常に重要なことである。「このクラスで私は、ありのままの自分で過ごしていると感じる」とか「このクラスで私は、素の自分で過ごしていると感じる」「このクラスで私は、本来の自分を出せると感じる」とか「このクラスでは、クラスメートに気を遣わないでいられる」などの項目である。

（2）第2因子：「メンバー相互のつながり」

これは、「バラバラで一緒」「所属感」というコンセプトで表現してきたことであり、PCAグループではキーコンセプトである。「私は、このクラスに対して親しみを感じる」「私は、クラスを居心地よく感じる」「私は、このクラスの雰囲気が好きだ」「私は、クラスの中で安心していられる」などの項目で、「団結」よりも「連帯感」を重視したつながり感であることを強調している。

（3）第3因子：「個人の尊重」

「クラスの人と違うところがあるけれど、個人として認めてくれる」「このクラスは色々な考えを受け入れてくれる」「クラスメートと意見の違いがあってもクラスの中に一緒にいられる」「このクラスは言いたいことを言える雰囲気がある」というような項目で測定している。ここもわがまま勝手な利己主義でなく、他人との違いを尊重し、受け入れてくれる場であることを大切にする風土を示している。ここは「自他との違いを尊重する」と命名してもよいかもしれない。

今はまだまだリサーチが初歩的な段階であるが、事例研究だけでなくリサーチの有効性を感じ始めている。

4. PCAグループの対象領域

われわれは、構成／非構成の二分法でエンカウンターグループを考えない、柔軟な新しい発想のグループを、「PCAグループ」と呼んで発展させてきた。その理論形成の素材となった体験は、先にも述べたように、教育現場、それも主として看護学校や大学における宿泊エンカウンターグループ体験である。しかし、この仮説は今後さまざまな領域に展開できると確信している。

まず、スクールカウンセラーが教育現場で要請されている学級の変容やいじめなどの対応、また、教師の研修に役立つグループとしても有効であろう。われわれの体験では、看護師、市役所の管理者のために役立つとの感触も得ている。精神科領域では、デイケアなどのプログラムとして有効であろう。

セルフヘルプグループやサポートグループなどとも共通点があるとの感触も

得ている。共通点と相違点を明確にしながら、共同作業が可能であろう。これは今後、対象領域を広げたり、異なる状況で実施してみる機会を得てその臨床経験に照合したりすることで、確かめられるであろう。

5. ありのままの自分でいられること

筆者は、PCAグループのキーコンセプトの一つとして、「ありのままの自分でいられること」を強調してきた。このことは、「初期不安の緩和」とも密接に関係している。

第1セッションでは、メンバーをグループに組まないで、一人ひとりのスペースをつくること、フォーカシングのフェルトセンス[*1]のように、今の自分の感じを「あるがまま」に感じ、挨拶し、距離をとる試みをしている。この試みは特にグループ嫌いの人に効果をあげている。

大石（2009）は、不登校児のセラピー体験から、「自己領域」という概念を取り上げている。筆者は、思わぬところから、同じような見解が出されていることに驚いている。大石は、自己領域とは「その人が自分自身であるという感覚を保持できる時間と空間のこと」と定義して、自己領域を大事にし合える関係の大切さを強調している。これは不登校児の治療だけでなく、現在の日本の教育、社会のなかできわめて重要なことである。「バラバラで一緒」が、クラスで成立する基本要件の一つである。

6. クラスのなかに心理的視点を

グループ体験が嫌われる理由の一つに、小学校、中学校、高等学校などの合宿体験が、「規範の習得」だけになり、こうした「自己領域」などの心理的視点が欠けていることがある。大石（2009）が指摘するように、「明るく元気な子が良い子」という価値規範を、そのクラスの強力な唯一の価値基準として担任が強調すると、そうでない人間は排除されて、いじめが生まれる温床になりかねない。つまり「排除の論理」が生まれてくる。

クラスでは、「自分らしさが出せる」「所属感がもてる」「違いが認めてもらえる」などの雰囲気がきわめて重要になり、これが、さまざまな心理的問題の発生を予防することにもなるのである。この考え方を現場の教師が理解できると、PCAグループが公教育でも役に立つ可能性が出てくることになろう。

7. 公教育への展開

筆者は、第1章のまとめで、公教育の現場におけるPCAグループの適用について、「PCAグループの新しいグループコンセプトは、『甘やかし』として一蹴されるかもしれない」と悲観的な感想を述べている。しかし、筆者の論文を読んだ中学校のある教師から次のような感想を得て大変勇気づけられている。

「一体感より連帯感」の話を聞いて私にはフィットしました。私が学級つくりで考えていることは、「一人（個人）つくり」と「集団つくり」です。生徒には、「自分つくり」と「仲間つくり」と言い換えています。今の子どもたちを見ていると、「みんな違ってみんないい」を都合よく解釈していると思えるのです。SMAPの『世界に一つだけの花』がはやったのもその背景があると思います。戦前、戦中のようにならないために、個人の尊厳を大切にされたのは素晴らしいことです。しかし、そこに「連帯感」の視点が欠けていてはならないということを実感しています。私たち一人ひとりがこの世で生きる役割を考えることが必要であると思います。生きるということは、自分の存在をしっかりと感じることであったり、ほかの人とつながっていくことだと思います。今の子どもたちも、もちろんつながりを求めています。しかしつながり方を知らない。孤立することを恐れる。孤立を恐れて負の連帯をしようとする。それが差別でありいじめなのだと思います。一人ひとりでも大丈夫。でも一人ではダメ。みんながいるともっと温かい、心強い。そんな感覚を子どもたちにもたせてやりたいと思います。

このような教師たちと手を携えていきたいものである。

8. コラボレーションとリサーチパートナー

「コラボレーション」という用語は、異業種の専門家同士が、ある一つの事例をめぐって共同して援助していく論として使われてきている。最近は、心理療法そのものが、実は、セラピストとクライエントのコラボレーションであると考えられるようになってきている。最近の心理療法の研究からも、心理療法の効果要因におけるクライエントの自己治癒力のファクターが、非常に大きいという結果が出てきている（ランバートのパイ[*2]）。

そういう意味から考えると、エンカウンターグループ、特にPCAモデルは、誰がファシリテーターか分からないようなグループを筆者はたくさん経験してきた。メンバーのなかにすごいファシリテートをする人が現れたりもする。

「リサーチパートナー」という言葉も、研究はお互いに研究者と被験者と言われている人たちとの共同作業であることを明確にしようとする用語である。

9. おわりに

これまでの研究結果や臨床経験を背景として生まれてきた「PCAグループ」が、日本生まれのグループコンセプトをさらに発展させ、エンカウンターグループを現場に展開する際の困難点を克服するための工夫として生み出されてきたことを述べてきた。

今後は、これらの現象をよりよく理解する枠組みとして、複雑系理論の初期理論や、ある閾まで抱えられると新しい変化が起こるとする自己組織論、メンバーの相互作用のあり方を追及するコラボレーション論、ネットワークにおける統一モデルとネットワークモデル論などの視点を手がかりに、PCAグループの意味を追求し、研究を発展させたいと考えている。

ロジャースは「エンカウンターグループは21世紀の有望な発明」であると述べた。日本におけるエンカウンターグループの新しい展開に、PCAグループの理論と仮説が役立つことを願っている。

❖ 注

*1 **フェルトセンス（felt sense）** フォーカシングの創始者、ジェンドリンの造語である。定義はいろいろあるが、三つ述べておきたい。まず気がかりな問題についてのからだの感じをフェルトセンスと言っている。はじめは漠然としていて、その漠然としたはっきりしない感じが何の問題についての感じか分からないときもある。二つめは、胸のあたりや腹の底など身体の中心部で感じているぼんやりとした感じであり、注意を向けながら気がかりにまつわる感じのことをフェルトセンスという。三つめは、日常生活の中で、注意を向ければそこ（内面）にある曖昧な感じをフェルトセンスという。日常では忙しいので、そこに注意を向けないと気づかないことが多い。そこに触れていくプロセスがフォーカシングである。

ジェンドリンは、研究のためクライエント中心療法（CCT）の成功と失敗の面接テープを大量に聴取して分析し、成功ケースのクライエントは自分の内面にある漠然とした感覚に触れることができ、そこから意味を感じとれることができる人であることを発見した。そのからだの感じを「フェルトセンス」と命名した。フォーカシングの中核概念である。

*2 **ランバートのパイ（円グラフ）** ランバートは諸流派を超えた心理療法の効果要因の抽出に貢献している。研究によれば、セラピーの効果要因とは、クライエント要因40%、セラピストとの関係要因30%、クライエントの期待・希望15%、技法・スキル要因15%とする推定を公表した。これを円グラフにしたものを「ランバートのパイ」と呼んでいる。

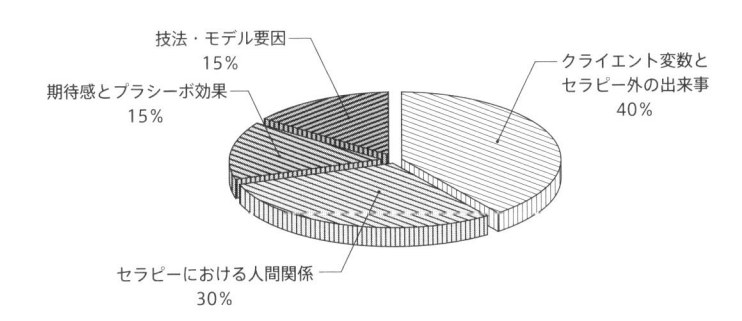

「ランバートの円グラフ」
セラピーに関わる各要因がクライエントの改善に貢献する割合の推定

❖ 文献

安部恒久(2006)『エンカウンター・グループ——仲間関係のファシリテーション』九州大学出版会

平山栄治(1998)『エンカウンター・グループと個人の心理的成長過程』風間書房

鎌田道彦・本山智敬・村山正治 (2004)「学校現場におけるPCA Group基本的視点の提案——非構成法・構成法にとらわれないアプローチ」『心理臨床学研究』22 (4), 429-440.

ミック・クーパー著　清水幹夫・末武康弘監訳(2012)『エビデンスにもとづくカウンセリング効果の研究──クライアントにとって何が最も役に立つのか』岩崎学術出版社, p.70.
村山正治(2006)「エンカウンターグループにおける『非構成・構成』を統合した『PCA－グループ』の展開──その仮説と理論の明確化のこころみ」『人間性心理学研究』24 (1), 1-9.
村山正治(2009)「PCAグループの現状と今後の展望」『人間性心理学研究』27 (1・2), 81-86.
村山正治・野島一彦(1977)「エンカウンターグループ・プロセスの発展段階」『九州大学教育学部紀要(教育心理部門)』21 (2), 77-84.
中田行重(1996)「エンカウンター・グループにおけるセッション外体験の意義──3事例を通して」『人間性心理学研究』14 (1), 39-49.
中田行重(2005)『問題意識性を目標とするファシリテーション──研修型エンカウンター・グループの視点』関西大学出版部
野島一彦(2000)『エンカウンター・グループのファシリテーション』ナカニシヤ出版
大石英史(2009)「現代型不登校の理解と援助」大石由起子編著『青年期の危機とケア』ふくろう出版, pp.42-60.
白井祐浩・村山正治(2005)「PCAグループにおけるクラス所属感の形成とその影響について」『九州産業大学大学院附属臨床心理センター紀要　心理臨床研究』1, 17-22.
白井祐浩・村山正治・石井紀子・都能美智代・加地佐加恵(2009)「PCAグループによる学級集団形成尺度の作成とPCAグループの効果の検証」『日本人間性心理学会第28会大会発表論文集』p.60.
杉浦崇仁・村山正治・上薗俊和・白井祐浩・木村太一・樋渡孝徳・相原誠・渡辺元(2013)「精神科デイケアにおけるPCAグループの試み」『日本人間性心理学会第32回大会発表論文集』p.180.
高松里(2004)『セルフヘルプ・グループとサポート・グループ実施ガイド──始め方・続け方・終わり方』金剛出版
高松里編(2009)『サポート・グループの実践と展開』金剛出版
吉川麻衣子(2008)「沖縄県における『戦争体験者中心の語り合いの場』の共創に関する研究」九州産業大学国際文化研究科博士学位論文

第II部

実践編

| 第Ⅱ部 | 実践編

第5章
スクールカウンセラーが学校に展開した事例

黒瀬まり子

1. はじめに

　スクールカウンセラーの主要な仕事は、問題を抱えている生徒・保護者への個別相談および教員へのコンサルテーションである。

　しかしながら、学校コミュニティには心理的に健康度が高く、ちょっとした心理学のエッセンスを紹介するだけで、自分の問題に取り組み、自分の力でそれを乗り越えていける子どもたちもたくさんいる。心も身体も、著しい成長の途中にある子どもたちは、子どもたち同士、そして教員とのコミュニケーションを通して「私の時代」を生きる「私をつくる」時期にあると考えられる。そうした時期には、お互いの思いが行き違いトラブルになったり、失敗を経験して臆病になったりすることもよく起こってくる。

　筆者は、スクールカウンセラーとして相談室・クラス・学校の雰囲気を手がかりに、それぞれのコミュニティに合った心理教育を行うことで、子ども時代に生じやすい問題を深刻化させず予防できるのではないかと考え、実践を重ねてきた。集団の中であっても個を大切にするPCAグループは、学校文化には歓迎されないことも少なくないかもしれない。しかし、教員研修等で丁寧に理解を求め実施につながった学校では、その効果を認識し、再度実施の機会を与えていただいたり、次年度の年間計画に組み入れていただいたこともあり、そのニーズを実感することが多かったことも事実である。

ここでは、合宿形式ではなく、スクールカウンセラーが授業時間あるいは放課後活動として、学校で展開したPCAグループのバリエーションを紹介する。

2. 学校現場にPCAグループを展開する実際例

❶ コミュニケーション・ビンゴゲーム

高校1年生1学期に実施（各クラス単位で、1コマ50分のみ）。

目的：入学後の仲間づくり

内容：クラス全体でビンゴゲームを行う。ビンゴに使用する用紙には、縦横5×5マスの中に「楽器がひける」「4月生まれ」などが書いてあり、自己紹介をし合いながら、該当する人を探し、なるべく多くのビンゴを目指す。

経緯：前年度の中途退学者数が多かったことを受け、生徒指導部会の先生を中心にその対策が検討されていた。まずは、新1年生の初期不安を和らげ、仲間づくりのきっかけとなるような時間を設けてはどうかと、スクールカウンセラーから提案したところ、5月に時間を確保していただくことができた。授業案は、事前に校内で回覧し、当日は担任にも加わっていただき実施した。

❷ コミュニケーションの授業

中学2年生1学期に実施（各クラス単位で、1コマ50分のみ）。

目的：コミュニケーションについて学び、友人関係に生かす。

内容：まずは一人ひとりに、スクールカウンセラーが言う言葉を頼りに絵を描いてもらい、完成後、近くの友だちの絵と比べ、まったく同じ絵はないことを確認。言葉によって広がるイメージは人それぞれであること、言葉の選択や解読がうまくいかずに誤解や行き違いが起こりやすいこと、だから、決めつけて一方的に怒りをぶつけたり相手を嫌う前に、質問したり確認することが大切であることを確認した。

経緯：実施した学年では1年時より、心ない言動を繰り返す生徒が目立ち、トラブルが度重なっていた。そうした状況を憂いた教頭より、生徒たちに何かできないだろうかと相談があり、前年度末より協議を重ねていた。総合学習の時間をスクールカウンセラーの授業に当てることになり、学年の先生方には事前

に授業で使うプリントや授業計画案を配布、説明した上で、担任にも入っていただき、実施した。

❸ アサーショントレーニング

中学2年生2学期に実施（各クラス単位で、1コマ50分のみ）。
目的：自分も他者も大切にするためのコミュニケーションを学ぶ。
内容：学校場面でよくあるやりとりを例に、コミュニケーションの三つのタイプ（おこりんぼう・おどおど・さわやか）で応答した場合のロールプレイを見てもらい、それぞれの心の構えを説明。さわやかな自己表現のために、アイ・メッセージ（「わたしは」を主語にした話し方）で、自分の気持ちや希望を伝えることが可能であることを学ぶ。
経緯：当時、スクールカウンセラーが相談室で出会う生徒のなかには、友だち付き合いで、必要以上に「嫌だ」と言えないで悩んでいる子が多く、その都度、「嫌だ」と言ってもいいこと、アサーショントレーニングの考え方を個別に伝えていた。だが、授業で知識を伝達することで、対人関係トラブルに対して予防的な効果があるのではないかと考えていた。それを学年の先生方に相談したところ、授業時間を確保していただき、実現に至った。授業内容については事前に学年会で説明した。

❹ 夢をひろげる授業

中学3年生1学期に実施（各クラス単位で、1コマ50分のみ）。
目的：進路決定に先駆け、未来の夢をひろげ、自分らしい未来を選ぶ。
内容：1人に1枚の画用紙を配布し、はじめに自分を描いてもらう。そして、どんな小さな夢でもいいので、これからこうなるといいな、こうしたいな、絶対にこうしようと思うことを、絵や言葉で自由に描き出してもらう。完成後、各グループでシェアリングを行った。
経緯：以前より、そのときの学力に合わせて進路を決める生徒（「勉強ができないから○○高校かな」などと話す子）が多いことが気になっていたスクールカウンセラーが、進路指導担当教員に提案し、進路教育の一環として時間を確保していただいた。先生方への事前説明の時間確保が難しかったため、プリントのみを配布し、授業には加わっていただいた。

❺ "放課後こころの教室"──心理教育および仲間づくりの試み

(1) "放課後こころの教室"実施までの経緯

　ある中学校では、自発的に相談室へ来室する生徒の増加に伴い、個別相談と居場所的利用の共存が難しくなってきていた。そのため、主張できない生徒は「相談したい」と言えずにいるのではないかと気がかりであった。校長との協議をきっかけに、放課後の時間帯に定期的にプログラムを実施し、誰でも利用できる時間を確保してみてはどうかと実施の運びとなった。

(2) "放課後こころの教室"の目的

　相談のなかでも、ちょっとしたヒントやアイディアを伝えると自分で問題解決できる生徒は多い。そこで、①体験型プログラムで心にまつわる知識を知り、自己理解を深める、②他者との違いに気づき、学年を超えた仲間づくりのきっかけを与える、③コミュニケーションや心の整理のためのアイディアなど、自分や他者との付き合い方についてのヒントを伝え、予防・成長促進的な役割を果たすこと、以上を目的にした。また、対象は生徒だけに限らず、先生方や保護者にも参加を呼びかけた。これは、相互交流の中から新たな一面を知る機会となることを期待したからである。

(3) "放課後こころの教室"の実際

表──"放課後こころの教室"プログラム内容

5月	**ストレスを知ろう！＆オリジナル・ストレス解消メニューづくり** ストレスチェックで自分のストレス状態を知り、ストレスのメカニズムを知る。また、自分好みのストレスコーピングについて考え、オリジナル・ストレス解消メニューを作成する。
6月	**リラクセーション体験でリフレッシュ！** ストレス対処法の一つの方法として、リラクセーションを体験。自分で自分の緊張やストレスをまとめられ、学校内でリラックスしていられる体験をもってもらうことを期待。
7月	**プログラム・アドベンチャー** ゲームを通して自分の気持ちや人との信頼感を確認する。※教頭先生が担当
9月	**ゲームを通してコミュニケーションを学ぼう！** ゲームや実験を体験してもらい、コミュニケーションの種類や特徴について学ぶ。

10月	ライフラインを書こう！	
	生きてきた時間を振り返り、主観的な浮き沈みをグラフで表現する。良い時期、悪い時期も乗り越えてきた自分を確認し、自分らしさを再発見することが目的。	
11月	心の色図鑑──わたしの気持ちを色で表すと？	
	心のなかにあるいろいろな気持ちを一つひとつ確認し、色や形で表す。自分の気持ちに敏感になり、作品にすることで、気持ちを整理する。	
12月	つながりのなかの自分──対人地図をつくろう！	
	人間関係相関図（対人地図）を完成させ、人とのつながりのなかに生きている自分を確認する。その後、一番心地良い人たちとの関係を、イメージ図で表現する。	
1月	リラクセーション体験でリフレッシュ2	
	心と体のこりをほぐすリラクセーションを体験する。	
2月	ドリームマップ──夢を形に	
	雑誌や新聞などから、自分がこれからやってみたいこと、なりたいもの、夢などに関係する写真や記事などを切り取り、それを素材に1枚の画用紙に貼り、夢を確認する。	
3月	わたしへの手紙	
	自分自身に宛てた手紙を書く。「これからもよろしく」の思いを込めて、自分に手紙を書き、自己尊重の気持ちを高めることをねらう。	

　実施頻度は、個別相談時間は確保すること、部活動や塾などで忙しい生徒でも気軽に参加できることを考え、基本的に月に一度とし、毎回1回完結のプログラムとした。プログラム内容は表の通りである。年間予定表を年度初めに配布するとともに、毎月発行している「スクールカウンセラー通信」に、次回実施予定と参加の呼びかけ、および前回実施分の簡単なまとめを載せ、PRに努めた。また、「学校便り」にも掲載していただけたこともあり、校内ではしっかりと認知されるようになった。

　保護者の参加はなかったが、生徒は毎回4～9名程度の参加があった。学年や男女ごとに分裂することなく、和気あいあいとした雰囲気でプログラムの話題で盛り上がったり、「ストレスでいっぱい」と話す参加者のために、ほかの生徒がストレス解消のための自分なりの工夫を披露してくれたりと、継続参加の生徒を中心に、協力的な仲間関係が育ちつつある様子も見られた。先生方の参加はそれほど多くはないが、参加できなくても、内容や様子を尋ねてくださることもあり、それをきっかけに生徒の情報を共有できることも多かった。

3. 留意点

　PCAグループは「学校コミュニティとの連続性」を重視する。子どもたちの生活の場である学校で、自分という個を大事にされる体験をし、その安心感をもって自分を信頼し、他者を信頼する。そうした基盤づくりを行えるのが、PCAグループである。

　その連続性の要となるのが、担任をはじめとした先生方であると筆者は考えている。そのため、どの実践においても、先生方には事前に内容をお知らせし、可能な限りグループにも参加していただいている。生徒と同じ体験をし、同じ知識を得ることで、例えば、その後生じた生徒同士のトラブルによる生徒指導の際、アサーショントレーニングの考えを交えて話ができたという例もあった。先生方の理解と協力なしには、有効なグループにはなり得ないということを留意点として挙げておきたい。

4. まとめ

　❶〜❺で紹介したような単発でのグループ実施後の一番の変化は、これまで相談室に来たことがない生徒が多く来室するようになったことである。スクールカウンセラーが身近な存在として感じられるチャンスにもなっていたようである。

　また、❹「夢をひろげる授業」では、夢を自由に思い描いたことで、大人になるのが楽しみになったという生徒や、夢に向かって頑張ろうと前向きな気持ちを語る生徒もいた。それに加え、教員が一参加者として自分の夢を思い描き、生徒と語り合ったクラスでは、大人と子どもの相互に、お互いへの見方の変化がみられた。教員は「思ったよりいろいろと考えているんですね」と感想を述べられていたし、生徒は生徒で「先生くらいの年になっても、夢とかあるんだね！」と素直に驚いていたのが印象的であった。

　学校という場では、教え指導する教師と、教えられ指導に従う生徒という構造から、上下関係に基づくコミュニケーションが多く行われている。しかし、

PCAグループの実践を学校に導入することは、横の対等な人間関係に基づくコミュニケーションを実現し、コミュニティにわずかながらでも変化をもたらしてくれると実感している。

(本章は村山正治・黒瀬まり子(2009)「学校におけるPCAグループの実践と展開」『子どもの心と学校臨床』1, 4-14の一部を転載し、加筆・修正したものである)

第6章
大学入学初期の導入事例

木村太一・相原誠・村山正治

1. PCAグループの実施目的

　大学教育において新入生がその後の充実した大学生活を送るためには、入学初期の不安緩和や仲間関係を育成することが重要である。入学初期には、修学上の課題や新しい生活への適応に加えて、新しい人間関係をつくっていくことが課題となる（桐山ら，2010）。また、大学における中途退学者の現状を踏まえると、大学生活になじむことが難しい学生が多いこと、仲間づくりの難しさ、大学のなかで自分自身の「居場所」を見いだせないこと、などが考えられる。このような入学初期学生の教育の試みとして、大学1年生全員を対象としてPCAグループを実施した。その目的は、入学初期の不安を緩和すること、自己理解や他者理解の促進による仲間関係の育成や教職員との信頼関係を築くことである。

2. グループの実際

❶ グループの概要

　1年生約100名8クラスを前半・後半二つに分けて上記の目的で6月に実施した。学生を6～8名の小グループに分けて、各グループに教員が1名ずつ入

った。これは学生と教職員の信頼関係を築く場となることを目的の一つとしているためである。小グループはクラスがバラバラになるように編成している。これはクラスを超えた学生同士の交流ができるようにするためである。ファシリテーターは木村・相原・村山の筆者3名で、各セッションやグループ全体の進行、学生個人のサポートなどを担当した。また事務職員が研修施設との交渉や合宿生活のマネージメントなどを担当した。

❷ グループ実施までの準備

実施にあたって、
（1）前年度より準備、打ち合わせを進めた。前年度に村山が教職員に対してPCAグループの理論、目的、特徴についての説明会を行った。
（2）ファシリテーターと主要教員とで4月に打ち合わせを行い、入学初期の学生の状況やそれに合った目的の設定、グループ編成、教員の参加の仕方などについて話し合った。
（3）宿泊施設の手配、手続き、必要物品の準備などは事務職員が担当し、学生に配布するしおりもファシリテーターと意見を交換しながら事務職員が作成した。

❸ セッションの企画

ファシリテーターはこれらの状況をふまえてセッションを企画した。基本的には看護専門学校で行ってきたセッションを踏襲しているが、より安全度の高いワークとなるよう工夫している。また、初めてのPCAグループとなるので時間的に余裕のある設定にし、グループプロセスによって柔軟に対応することをファシリテーター間で事前に確認した。

❹ セッションについて

タイムスケジュールを表に提示する。

表― タイムスケジュール

(1日目)

9:00	集合・出発（バス）
10:15	会場到着、オリエンテーション
11:00〜12:00	第1セッション「リラクセーション」
12:00〜13:00	昼食・昼休み
13:00〜14:00	第2セッション 「小グループの形成（100マス作文ゲーム）」
14:50〜16:20	第3セッション「自己紹介」
17:00〜19:00	夕食
19:00〜21:00	第4セッション「コラージュ」
21:00〜22:30	入浴・就寝

(2日目)

7:30	朝食
9:00〜10:30	第5セッション「夢を語るワーク」
11:30〜12:30	休憩・自由時間
12:30〜14:30	昼食・昼休み 第6セッション「こころの花束」 クロージング・セッション
15:00〜15:30	退所式　掃除・片付け
15:45	会場出発（バス）
16:30	集合場所到着　解散

セッションはPCAグループのグループプロセスを基本に、次のような順序性で構成している。 初期不安の軽減と緩和 → 比較的安全なレベルの自己開示 → グループの凝集性の促進 → 相互理解の促進と自発性の発揮 → クラスの凝集性の促進 といったグループプロセスが展開されることを意図している。特に、自発参加ではなく必修参加であること、対人不安や集団行動が苦手な学生に配慮して、初期不安の緩和と参加者の心理的安全感を重視したセッション構成となっている。渡辺ら（2012）の研究を参考に、各セッションの意味と目的を以下に示す。

3. プログラム

❶ 第1セッション「リラクセーション」

第1セッションはグループワークではなく個人ワークで、宿泊研修に対する不安の緩和やリラックス効果をねらってセルフマッサージやイメージを用いたリラクセーションを行った。これは一人ひとり自分のペースで参加できることを重視し、「安心感」「初期不安の緩和」「ゆったり感」が生まれることを目的としている。

❷ 第2セッション「小グループの形成（100マス作文ゲーム）」

第2セッションから小グループに分かれてワークを行った。ここでは初めてのグループワークにおける緊張や不安の軽減のためメンバー同士で協力できる「みんなで100マス作文」というゲームを行った。このゲームは、模造紙を100マスに折り、グループメンバーが1人1文字ずつ順番に記入していく。そして、100文字の作文をみんなで協力して完成させる、というゲームである。一人ひとりの負担が少なく全員が楽しめるように工夫している。「相互理解の芽生え」「遊び感覚の楽しみ」「達成感」などを目的としている。

❸ 第3セッション「自己紹介」

第3セッションではグループメンバーを相互に知るきっかけのために自己紹介を行った。小グループは面識が無いメンバーで編成しているので、メンバー

のことを知り、交流するきっかけとなることを目的としている。

❹ 第4セッション「コラージュ」

第4セッション「コラージュ」は、各個人で「今の自分」「大学生活でしたいこと」などそれぞれテーマを決めて雑誌の切り貼りを行い、一つの作品を作る。またそれぞれ作った作品をほかのメンバーに紹介し、体験を共有する。作品を自分のペースで作ることで自分の今の気持ちに焦点を当て、作品を紹介することで、言語表現やゲームとは異なった相互理解となる。

❺ 第5セッション「夢を語るワーク」

第5セッションでは、メンバーがそれぞれ自分の「夢」を語り、ほかのメンバーが肯定的フィードバックを行う。このセッションでも相互理解の促進を目的としているが、「夢」や「自分の将来」など各個人の生き方や価値観に関わる内容をテーマとすることで、より深いレベルの相互理解やメンバーからの「承認体験」を目的としている。

❻ 第6セッション「こころの花束」

最終セッション「こころの花束」は、メンバー各自の長所、魅力的なところ、感謝の気持ちなどを「花束カード」に書いてグループで発表し、それをプレゼントとして贈る、というセッションである。「夢を語るワーク」と同様、メンバーからの共感的理解や承認体験を得るとともに、自己肯定感を高め、メンバーとの信頼関係を確認することを目的としている。

❼ セッション以外の時間について

セッションを中心にグループワークを進めるが、セッションだけが交流の場ではなく、それ以外の時間も重要な関わりの場である。食事や入浴を共にしたり、同じ部屋の友達との語り合いは、普段の大学生活では得られない貴重な体験となることもある。お茶を飲みながらゆっくりしたり、仲間と散歩をしたり、ボール遊びをしたり、それぞれの方法で時間を過ごしていた。

4. 参加体験の分析

❶ 実施前の状況

　実施前にPCAグループに対する期待度と不安度を参加者カードに記入してもらった。期待度と不安度を「１．まったくない」から「７．非常にある」の7件法で記入した。結果を図1、図2に示す。実施前の参加者の状況は、期待していない参加者が合わせて28.5％、「４．どちらともいえない」が50.5％、期待している参加者が21.0％であった。不安度は、不安を感じていない参加者があわせて12.5％、「４．どちらともいえない」が35.0％、不安を感じている参加者が52.5％であった。

　自由記述では、知らない人との交流に不安を感じながらも、新しい友達ができる期待についての記述が多くあった。「人見知りするから、誰と同じグループになるか分からないのが不安。でもこれがきっかけで仲良くなれればいいなと思う」「知らない人たちと楽しく活動できるかどうか不安、新しい友達ができるかもしれない期待（もある）」などの記述が見られた。また、「友達といろいろするのは楽しいから、ちょっと楽しみな部分もある」「友達がいっぱいできればいい」「ミステリーツアーみたい。ちょっと楽しみ」と積極的に研修を楽しみたい、という記述もあった。

　多くの参加者が不安について記述している。「誰と一緒になるか分からないし、話せるか分からないし、正直不安」「まったく知らない人と話すのは大変そう」「不安と緊張感がある」「何をするか知らされていないし、クラスの人以外の人たちとほとんど関わりがないので、うまくやっていけるか不安」と、あまり関わりがない人との交流についての不安や緊張を記述している参加者が多くいた。また、「家に帰りたい」「土曜だから、ゆっくり寝たかった」「共同風呂が嫌」「合宿が苦手なので、２日間過ごせるかどうか」と宿泊や集団行動への不安や不満の記述もあった。

　参加者カードの記述からは、多くの参加者が対人交流や合宿体験に不安を感じながらも、これまであまり関わりのなかった同級生と仲良くなることを期待していることが分かる。

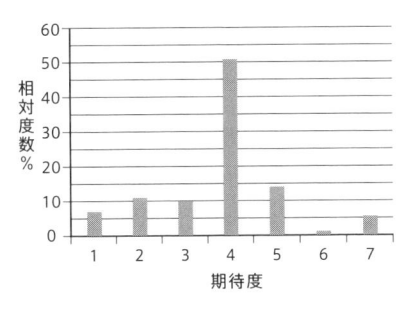

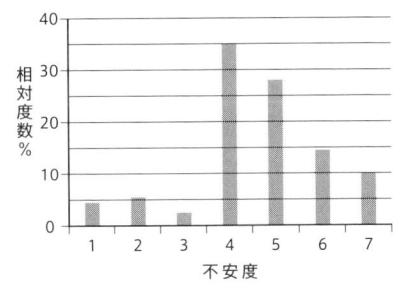

図1 — 実施前の参加者の期待度

図2 — 実施前の参加者の不安度

❷ 実施後の状況

実施後にPCAグループの満足度を「1．まったくない」から「7．非常にある」の7件法で記入してもらった。結果を図3に示す。「3．どちらかといえばない」が1.0%、「4．どちらともいえない」が4.5%、「5．どちらかといえばある」「6．かなりある」「7．非常にある」の合計が94.5%で、ほとんどの参加者がPCAグループに満足している。

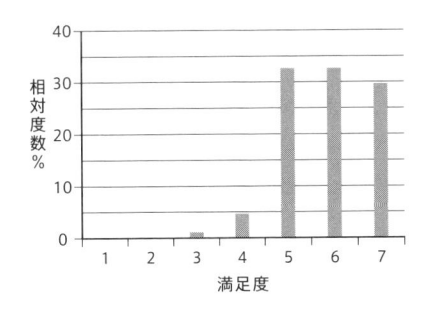

図3 — 実施後の参加者の満足度

❸ 参加体験

また、実施後に「今の気持ち、感想、学んだこと」を自由記述してもらった。PCAグループで体験したことについて多くの感想が記述されているが、内容から次の6項目に分類して、特徴的な感想を挙げる。

（1）他者理解、仲間づくり

「普段学校で話さない人とも話せて、第一印象と違ったり、新たな発見があ

ったりして良かった」「セッションをやるにつれ、とても相手のことが分かりました。第5セッション『夢を語るワーク』、第6セッション『こころの花束』では、とても心に響くものがありました」「やっぱり見るだけと話すのとでは得るものが全然違うなと思いました」「関わることがほとんど無い人とどう接していいか最初は分からなかった。でも、セッションをしていくうちに、その人の良いところに気づけて良かったと思う」など、PCAグループを通してこれまで関わりの無かった同級生と関わりをもち、さまざまな気づきを得た、という感想が多くの参加者に見られた。セッションを通して参加者同士の理解が進んだことが分かる。

(2) 自己理解

「改めて自分を見つめなおしてみようと思いました」「自分自身やグループのみんなのことを、すべてとはいかなかったけど、知ることができた良い経験でした」「今までは自分の意見を言うのは苦手だったけど、少し克服できた気がします」など、他者理解だけでなく、自分自身の新たな側面を発見したり、見つめなおす機会になった、という感想もあった。特に「夢を語るワーク」で自分の将来や夢について考えたり、「こころの花束」でグループメンバーからポジティブフィードバックを受けることが自己理解につながったと考えられる。

(3) 承認体験

「いろいろとみんなに励まされて、自信がついた」「第6セッションでの花束は大切にとっておきたいと思います」「普段しゃべらないようなこともしゃべって恥ずかしかったけれど、アドバイスをもらったりして、頑張ろうと思うことができたし、聞いてもらって嬉しかった」など、PCAグループを通してグループメンバーから自分を認めてもらった、という体験に関する記述があった。特に最終セッション「こころの花束」での承認体験が強く印象に残ったと考えられる。

(4) 楽しい体験、思い出

「初めは、なんやこれ！と思ったが、みんなとも仲良く話せて、いろいろなことを知ることができて良かった。思っていた以上に楽しくて、思い出ができ

たから良かった」「昨日までは少し不安で、まったく展開が見えなかったのですが、とても楽しく過ごすことができました」「最初は『え?』と思うセッションも多かったけど、終わってみたら楽しんでいる自分がいました」など、当初の不安や参加したくない気持ちを振り返りつつ、今回のPCAグループがとても楽しい体験であったとの感想が多くの参加者に見られた。初期不安を抱えつつ、セッションを通して緊張が緩和されていく様子や、グループメンバーとの交流を通して積極的に楽しんでいる様子が分かる。

(5) 学校生活とのつながり

「今回の2日間でできた友達と、学校でも仲良くしていきたいです」「自分から話しかけることで、相手も自然と話してくれるので、これからの学校生活に活かせると思います」「みんなと協力していく大切さを改めて感じることができました。明日からまた大学で頑張ろうと思います」など、PCAグループが終了した後の学校生活についての記述もあった。今回、知り合ったメンバーと学校生活でも関わりを継続していきたい、という感想や、グループ体験で得られた気づきを学校生活で活かしたい、という感想があった。

(6) きつかった、要望

「風邪をひいたことがきつかった」「風呂の時間が短い。もう少し風呂につかっていたかった。けっこう楽しめたところは楽しかったし、きつかったところは本当にきつかったです」「こういうのは苦手な分野できつかったけど、班のみんなが良い子ばかりで良い刺激をもらえたと思う」と、少数であるが、体調を崩してきつかったり、合宿生活の不満についての記述があった。

5. 考察

❶ 学生の体験の意味

実施後の満足度と自由記述から、このPCAグループの参加者への影響、効果が分かる。実施の目的である「入学初期の不安を緩和すること」「自己理解や他者理解を深めること」「仲間関係の育成や教職員との信頼関係を築くこと」

は達成できたと考えられる。特に自由記述の「（1）他者理解、仲間づくり」に関しては、ほとんどの参加者が何らかの感想を記入していることから、今回のPCAグループを通して新しい人間関係形成が進んだことが分かる。

その後の学校生活への影響について、質問紙やインタビューを用いた継続的な調査は行っていないが、教員の報告によると、例年に比べて、学校生活への適応が進み、学年の雰囲気が良いとのことである。今後、入学初期にPCAグループを実施することで、その後の学校生活のなかで個々の学生や学年全体にどのような影響を与えるか、継続的な調査、研究が必要である。

白井（2011）は、看護専門学校でのPCAグループ実施において、1か月後の参加者の状況について、クラスへの所属感という視点から量的研究を行っている。それによると、「個人の尊重」「メンバー相互のつながり」「自分らしさの肯定」について、実施前にクラスの所属感が高かった参加者群は1か月後も高い状態が継続され、実施前に低かった参加者群はPCAグループを通して有意に高くなり1か月後も高い状態が維持される、という結果が示されている。この結果から、PCAグループの影響、効果は維持されることが分かったが、看護学校におけるクラスへの所属感や学校生活と大学生の学校適応や仲間関係は異なるため、今後、継続的な調査が必要である。

❷ 学生相談活動との連携

筆者は学生相談室の専任カウンセラーであり、日常の相談活動で関わりのある学生がPCAグループに参加し、グループ活動のなかでも関わることとなった。学校生活や対人関係などに不安をもつ学生や、身体的・精神的な不調を抱える学生が、宿泊研修に参加できるかどうかを本人と話し合い、グループ実施後の疲労感などのフォローや振り返りを学生相談室の相談活動として行った。またPCAグループのなかで、カウンセラーとして個別に相談学生に対応することもあった。参加者へのよりきめ細かいケアという点では、カウンセラーが参加するということは有効である。PCAグループを実施するにあたって、実施前後の学生へのフォローは非常に重要であり、学生相談室のカウンセラーがグループ実施に関わることは日常生活との連続性の視点でも有効と言える。

❸ 教職員参加のあり方

　また、今回のPCAグループでは1年生のゼミ担当教員が全員参加した。教員と学生の相互理解という点でも効果があったと考えられる。教員の感想では「学生と一緒の時間が過ごせて私は大変楽しかった」「学生たち一人ひとりの発言や行動も変わっていくのが感じられました。(中略)学生たちを見つめなおす機会となりました」などの感想があり、教員にとっても学生の新たな一面を知る機会になったと思われる。また事務職員も、PCAグループで新入生の顔を覚えて話をする機会になった、との感想があった。一方、「教師と学生が、友達感覚で親しくなる必要があるのか」という意見もあり、教員がどのような形(チーム)、役割でPCAグループに参加するかは今後、検討する必要がある。

　現在のところ、教員の参加や学生との関わり方については、無理のないように自由度を高めることが、教員・学生双方にとって有効と考えている。

❹ 学生相談室と教職員との関係促進

　さらに、学生相談室運営に関して、PCAグループを教職員とともに実施したことで、学生相談室と教職員との連携が進んだことが挙げられる。学生の情報交換や学年の様子を知ることができるようになり、教職員にとっても学生相談室がより身近になったようである。学生についての教職員からの相談や紹介が大幅に増加した。PCAグループの実施が学生相談室と教職員との信頼関係の促進にも役立ったと言える。

❖文献

相原誠 (2012)「大学生におけるPCAグループ体験の意味——PCA的所属感の高低に注目した検討」九州産業大学大学院国際文化研究科修士論文

相澤亮雄・荒木佳奈了ほか(2009)「平成20年度タイアップ・プログラムにおける集中合宿エンカウンターグループの試み——PCA Groupによる企画と運営の実際」『九州産業大学大学院附属臨床心理センター紀要　心理臨床研究』5，69-80．

早坂浩志 (2010)「学生に向けた活動2——授業以外の取り組み」日本学生相談学会50周年記念誌編集委員会編『学生相談ハンドブック』学苑社，pp.185-201．

鎌田道彦・本山智敬・村山正治 (2004)「学校現場におけるPCA Group基本的視点の提案——非構成法・構成法にとらわれないアプローチ」『心理臨床学研究』22 (4)，429-440．

木村太一 (2014)「みんなで100マス作文」村山正治監修・鬼塚淳子編『じぶん＆こころま

なぶBOOK』培風館，pp.48-51.
桐山雅子・鶴田和美・鈴木健一(2010)「大学生を理解する視点」日本学生相談学会50周年記念誌編集委員会編『学生相談ハンドブック』学苑社，pp.30-47.
村山正治(2005)『ロジャースをめぐって——臨床を生きる発想と方法』金剛出版
村山正治(2006)「エンカウンターグループにおける『非構成・構成』を統合した『PCA-グループ』の展開——その仮説と理論の明確化のこころみ」『人間性心理学研究』24（1），1-9.
村山正治(2008)「PCAグループの試みと実践を中心に」『人間性心理学研究』26（1・2），9-16.
村山正治(2009)「PCAグループの現状と今後の展望」『人間性心理学研究』27（1・2），81-86.
白井祐浩(2011)「適応モデルとは異なる視点の集団形成の可能性——PCAグループの実践による多様性の視点から見た集団形成」『人間性心理学研究』29（1），25-35.
渡辺元・杉浦崇仁・村山正治(2012)「PCAグループのセッションの意味の分析の試み——体験感想文を手掛かりに」『東亜臨床心理学研究』11（1），19-28.

（本章は木村太一・相原誠・村山正治（2013）「大学1年生を対象としたPCAグループ実施の試み——入学初期の不安緩和と仲間関係の育成を目的として」『福岡国際大学紀要』29，55-60の一部を転載し、加筆・修正したものである）

第7章

大学1年次演習科目への導入の試み

本山智敬

1. 近年の大学生の様相

　筆者の所属する学科では、1年次より15〜20人程度の演習科目を開講している。1〜2年次は「基礎演習Ⅰ〜Ⅲ」として、毎学期異なった教員が担当し、大学生としてのさまざまなスキル（授業の受け方、図書館の利用の仕方、レポートの書き方、プレゼンテーションの仕方など）を学んでいる。また、3年次以降は「専門演習Ⅰ〜Ⅳ」として、2年間同じ教員のもとで、より専門的な学習や卒業論文の作成にあたっている。4年間の学びのなかで、このような少人数の演習科目を重要視しているのは、この学科の特徴とも言える。授業の枠組みは共通にもちつつ、各担当教員がさらに内容を工夫しつつ授業にあたっている。本章ではそのなかでも筆者が担当している1年次の基礎演習に焦点を当て、筆者なりの問題意識や授業の実際を提示したい。

　1年次基礎演習を取り上げる理由はいくつかある。一つは、近年の大学生の様相が大きく変化し、特に入学当初の学生から受ける印象が以前よりもずいぶんと異なってきているためである。もう一つは、大学生は青年期の発達的変化の真っ只中にあり、こうした演習形式の授業での反応に顕著にあらわれるためである。それらをより具体的に示すと、以下のようになる。

❶ 大学生の変化

　高石（2004）は「大学ジェネレーション・ギャップ」という視点を紹介している。まだ進学率が15％以内であった頃は、「エリート型大学」と称されるように、大学は特別な人が行くところであり、目的をもって入学していた。女性は大学に行く必要がないと言われていたのもこの頃である。その後、日本は高度経済成長期を迎え、団塊の世代が高学歴を目指して大学に進学するようになってきた。「マス型大学」への変化である。女性の進学率も上がり、大学生であることは一つの特権として学生期を謳歌していた。そして現在は進学率も50％を超え、「ユニバーサル型大学」を迎えた。大学に行くのは当たり前であり、家計が許せば自分の意志にかかわりなく大学へ進学するケースが増えてきている。

　そうした現状のなか、「大学入試で合格すること」を最大の目標としていた学生は、入学後に改めて自分なりに目標の再設定を迫られる。大学生活を送りながら、その点をうまくクリアできない学生は、大学に通っている意味を見いだせないまま、悶々と過ごしていることが多い。そのような学生がやる気なく授業を受けている様子を見て、エリート型大学の時代を過ごした年配の教員は「学生は一人前の大人であるはずだ」と叱咤激励し、マス型大学の時代を過ごした学生の親は「なぜわが子は大学生の時期をもっと楽しみ、この環境に感謝しないのか」と理解に苦しむ。そこに「大学ジェネレーション・ギャップ」が存在するというのである。現在の大学生を理解するうえでは、こうした変化についての認識をもっておくことが重要であろう。

❷ 授業への主体的参加意識の低さ

　学生が入学した直後から困惑することの一つに、大学では主体的な行動を求められるという点が挙げられる。時間割は自分でつくり、大学や授業の情報は自分から得なければならない。サークルやアルバイトなどを含めた大学生としての生活リズムも、自ら考えて設定しなければならない。

　同様に授業の参加態度に関しても、学生は主体的な姿勢が求められる。しかし、高等学校までの授業形態しか経験のない学生にとっては、授業内容を受け身的に聞き、覚えることが中心となり、授業を通して自ら学ぶ姿勢はあまり身についていない。教えられた内容をいかに自分のなかに取り入れるかに主眼が

おかれ、自分なりに考えるという発想はほとんど無い。大学の授業を受けるなかでいかに学生が主体的参加意識をもてるようにするかという点は、講義形式の授業と同様、演習形式の授業においても重要な課題である。

❸ 人間関係の発達的変化

大学生の時期は、人間関係のもち方も大きく変化する。保坂・岡村（1986）は、青年期の仲間関係のプロセスに以下の三つの発達段階があると指摘している。

- **gang-group**

小学校高学年あたりに見られる、外面的な同一行動による一体感（凝集性）を特徴とした同性同輩の仲間関係。青年期にあらわれる親からの第二の個体化のための仲間関係を必要とし始める時期に見られる徒党集団。

- **chum-group**

中学生あたりに見られる、内面的な互いの類似性の確認による一体感（凝集性）を特徴とした、同性同輩の仲間関係。趣味・関心や境遇、生活感情などを含めたお互いの共通点・類似点を言葉で確かめ合う仲良しグループ。

- **peer-group**

高校生以上に見られる、内面的にも外面的にもお互いに自立した個人としての違いを認め合いながら共存できる性別年齢混合の仲間関係。お互いの共通点だけでなく、異質性をぶつけ合い、認め合うなかで互いの価値観や生き方を尊重し合える、成熟した関係。

現在の大学生の仲間関係を見る限りでは、特に入学当初はpeer-groupはほとんど無く、せいぜいchum-groupに留まっている。男子学生と女子学生の交流はあまり無いか、あってもぎこちない。同性でも、仲が良くとも性格や内面のことは意外に知らないことが多い。

入学当初の学生にこのような未熟な仲間関係が見受けられるいっぽうで、環境が整えば次第に仲間関係を発達させていく様子が見られるのもこの時期である。いわば、大学生は仲間関係の発達の重要な時期であり、それは同時に自己を確立していくきっかけともなる。演習の授業など、学生同士の交流を重視する授業の場合は、こうした仲間関係の発達段階を意識しておくことは、おおいに参考になると思われる。

❹ 対人不安傾向の強い学生の増加

村山（2006）は、近年目立ってきた現象として、対人不安傾向の強い学生の増加を指摘し、ゼミなどでも自己開示しなかったり、こちらが提案した課題にうまく乗れず、場がしらけてしまったりする傾向について挙げている。こうした現象は、上述した「大学ジェネレーション・ギャップ」の存在や、主体的参加意識の低さ、仲間関係の未熟さとは別の次元として捉えたほうがよい現象であると考える。つまり、前三者は教員が問題意識をもって学生に働きかけることが可能であるが、学生の対人不安傾向を直接改善していくことは、場合によっては外傷体験となる危険性もあり、教員の配慮の仕方が非常に困難である。

以上、今日の大学生の特徴および授業における問題意識について述べた。それらをふまえて演習の授業を構成していく際に体験型のワークを取り入れる場合があるが、そのときに教員がどのような視点でワークを行うかが重要であり、本授業ではPCAグループを活用している。PCAグループには独自のグループ観があり、その発想はさまざまな領域に応用可能である。本章では実際の授業内容に触れ、その一つひとつのワークがどのような目的で行われ、どのような配慮のもとで実施されているのかを詳述することとする。

2. 授業の実際

本章では筆者が担当した、本学科1年生対象の基礎演習を紹介する。学生数は前期、後期共に15名（男性4名、女性11名）である。授業の内容や実施順は学期によって多少の違いはあるものの、概して下記に示したとおりである。

❶ 授業の目的

本授業の概要について、シラバスには次のように書かれている。「基礎演習Ⅰは、大学で何を学ぶのか、どう学ぶのかを軸として、大学での学びへのオリエンテーションを行う授業である。（中略）特に大学では、自律的、主体的な学習が求められる。課題を発見する能力、情報を自ら収集し、分析し、判断する能力、自分自身の主張をまとめ、論理的に構成する能力、プレゼンテーションを行い、人に伝える能力、他者とのコミュニケーションを円滑に行う能力が必

要になる（以下略）」。

　シラバスに記述された教員間の共通の目的に即した形で、筆者の担当する本授業のより具体的な目的を、以下のように設定した。①大学生活を送るうえでの基本的な知識やスキルを学ぶ、②ワークを通して相互交流を深め、お互いのことを知ったり、自分自身について考える機会とする。

❷ 授業の内容
第1講：オリエンテーション、ワーク①（突撃インタビュー、他己紹介）

　まずはオリエンテーションとして、上述した本授業の目的を伝え、筆者が自己紹介をし、受講に関する諸注意について説明した。その後、2人ペアをつくり、一方が質問をし、もう一方はノーコメントありで答えられる範囲で答えた（突撃インタビュー）。お互いに聞きとった情報を確認した後、ペア同士一緒になって4人組をつくり、①自分のペアから紹介してもらう（1分）、②補足で自己紹介をする（1分）、③ほかの人からも質問を受ける（1分）、という流れで1人ずつまわしていった（他己紹介）。

〈留意点〉

　学生との最初の出会いであるため、少し長めに自己紹介をし、教員である筆者を少しでもイメージしてもらいやすいようにした。また、学生は授業開始から数日の段階で、お互いのことをよく知らない状態のなかで、緊張も高かったため、全体での自己紹介は行わず、まずは2人組から4人組と少人数での自己紹介ワークを行うに留めた。最後に「相手を知り、自分のことを知ってもらうのはこれからゆっくりとやれればいい」とコメントした。

〈学生の感想〉

- 今回の自己紹介は自然体な自分でいることができました。それは、自分の話を聴いてくれる相手の距離の近さだったり、気軽に相手に接することができる雰囲気が良かったからだと思います。
- 他者を通して自分を見つめるというのは誰でも一生の課題であるし、臨床心理士になりたいと思っているなら、なおさら大切なことだと思います。
- 自分のことを1分くらいは話すことができるけど、5〜10分くらいになってくると大変だと思った。

第2講：ワーク②（ミニゲーム、コイン渡し、体内時計、フルーツバスケット）

　言葉による自己紹介ではなく、動きを通してお互いを知るためのワークを行った。最初にウォーミングアップとして簡単なジャンケンゲームを行った。その後、5人×3グループをつくり、グループ対抗で「コイン渡し」（1グループが5人でコインを渡していき、別の2グループは誰のところでコインが止まっているかを当てるゲーム）と「体内時計」（グループごとに声に出さずに1分を計り、1分と思った時点でみんなで一斉に立つゲーム）を行った。最後に全員でフルーツバスケットを行った。

〈留意点〉

　脱緊張、脱強迫（人前では失敗せず、物事をきちんとこなさなければならないという構えを外す）を目的として、ゲーム感覚のワークを複数行った。お互いのことは言葉による自己紹介だけでなく、動きを通して理解していく側面もある。「コイン渡し」や「体内時計」は、グループでの話し合いを活発に行うワークであり、さらにグループ対抗にすることで楽しさが前面に打ち出される。気持ちにゆとりがある状態での相互作用は、特に集団での緊張が高い学生にとっては、普段よりも居心地良く感じ、心理的な安全感を高める体験となる。最後にはこうしたゲーム的なワークを行った意味について学生に説明した。

〈学生の感想〉

- すごく楽しくできました。お互いが色々な面を出し合え、受け入れ合える絆ができたらいいなと思います。
- ゲームって奥が深いです。
- 話すだけよりも実際に体を動かしたほうがコミュニケーションがとれた。

第3講：ワーク③（私の四つの窓）

　自己紹介のワークである。自己紹介のテーマとして、①最近もしくはこれまでに嬉しかったこと、②失敗してしまったこと（ドジを踏んでしまったこと）、③好きな言葉、④ウィークポイントの四つを挙げた。最初に筆者がこれらのテーマで自己紹介を行った後、10〜15分程度の時間をとって自己を振り返ってもらった。その後5人程度のグループをつくり、一人ひとりグループメンバーに自己紹介を行った。

〈留意点〉

　テーマを設定し、事前に一人で考える時間を十分にとることで、自己紹介が

苦手な学生に配慮した。四つのテーマはそれぞれ、軽い内容でも良いもの（①、②）と自分の内面に近いもの（③、④）、ポジティブな内容（①、③）とネガティブな内容（②、④）の四つに分けられることを最後に説明し、テーマによる話しやすさや話ができてよかったかどうかなどを考えさせた。また、最初に筆者が語ることには、デモンストレーションによってワークを進めやすくすることと筆者を学生に知ってもらうことの両方の目的をもたせた。

〈学生の感想〉
- あまり話す機会がない人を知る機会がもてて嬉しく思います。
- やっぱり自分のことをほかの人に話すのは簡単ではないなあと改めて思いました。
- 好きな言葉を言うのは少し恥ずかしかったです。でもちょっとだけ皆と距離が近づけたかなあと思います。

＊レポート課題1を提示
　テキストの要約：指定したテキストの1章と2章（大学の授業におけるノートのとり方について）を読んで、重要な箇所を要約させた。

第4講：ワーク④（イメージ・フィードバック）

　イメージを利用して他者からのフィードバックを行った。2列になってペアをつくり、相手を①色、②食べ物、③国、④道具にたとえると何か、そして、⑤相手が住んでほしい家はどんな家か、についてお互いに伝え合った。イメージを伝えると、その理由も合わせて伝えることにした。あらかじめ自己イメージを考えさせておき、それとの比較も行った。一つのイメージを伝え終わると片方の列が1人ずれて新たにペアをつくり、計5人からそれぞれのイメージでフィードバックをもらえるようにした。

〈留意点〉
　イメージの選択は、相手が傷つくようなフィードバック（たとえば、動物にたとえた場合に「ヘビ」と伝えるなど）が出にくいように、普段あまりたとえることの少ないものにし、伝える際は相手のことを考えて伝えるようにとコメントした。また、伝えたイメージが当たっているかどうかは重要ではないことも付け加えた。筆者はデモンストレーションも兼ねて自己イメージを紹介し、またその後のワークでも全体の人数が偶数でない場合には加わってイメージを伝え合

った。
〈学生の感想〉
- 自分で考えた自分のイメージと他人から聞いたイメージが全然違っていてけっこうびっくりしました。
- 表面からくるイメージだけではまだイマイチ。もっと一人ひとりの人と深く関係が築けたときにもう一度やってみたいと思いました。
- 鋭いところをつかれた部分もありました（自分が考えていることを言われたり）。面白かったです。

第5講：講義①：要約の仕方、レポートの書き方

指定したテキストをもとに、文章の要約の仕方やレポートの書き方について、練習問題を行いながら解説した。これらについては高校までに経験していないことが多く、自ら学ぶうえでも困難を感じやすいと思われるため、特に丁寧な指導を心がけた。事前に出したレポート課題がテキストの要約であり、その体験を踏まえての学習とした。

第6講：図書館見学

図書館にて、図書館の職員より蔵書の検索の仕方、論文のキーワード検索の仕方、図書館の利用の仕方について、90分使って指導を受けた。

第7講：講義②：パソコンメールの使い方、論文検索の仕方

学生は携帯電話から送信することがほとんどで、これまでパソコンのメールを利用した経験、あるいはパソコンのメールに送信した経験がない。そのため、教員宛のメールに件名や自分の氏名を記入し忘れたり、大学から付与されたメールアドレスをうまく使いこなせていない場合が多い。そのため、パソコンメールを書くうえでの作法や署名機能の使い方など、パソコンメールに関する一通りの使い方をデモンストレーションを交えて説明した。また、図書館で学習した論文の検索方法をおさらいした。

＊レポート課題2を指示

関心のある研究論文の選択、要約と感想：研究論文の検索方法について学んだことを踏まえ、自分が関心のあるテーマを見つけ、それに関する研究論文を

入手して要約をまとめる。さらに、その論文を選んだ理由、読んで興味をもった点や分かりにくかった点などについてまとめさせた。

第8講：ワーク⑤（フォーカシング・ワーク）

最初にフォーカシングについての説明を行った後にワークに入る。身体の各部分に意識を向け、次第に今の身体の感じを感じとれる状態をつくっていく。その後、3種類の音楽を流し、それを聴いているときの身体の感じを確認していく。振り返りでは、今の自分に一番しっくりきた音楽を選んでもらったりしてシェアリングを行った。

〈留意点〉

フォーカシングができるかどうかにあまりこだわらない。無理に身体の感じを感じとろうとせず、ゆっくり落ち着いたなかで何か感じが浮かび上がってこないかを確認していく。3種類の音楽によるシェアリングからは、同じ音楽を聴いてもその感じ方は人それぞれであることを認識してもらう。

〈学生の感想〉

- 知らない間にフォーカシングのようなことを昔からしていたんだなあと思いました。
- あまり落ち着けるポジションが見つからなかった。
- 初めてこのような体験をしたので不思議な気持ちでしたが、良い体験ができたなあと思いました。
- 感覚に目を向けるのが難しかったです。

第9講：講義③：学生期について考える

学生は今の時期に内面がどのように変化し、それがどのような意味をもつのかについて、客観的に考える機会はこれまでほとんどもっていない。高校生から大学生へと移行したことによる変化の意味や、人間関係の発達的変化について、また、そうした変化への対処法としてのセルフケアの考え方について講義を行った。

〈留意点〉

他大学にもこのような内容を取り上げる授業が開講されているところがあるが、内面の発達変化が著しい大学生にとって、自分の身に起こっている、ある

いは起こるであろう事態を把握し、予測することは、メンタルヘルスの観点からも有効なことであろうと思われる。ただし、発達の仕方には個人差があることは留意しておく必要がある。

第10講：ワーク⑥(「バスは待ってくれない」)

グループの一人ひとりに断片的な情報が与えられ、それらを総合して一つの地図を作成するワーク。それぞれがもっている情報は互いに直接見ることができないため、グループのメンバー全員が協力しないと正確な地図は完成しない。情報には重要なものとそうでないものとがある。最後に振り返りシートをもとに、自分が地図作成にどのように貢献したかを振り返らせる。

〈留意点〉

このワークも5人×3グループで実施するが、グループ対抗で競わせると、正確な地図が完成したかどうかという結果のみにしか意識が向かなくなる。結果よりもプロセスを重視し、正解不正解によらず、地図作成のプロセスに自分がどのように関わったのか、自分の特徴がそこにあらわれていたのかなどについて考えさせることが大切である。グループワークを通して自分について振り返ることに意味がある。

〈学生の感想〉

- 行きづまったときの発想の転換が大切だと思った。
- 自分は頭が固いんだなと自覚しました。
- 早めに意見を見直すことが大切だったと思う。
- 自分の情報を相手に分かりやすく説明するのが難しかった。

第11講：ワーク⑦(Who am I 技法)

「私は……」で始まる文章を20個書き出す。書き終わったら書いた文章を八つのカテゴリに分け、自分はどのカテゴリを多く記述しているのか、逆にどのカテゴリを記述していないか、あるいはどのカテゴリを最初のほうに記述しているか、などを振り返った。その後、2人ペアをつくり、書いた内容をもとに、伝えられる範囲でお互いのことを伝え合った。

〈留意点〉

学生のなかには20個書き出すのに苦労する者がいる。たくさん書き出すこ

とが出来たかどうかに固執しないように配慮する。最後に自己概念について解説し、現在の自分をどのように捉えているかを考えるきっかけを与える。記述した文章がカテゴリに偏りがあった場合は、少なかったカテゴリの記述を増やしてみることで、自己の再認識を促す。

〈学生の感想〉
- 自分を相手に伝えるとき、決まって同じことを述べていたり、客観的に見ても分かる部分を多く伝える傾向があるんだなと感じました。
- あまり人に言わないことがけっこうあって、でもそれを聞いてもらいたいとも感じた。
- 共通点や違う点を比べて話したりするのもとても楽しかったです。

第12講：ワーク⑧（ライフライン）

生まれてから現在までを一本の線で表してみる。自分にとって良かったと思う時期はプラス方向へ、あまり良くなかったと思う時期はマイナス方向へ伸ばし、これまでの人生の流れが線で表現されるようにする。書き終わったら5人程度のグループをつくり、自分のライフラインを紹介した。

〈留意点〉
あまり人に伝えたくないエピソードは伝えなくてもいいことにし、発表のときにどの程度話をするかもあらかじめ考えてもらう。ライフラインの書き方が人によってまったく異なることを視覚的に理解することがまずは重要なポイントであるので、自分の過去を詳細に語ることには力点を置かないようにした。

〈学生の感想〉
- 本当に一人ひとりの人生にはたくさんのドラマがあるなあと思いました。
- 同じような経験でもライフラインの振れ幅がまったく違うのに驚いています。心情って本当に個人自身のものなんだと実感します。
- 私はほかの人よりプラスに動いているラインが少ないみたいですが、マイナスはこれからプラスにもっていくための糧だと思っています。
- 感じたり考えたりすることで成長を実感したり、悪かったことを今となっては良かったことだ、良いほうにつながっていると考える人も多いみたいで、みなさんの力強さに感動しました。

第13講：ワーク⑨（自分地図）

　A3の紙の好きな位置に「自分」を書き、自分から連想するものを自由に書き込んで線でつないでいく。たとえば「友人」「家族」「趣味」「大学」「サークル」など。書き込んだ内容同士につながりがあれば、それも線でつないでいく。こうして自分に関連するものが次々に書き込まれ、つながり、地図のようになっていく。出来上がった自分地図は小グループで発表した。

〈留意点〉
　書き込む内容は、自分について広く書き込まなくてもいい。今の自分が書きたいことを書き込み、書きたくないことまで書き込んでいく必要はない。そうすることで、今の自分の関心、人やものとのつながりが視覚的に分かるようになる。自分地図の書き方も人によって大きく異なる点が興味深い。発表の際は、ライフラインと同様、話したくないことは話さなくてもよいことにした。

〈学生の感想〉
- 自分地図を書いてみて、いっぱい書けたり、広い部分を占めているのは今まで自分を助けてくれたものばかりのような気がします。
- 自分が生きているなかで、やはり友達は大事な存在なんだと改めて実感した。
- 頭のなかではいろいろ浮かんでくるけれど、うまく書くことができないし、言葉で説明することもできなくて、もどかしかったです。
- 人の「自分地図」を見ることによって、その人を今までとはちょっと違う角度で知ることができた。

第14講：レポート集配布、ワーク⑩（こころの花束）

　レポート課題2で各自提出した研究論文のレジメを冊子にし、学生に配布した。その冊子を見ることによって、それぞれが関心のあるテーマが分かると同時に、上手な要約の仕方やレジメのまとめ方を参考にすることができる。

　最終ワークは、「こころの花束」と称したワークを行った。7～8人のグループをつくり、自分以外の一人ひとりに対し、①素敵だなぁと思うところ、②これからも伸ばしていってほしいところ、③大事にしていってほしいところ、などを紙に書いて渡す。自分の名前は書いても書かなくてもよいこととする。最後に自分の長所は自分一人では分かりにくいこと、自分自身では欠点のほうに目が向きやすいこと、などを話し、他者からプラスのフィードバックをもら

うことの意味について解説した。

〈留意点〉
　一人ひとりにメッセージを書く時間をできる限り十分にとった（50分程度）。できればメッセージ文を渡し合った後に、各グループでシェアリングの時間をとりたいところだが、今回は時間が足りなかったため、その代わりに最後にこのワークを行った主旨を丁寧に伝えた。

〈学生の感想〉
- 日ごろ思っていても相手のことを文字で伝えることは新鮮であり、簡単なようで難しいなと思いました。
- 自分で自分の良いところを見つけることができないので、見つけてもらってすごく嬉しかったです。
- 人をほめることって、年々なかなかできなくなっている気がします。それになにより、ほめられると嬉しい。

❸ 学生の感想（全体を通して）
- 見て、聞いて、話して、相手のこともだんだん理解できてくるし、自分ではあまり気づいたことのない自分を知ることも少しできたような気がしました。
- 先生の授業で、いろいろ感じて、考えて、学びました。
- 友達のことをより深く知ることができ、また、自分のことを人に話すことで、自分についてもよく知ることができて、とても良かったです。
- 自分のこともたくさん振り返ることができて、前ほど自分のことが嫌いじゃなくなった気がします。自分一人じゃ自分のことは半分も分からないんだと実感しました。
- この授業で、人との付き合い方が少し上手になったと思います。
- 友達のことをより深く知ることができ、また自分のことを人に話すことで、自分についてもよく知ることができて、とても良かったです。
- 「みんなで一緒に」という形式が、一人ひとりとの距離を近づける良い機会ともなりました。この友情を大切に、2年生も頑張って楽しく学んでいきたいと思います。
- カリキュラム内でのバランスは、少しワークのほうに偏りすぎたかもしれません。もう少し学問的な討論なども入れてみたら良かったと思います。

- (レポートで選んだ) 論文は少し説明が分かりにくくて、全部自分に任せられるという責任感をもったきっかけとなった反面、積極性が無いときつかったです。

3. 考察

❶ 授業内容の構成について

　全14回の授業の内訳をみると、図書館見学以外では、ワークを10回と講義を3回入れ、ワーク中心の構成となっている。

　第1講から第4講までは、学生がお互いを知るためのワークが占めている。第1講では、簡単なオリエンテーションの後でややゲーム的要素を含んだ少人数での自己紹介ワークを実施し、入学当初の学生の初期不安を緩和する工夫を行っている。第2講では、言葉ではなく動きを通し、リラックスしたなかで自分の居場所を感じたり、他者を理解することをねらった。第3講と第4講では、少しずつ同じゼミの仲間の様子が見えてきたことを踏まえて、自己表現と他者からのフィードバックを取り入れた。こうした一連の流れによって、学生は緊張しながらもゼミの環境にも慣れ、少しずつ自分を表現できるようになったと思われる。

　筆者は特に、この初期の段階を重要視している。この段階で授業の流れにうまく乗れるかどうかによって、その後の学びの質が大きく変化すると考えている。つまり、授業の数回の間に、学生が「この授業は自分たちの考えが自由に表現できる」と感じることができるならば、その後のワークでは自発的な動きが見られるであろうし、自分たちにとって必要なことがらを積極的に学ぼうとする意欲が発揮されてくるであろう。

　初期段階を超えると、第5講から第9講にかけて、図書館の見学や講義を中心とした内容を取り入れている。レポート課題として、授業ノートのとり方について学習するのと同時に、文章の要約の仕方やレポートの書き方（第5講）、パソコンメールの使い方や論文検索の仕方（第7講）を講義し、大学生として必要なスキルの体得に焦点を当てた。学生にとっては、1か月半ほどの大学生活での体験を重ねながら学ぶことにもなったであろう。また、第9講では、大学生という時期の意味について、学生が客観的に自分の立ち位置を知るうえで

必要な知識について講義した。こうした実践は、吉良・田中・福留（2007）なども報告している。また、講義中心に構成された授業の中期にも、体験型のワークを取り入れている（第8講）。しかもこのワークは、①個人で体験する点、②動きを伴わずに静かに行う点が授業初期に行ったワークとは異なっている。フォーカシングの理論を用いて、身体の感じに焦点を当てることで、自己の内側に目を向ける一つの方法を提供している。この方法がフィットする学生にとっては、さまざまな局面で自己を信頼して自分に必要な選択をしていく際に、この方法が助けとなるであろうし、自分がこれまで自然に行ってきたことと理論とが結びついて、フォーカシングの学びを今後も進めていくであろう。

　授業終期は、他者との相互作用によって自己や他者の理解を深めるワークを中心に置いている。自分の特徴に目を向ける作業は、自分一人でのワークだけでは困難であり、他者に自分のことを伝えたり、他者と自分とを比較したりすることが刺激となって、少しずつ自分というものが見えてくるものである。「他人という鏡」（谷口，1995）があることによって、自分の姿を正確に捉えることが可能となるのである。さまざまなワークを題材にして、現在の自分やこれまでの自分を振り返り、それを他者と共有することによって、改めて自分というものを確認していくこととなる。しかし、そうした作業を行っていくためには、それなりの環境や条件が必要である。つまり、自分のことを伝えたり、相手のことを知りたいと思う、信頼のおける他者の存在と、ワークを通して自分が感じている感覚をこまやかに受けとる感受性が不可欠なのである。それらは、授業の初期や中期に実施したワークが目的としてきたことである。授業終期の自己や他者に目を向けるワークは、授業中期までに培ってきた土台があって初めて意味あるものへと実を結ぶのである。

　以上、授業全体を初期、中期、終期に分けて、それぞれの時期のねらいをまとめてきた。それぞれの時期に行っていることは、別個に実施していくことも可能である。しかし、上述のようなプロセスを大事にして提供していくほうが、学生にとってさらに有意義な学びの場になると考えている。

❷ 本授業において重視している人間関係について

　本授業では、学びの重要な要素として学生同士の人間関係を取り上げている。先に掲げた本授業の目的を達成していくには、学生がこの場の人間関係を良質

なものに変化させていくことが必須であると考えているからである。しかし、それにはかなりの困難を伴う。保坂・岡村（1992）は、大学生における個と個の関係の希薄化を指摘し、その理由として保坂・岡村（1986）の言う仲間関係を十分に経験できていないことを挙げている。つまり、高校までの間に経験すべきgang-groupやchum-groupの仲間関係が不十分なままで大学に進学してきたため、大学生になってもpeer-groupの仲間関係に到達していけないというのである。さらに保坂・岡村（1992）は、大学生の人間関係のもち方として、gang-groupやchum-groupをやり直したうえで青年らしいpeer-groupまで経験していく、いわば「退行しながらの自己確立」の意義について述べている。

　大学に進学するまでに希薄な人間関係や陰湿ないじめを経験してきた大学生がpeer-groupの仲間関係を築くことが困難であることは、容易に想像できる。たとえそれほどの負の経験をしていなくとも、大学生でpeer-groupの仲間関係を築いていくうえで、やはりそのベースにgang-groupやchum-groupの体験が必要である。では、大学生が体験しうるそれらを端的に表現すると、どのように言えるだろうか。それは、「仲間と一緒にいて安心できる」あるいは「仲間と一緒にいて楽しい」という感覚ではないだろうか。そうした感覚があってこそ、peer-groupで言うような、お互いに自立した個人として、互いの価値観や生き方を尊重し合える関係を築いていけると言えよう。

　本授業の初期に実施しているワークは、いわば、gang-groupやchum-groupの体験である。たわいもないゲーム的なワークで共にいることを楽しんだり、お互いのことを伝え合ったりすることは、まさにこうした体験として捉えることができる。その体験をもとに、終期でのワークは、peer-groupの仲間関係を築くための刺激となるよう導入されている。つまり、本授業自体が「退行しながらの自己確立」を目指したワーク構成になっていると言える。本授業で目指す良質な人間関係とは、三つの仲間関係を丁寧に体験していくことにほかならない。

❸ PCAグループの視点を授業に取り入れることの意義

　これまでPCAグループは、臨床心理系大学院生、看護教員、看護専門学校生、大学生等に実施されてきた（白井・村山，2005；白井・木村・村山，2006；奥田ら，2007；白井ら，2009など）。こうしたグループは、主に2泊3日の合宿形式で行

われることが多い。しかし、PCAグループはその独自のグループコンセプトや実践上の視点に特徴があり、一つの決まった実施方法に依存しないグループであるので、大学の授業など、あらゆる現場に応用が効くところが利点である。

本授業にPCAグループの視点を取り入れるうえで、特に重要であると考える点を以下にまとめたい。

(1) 個人の尊重

PCAグループが重視する個人の尊重とは、「バラバラで一緒」という表現に集約されている。グループ活動を行う際、自分が感じている感覚は横に置いて、集団の共通目標に向けて努力するイメージを想起することが多い。しかし、本授業のような体験型の授業の場合は、個人を最大限に尊重して行ったほうが学生にとっての利益が高くなると考えている。参加時の感情を大切にし、自分なりの参加の仕方でよい旨を伝えることによって、学生はありのままの自分でその場にいようとするのである。

こうした集団のあり方は、特に教育現場では「甘やかし」として受け入れられにくい面がある。しかし、村山(2006)は、これは「新しい時代の人間のつながりの形態」として「従来の個人主義と集団主義を統合する大切な視点である」と指摘している。「集団でいながら自分らしさを損なわずにそこにいられる」という体験は、学生にとっては新鮮に映るであろうし、それに支えられて体験学習から自分なりの学びを得ていくのだと思われる。

(2) 初期不安の軽減

PCAグループが参加者の初期不安の軽減を重視している点は、今日の学生の対人不安傾向の高さへの一つの具体的な対応策を提供していると言える。たとえば、本授業でも行っている、少人数からグループサイズを大きくしていく工夫や非言語(動き)によるつながりから言語によるつながりへの移行などは、いずれも初期不安への対応である。初期不安が下がる際に一時的に集団の活動レベルが上がり、騒いだり幼児的な行動が見られたりすることがあるが、それらはgang-groupやpeer-groupの動きと捉え、プロセスの視点をもてば、その後のpeer-groupへの発展に必要な段階であると理解できる。

初期不安が軽減されずに進むと、その後の講義や相互作用のあるワークでは

かたさが残ったり、場がしらけた雰囲気になるなど、学びの効果が半減してしまう。村山（2008）は、教育現場に初期不安を緩和する新しい考え方が導入されるのは時間の問題だと指摘している。

（3）学生の自発性を発揮させる工夫

　本授業は必修の授業であり、事前に自動的に学生と教員が割り振りされ、自分の意思に沿わなくても受講しなければならない。さらに、上述したような人間関係の未熟さや対人不安傾向の強さ、そして入学以前までに身についた受け身的な学びの姿勢が相まって、授業の初期に学生の自発的な動きが見られないことが多い。学生の自発性をいかに発揮させるかの工夫として、PCAグループの視点はおおいに参考になる。

　学生個人が尊重されることによって、授業における心理的安全感が醸成され、初期不安が軽減されてくると、学生の自発性が発揮される土台が次第につくられてくる。しかし、それだけではまだ乗り越えられない壁がある。教員と学生という立場の壁である。教員は教え、学生はその教えを授かるという暗黙の認識が存在している。それに対し、PCAグループの基本仮説は、参加者が元々もっている「自己成長力」を信頼し、それが促進されるような態度や関係を提供することを重視している。

　教員が一方的に主導権をもって授業を運営するのではなく、学生の雰囲気を感じとりながら授業内容を柔軟に変更してより学生に合ったものにしていったり、教員がワークのデモンストレーションを行ったり、適宜自己開示をすることによって、学生が教員を理解するようになっていく。筆者の経験では、それが十分に実現した際には、学生は自分たちでも授業をつくっていっているという感覚をもつようである。教員が学生の雰囲気への感受性を高めたり、学生の教員理解を促進することが、学生の自発性を高めることにつながると考えられる。

❹ 実践上の課題

　最後に、本授業における実践上の課題をいくつか述べたい。

　本授業では、学生の人間関係を促進することに力点が置かれていたため、相互作用のある体験ワークによって学生の内面に働きかける側面が大きかった。

本授業の目的のもう一つにある、大学での学びにおけるスキルの側面、つまりディスカッションの能力やプレゼンテーションの能力、情報の分析判断能力を育むことはやや弱くなっている。主体的な学習やコミュニケーション能力といった、人間関係を介して本人の内面から育まれていく側面と、個人のスキルアップの側面とを、本授業でどのように統合していくか、検討の余地がある。

また、PCAグループの大学授業への適用は、まだまだ事例が少ないがゆえに、適用の利点にばかり目が向きすぎる傾向がある。学生の感想は改善点も示唆している。改めて本授業の目的や学生の反応などを精査しながら、今後も継続的に適用の改善を目指したい。

❖文献

保坂亨・岡村達也(1986)「キャンパス・エンカウンター・グループの発達的・治療的意義の検討」『心理臨床学研究』4 (1), 15-26.

保坂亨・岡村達也(1992)「キャンパス・エンカウンター・グループの意義とその実践上の試案」『千葉大学教育学部研究紀要』40 (1), 113-122.

鎌田道彦・本山智敬・村山正治 (2004)「学校現場におけるPCA Group基本的視点の提案——非構成法・構成法にとらわれないアプローチ」『心理臨床学研究』22 (4), 429-440.

吉良安之・田中健夫・福留留美(2007)「学生相談活動の知見を反映させた授業の展開——全学教育科目『心理学：学生期の心理的課題』の概要と学生による評価」『学生相談：九州大学学生生活・修学相談室紀要』8, 48-53.

村山正治(2006)「エンカウンター・グループにおける『非構成・構成』を統合した『PCA-グループ』の展開——その仮説と理論の明確化のこころみ」『人間性心理学研究』24 (1), 1-9.

村山正治 (2007)「いじめの予防——エンカウンターグループによる学級づくり——PCAグループの視点から」『臨床心理学』7 (4), 493-498.

村山正治(2008)「PCAグループの試みと実践を中心に」『人間性心理学研究』26 (1・2), 9-16.

村山正治 (2009)「PCAグループの現状と今後の課題」『人間性心理学研究』27 (1・2), 81-86.

Murayama, S., Hirai, T. (2009)「Development of PCA groups in the Field of School Education in Japan」『九州産業大学大学院 臨床心理学論集』4, 115-118.

野島一彦(2000)『エンカウンター・グループのファシリテーション』ナカニシヤ出版

奥田綾子ほか (2007)「2006年度タイアッププログラムにおける集中的合宿エンカウンター・グループの試み——PCAGroupによる企画」『九州産業大学大学院附属臨床心理センター紀要 心理臨床研究』3, 45-60.

Rogers, C. R. (1980) *A Way of Being*. Boston: Houghton-Mifflin.
白井祐浩・木村太一・村山正治(2006)「PCAグループにおける『メンバーズ・セッション』の意味」『九州産業大学大学院　臨床心理学論集』1，3-9．
白井祐浩・村山正治（2005）「PCAグループにおけるクラス所属感の形成とその影響について」『九州産業大学大学院附属心理臨床センター紀要　心理臨床研究』1，17-22．
白井祐浩・村山正治・石井紀子・都能美智代・加地佐加恵（2009）「PCAグループによる学級集団形成尺度の作成とPCAグループの効果の検証」『日本人間性心理学会第28回大会発表論文集』p.60．
高石恭子(2004)「第1章　現代の大学生の心理と課題」甲南大学カウンセリングセンター学生相談室編『Q&A教職員のための学生対応ハンドブック』pp.3-14．
谷口泰富(1995)「第4章　人間関係のトレーニング」1節1　安東末広・佐伯栄三編『人間関係を学ぶ――本質・トレーニング・援助』ナカニシヤ出版，pp.138-160．

(本章は本山智敬(2010)「1年次演習科目におけるグループワーク導入の試み――PCAグループの視点から」『福岡大学研究部論集A』10(1)，25-34の一部を転載し、加筆・修正したものである)

第8章
学部生・院生・教員の連携による大学学部教育への導入の事例

相澤亮雄

1. はじめに

　九州産業大学国際文化学部臨床心理学科2年生を対象とする合宿は、平成17 (2005) 年度より始まり、「佐賀県波戸岬少年自然の家」で金曜日から日曜日までの2泊3日で行っている。

　後述するように「コミュニティ・アプローチ特論」の一環として博士前期課程2年生が、プログラム企画・立案・ファシリテーションの中核を担い、博士後期課程学生や同修了生がスーパーバイザーとして支援する形をとり、学部授業担当教員、大学院授業担当教員が指導に当たっている。

❶ 合宿の位置づけ

　本プログラムは、九州産業大学国際文化学部臨床心理学科・大学院国際文化研究科臨床心理学研究分野における体験実習タイアップ・プログラムの中核的な位置を占めるものの一つである。

　カリキュラム上の位置づけは、以下の通りである。

(1) 学部2年生

　必修科目である「集団療法演習」であり、事前オリエンテーション、2泊3日の集中合宿、事後学習への参加とレポート提出が必須である。

(2)博士前期課程2年生

「コミュニティ・アプローチ特論」の一環である。このようなエンカウンターグループの企画・立案やファシリテーションを、コミュニティ・アプローチに必須のスキルと位置づけ、文献学習、プログラムの企画・立案、ファシリテーションを行うことを単位取得の条件としている。

(3)博士後期課程学生・博士後期課程修了生

希望者が自主研修として、企画・立案に参加するとともに、合宿当日は分担して博士前期課程学生が行うファシリテーションのスーパーバイザーを務めることで、彼らにとってはスーパーバイザーとしての研修機会となっている。

❷ PCAグループによる学部生の波戸岬合宿

PCAグループは、構成法／非構成法といった分類にとらわれず、参加者のニーズやグループの状況に即した柔軟なプログラム構成を行う、何よりも参加者の安全感を重視するグループである（鎌田・本山・村山、2004；村山、2006）。今回のように授業の一環として実施される強制参加方式のグループにおいては、メンバーの主体性や安全感をどう確保するかを非常に重視している。

臨床心理学科の学生は、入学直後のオリエンテーション合宿、1年前期の学部交流会や授業の一部で多少のグループ活動を体験しているが、自己理解や他者理解に十分な機会が保障されてきたとは言いがたい。

そこで、本合宿では、彼らが2泊3日のグループ体験を通して、自己理解・他者理解を深めることを主な目的とし、彼らの安全感を保障しながら一人ひとりのペースを大切にするPCAグループの理念に基づいて実施した。またファシリテーター、スーパーバイザーとして参加する大学院生の姿から、心理的援助の実際について具体的に学ぶ機会となることも、もう一つの大きなねらいとした。

2. グループの実際

本章では、グループの企画やファシリテーション、スーパービジョンについて、グループの実際を振り返ることで整理・考察し、今後の合宿に示唆を得る

ことを目的とする。

❶ ファシリテーターの事前訓練・事前準備

今回のグループの企画・実施の中心となる博士前期課程2年生は、事前訓練として、4月から5月にかけて3名もしくは4名ずつに分かれ、博士後期課程および研究生のスーパーバイザーとともに、看護学校の学生・教員を対象とした2泊3日の合宿型エンカウンターグループに参加した。実際に各セッションの企画・ファシリテーションを行い、この看護学校エンカウンターグループでの経験・反省を踏まえたうえで、今回のグループに臨んだ。

また、事前訓練からグループ事前準備の段階にわたって「エンカウンターグループにおける『非構成・構成』を統合した『PCAグループ』の展開」(村山，2006)や、過去3年分の本プログラムの実施報告書(本章末尾の文献参照)を用いて、グループアプローチについての学習を行った。事前準備は「コミュニティ・アプローチ特論」の講義時間に行い、実施するプログラムについての討議を重ね、グループ実施上の留意点、グループアプローチの果たす役割などについて学んだ。

❷ プログラムの企画・立案

セッションの構成はPCAグループに従った(本章末尾の文献および第1章参照)。参加学生の心理的安全感をできるだけ確保するために、個人ワークから集団ワークに徐々に展開する構成を試みた。博士前期課程学生10名が2名もしくは3名ずつのチームを組んでファシリテーションを行い、各人が一つか二つのセッションを担当した。

また、博士後期課程の学生および研究生5名がコ・ファシリテーター、スーパーバイザーとして各セッションを担当した。合宿スケジュール、プログラム内容はスタッフ全員で大枠を決め、各プログラム詳細については担当する各チームが立案した。また、院生スタッフは会場とその周辺の状況確認のために下見を行い、セッションの準備を進めた。

❸ 事前オリエンテーション

グループに先立って、院生スタッフと学部生との顔合わせを兼ねた事前オリエンテーションを、合宿実施の前週の講義の時間を用いて行った。

平成20（2008）年度の新たな試みとして、しおりを作成し、事前オリエンテーションでは、スタッフの紹介、大まかな合宿スケジュール、注意事項の確認がしおりに沿って行われた。

❹ グループの概要

参加人数は71名（男性28名、女性43名）であり、6～7名ずつの11の小グループに分けられた。グループ分けでは、男女比を考慮しつつ、事前に学部生が記入した参加者カードの結果を踏まえ、不安の強い学生とそうでない学生の比率、留学生・編入生の比率も考慮し、参加学生の安全感の確保に努めた。日程は2泊3日、3日間で八つのセッションが行われた。

❺ フィードバック

集中グループ体験が実施された翌週の講義の時間にフィードバックが行われた。学部生の振り返りでは、集中グループ体験がどのような体験であったかを振り返り、感想文の作成が行われた。院生のフィードバックでは、実際にグループを運営して得た感想や反省点などについて、ディスカッションが行われた。

❻ 実施尺度

グループ実施前後に参加者カードの記入を求め、各セッション終了後にはセッション・アンケートを実施した。

①参加者カード

グループ実施前に、参加者の期待や不安についての自由記述および、参加前の期待・不安について、「まったくない」から「非常にある」までの7件法評定を行った。グループ実施後には、参加後の感想、意見、要望などについての自由記述および、参加後の満足度について、「まったくない」から「非常にある」までの7件法評定を行った。

②セッション・アンケート

各セッション終了後に、セッションの感想についての自由記述および、セッションの満足度について、「非常に不満だった」から「非常に満足だった」までの7件法評定を行った。また、セッションの印象について「非常にきつかった」から「非常に楽に過ごせた」までの7件法評定を行った。

3. 活動の実際

❶ 第1セッション：リラクセーション

（1）プログラムの企画

　第1セッションでは、ボディワークを中心としたリラクセーションを行った。事前アンケートから2泊3日のグループへの不安が強いことがうかがえたため、導入であるこのセッションでは参加者一人ひとりが安心して自分のペースで参加できるよう実施した。緊張をほぐし、リラックスする機会をつくることで、引き続くセッションへの導入とした。また、プログラムについていけない場合、不安がさらに高くなることが考えられるため、プログラムの内容は分かりやすさを第一にした。

（2）プログラムの内容

　メンバーには適度に周囲との距離をとって広がってもらい、セッションを開始した。プログラムの内容は、①立位でのボディワーク、②座位にて呼吸法、タッピングタッチ*、セルフマッサージ、③臥位にて瞑想といったものである。大きな運動から始めて、徐々に動きが小さくなっていくという流れをもっている。立位⇒座位⇒臥位と体位を変化させているのも、そのためである。

（3）実際と参加者の感想

　始まる前は、不安からか騒がしい感じが多少あったが、プログラム開始後はファシリテーターの指示に従う様子がうかがえた。導入時に数分時間をとって簡単なリラクセーション（深呼吸）をしたことも、多少は落ち着く効果を与えたのではないかと思われる。そのことを支持する感想として「深呼吸でこんなに落ち着くとは思わなかった」というものも見受けられた。

　全体的なプログラムにおいて、面白みを出すため、ヨガや古武道の知見を取り入れ、容易ながらも普段行わないようなワークを入れている。そのことによって、参加者のプログラムに対する興味をひくことができたのではないかと思っている。ただ、中には普段行わない動きに難しく感じていた人もいたようなので、そこは今後の課題として残る。

プログラム後の感想は全体的におおむね満足であり、プログラム自体の目的は全体的には達せられたと判断できる。しかし、「なぜリラクセーションをしないといけないのか分からない」という意見も見られたため、プログラムの意味づけをより丁寧に行う必要があるようである。

（4）担当ファシリテーターの感想
最初のセッションであり、参加者の不安が高いことが予想されたため、分かりやすく楽しく行えるように心がけた。ワークの意味づけの手助けになればと思い、出来る限り、各ワークの効果とされているものも伝えながら実施した。

また、このプログラムはファシリテーターの影響が大きくあらわれるプログラムではないかと思われる。ファシリテーターは、事前研修で、動揺から参加者を混乱させた経験があった。プログラムの分かりやすさとは、ファシリテーターにとっての分かりやすさでもあった。ファシリテーターにとって分かりやすいことで、ファシリテーターの動揺を極力抑えられるのではないかと思われる。

❷ 第2セッション：グループ分け、伝言ゲーム、自己紹介
（1）プログラムの企画
第2セッションでは、グループ形成を目的とした。グループ形成に関しては、男女比、留学生・編入生の人数、参加前の不安度や普段の授業で見られる性格などを考慮して、学生が出来る限り心理的安全感を得られやすいメンバー構成を、事前に回収した参加者カードをもとに考えた。

その後、簡単なゲームを行い、グループ内の緊張をほぐしてもらい、自己紹介へとつなげた。

（2）プログラムの内容
①グループ分け
まず、学籍番号で分かれてもらい、所属するグループを表す色紙が入ったネームプレートを渡す。会場の前に、院生スタッフが色紙を持って立っており、渡された色紙と同じ色の所に一列に並んでもらう。
②伝言ゲーム
言葉を伝達する問題を1問、絵の内容を言葉で伝達する問題を1問、絵の内

容を絵に描いて伝達する問題を1問行った。初めの1問はオーソドックスな言葉で伝えていくもので、2問目は絵の内容を言葉で伝えて、最後の人に絵にして発表してもらうもので、3問目は絵を伝達していって、シェアリングではその絵の変わり方をみんなで楽しんだ。

③自己紹介

　グループごとに円になってもらい、三角柱状のネームプレートを作成した。3面に「自分の名前」「呼んでほしいニックネーム」「好きなもの」を書いてもらい、自己紹介をしてもらった。

（3）実際と参加者の感想

　グループに分かれるときも、学部生は指示を出すと素早く動いてくれた。基本的に、大人しく素直な学生が多いような印象がある。不安げな顔をした学生も数名いたが、スムーズに伝言ゲームが始まった。伝言ゲームではみんな楽しんでいた様子で、とても盛り上がったように思える。その後の自己紹介も和やかに進んでいったが、数名緊張した顔の学生がいた。

　第2セッション実施後の満足度は「1　非常に不満だった」0名（0％）、「2　結構不満だった」0名（0％）、「3　少し不満だった」2名（3％）、「4　どちらともいえない」2名（3％）、「5　少し満足だった」5名（7％）、「6　結構満足だった」21名（30％）、「7　非常に満足だった」41名（57％）であった。平均は6.4で全体的に高い満足感を感じていた。

　自由記述の感想では、満足度の低い学生のなかでは「話しづらく、いづらい」「結構難しかった」「楽しくない。これで3日間はきつい」といった感想が見られた。満足度の高い学生では、「伝言ゲームで話しやすい感じが出来て、みんなすぐに仲良くなれた」「普段あまり話したことのない人と協力してとても楽しく過ごせた」「盛り上がって良かった。このグループなら3日間やっていけそう」「自己紹介はすぐに終わったけれど、その後ゆっくり話ができて良かった」などの感想が多く見られ、セッションを通して緊張が解けていった様子が見られた。

（4）担当ファシリテーターの感想

　第2セッションは、2泊3日を共に過ごすグループのメンバーが初めて顔を合わせる場となる。緊張と不安があるなか、誰でも一度はやったことあるよう

なポピュラーな伝言ゲームを取り入れることで、場の雰囲気は和らいでいった。

　ファシリテーターは、勝ち負けが重要ではないという旨を伝えた。フィードバックはどのように伝わったかという経過をみんなで楽しむようにした。時間もちょうどよく終わり、和やかな雰囲気で自己紹介に移れたので、この第2セッションはおおむね良かったのではないかと思われる。

❸ 第3セッション：合作つづり方、グループアイデンティティ
（1）プログラムの企画
　前セッションでグループに分かれたばかりである。そのため、第3セッションでは、個々人が無理なく楽しくグループメンバーと交流し雰囲気に慣れることや、自然な形でグループメンバー同士の個性を感じられること、グループへの所属感が生まれ、グループ内での凝集性が高まることをねらいとして、プログラムを企画した。

（2）プログラムの内容
①合作つづり方
　説明では「みんなで作文ゲーム」という名前で紹介し、各グループで空白の80マスを1人1文字（漢字は使わず仮名のみ。句読点、絵文字も含む）を順番に書くこと、話し合ったりせずにグループ全員で一つの80字以内の作文を作ること、作文のテーマは「好きな人をデートに誘う決め文句」であることなどを伝えた後、簡単なデモンストレーションを行った。説明終了後、制限時間内で作文を完成させるよう挑戦してもらった。

　作文作成中は、ファシリテーターは全体の進行具合を把握し、そのほかのスタッフは、担当グループの進行やメンバーの様子を見ながら、声かけや見守りを行った。また、教員スタッフを中心にスタッフチームもつくり、学部生とともにゲームに参加した。

　作文が出来上がってきたところで、この後グループの代表者に作文の発表をしてもらうことを伝えた。作り終わったグループから、作文のタイトルやその内容について、ゲームをやってみてどうだったかを話し合う時間とした。

　すべてのグループの作文が完成した後、グループごとに完成した作文を全体の前で発表してもらった。

②グループアイデンティティ

徐々に緊張感もほぐれ、グループの雰囲気に慣れてきたところで、各メンバーが自分のグループに親しみをもてるように、グループ名を話し合って決めてもらった。

（3）実際と参加者の感想

「合作つづり方」は、比較的淡々と始まったが、ゲームが進むうちに、うまく文章がつながったことを喜ぶ声や、アイディアを絞り出そうとする様子、メンバーの書く文字を見つめる真剣な表情や温かな見守りの様子などにあふれ、楽しい雰囲気に変わっていった。非言語で共同制作を行うもどかしさと面白さを楽しみながら、各自のペースでメンバー同士の交流ができていたように感じる。発表の際には、どのグループも感情を込めて「好きな人をデートに誘う決め文句」を読み上げ、さらに、その好きな人がどんな人か、どんなシチュエーションで誘っているのかなどの説明もしてくれ、おおいに盛り上がった。「グループアイデンティティ」では、作文の内容や、グループの各メンバーの特徴を合わせた名前など、各グループそれぞれに個性的なグループ名が決まっていた。

第3セッション実施後の満足度は、「1　非常に不満だった」0名（0%）、「2　結構不満だった」0名（0%）、「3　少し不満だった」1名（1%）、「4　どちらともいえない」1名（1%）、「5　少し満足だった」11名（16%）、「6　結構満足だった」17名（24%）、「7　非常に満足だった」40名（58%）で、平均は6.34であった。

快適度は、「1　非常にきつかった」0名（0%）、「2　結構きつかった」1名（1%）、「3　少しきつかった」0名（0%）、「4　どちらともいえない」2名（3%）、「5　少し楽に過ごせた」7名（10%）、「6　結構楽に過ごせた」21名（30%）、「7　非常に楽に過ごせた」39名（56%）で、平均は6.34であった。

ほとんどの学生が、楽に過ごすことができ、満足を得られたようである。自由記述の内容には、肯定的な感想が多く書かれていたが、満足度の低い学生のなかには、「（合作について）最近のメール言葉を知らないので辛かった」「溝ができた気がする」という意見が見られた。肯定的な自由記述内容としては、「作文はとても難しかったけど、かなり楽しくできてよかった」「グループ全員が楽しめ、個性が出ていた」「チームに決断力が生まれ、よりよいチームに成長できた」「このチームで3日間がんばろう！」などが見られた。第3セッショ

ンのワークを通して自然とメンバー間の交流が増え、グループとしての自覚が生まれていることがうかがわれた。

(4)担当ファシリテーターの感想

一人ひとりのメンバーが楽にいられる状態でゲームを楽しみながら、グループに慣れてもらえることを心がけ、ほかのスタッフのサポートのおかげで、ゲームはスムーズに進行できた。全体としてはとても盛り上がり、楽しい雰囲気であったが、そのなかでいづらさを感じていたメンバーもおり、全員が楽しめる場をつくることの難しさを感じた。

合作後の発表では、スタッフチームの先生がトップバッターで発表をしてくださり、これが後に続く発表者の安心感を高めるとともに、させられ感の軽減へとつながったと思う。どのグループもユニークで愛のこもった「デートへのお誘い」ができていて、聞いていてとても温かな気分になれた。その嬉しく幸せな気持ちを、各グループの発表ごとにメッセージとして伝えた。セッション全体を通して、スタッフみんなのサポートに支えられながら、自分らしくあることができ、スタッフやメンバーとともに豊かな時間を過ごすことができたことに感謝している。

❹ 第4セッション：コラージュ
(1)プログラムの企画

1日目のセッションを終えて、セッショングループとは別の部屋割で一夜を過ごした翌日の最初のセッションであることをふまえ、①できるだけ自分のペースで、ゆっくりした時間を過ごすこと、②自分の内面に意識を向け、今の感じや気持ちの動きに沿って自由に表現すること、③完成後、グループ内でシェアリングするなかで、それぞれの作品に表れたものを味わい、深め合うこと、以上の3点を目的として、いくつかのテーマを例示しながらも、テーマ設定については、無いことも含めて自由なコラージュを企画した。

(2)プログラムの内容
①準備

学部生には、事前オリエンテーションの際に、コラージュに使いたい材料（雑

誌や画材、毛糸やリボンなど）と道具（はさみやのり）を持参してもらうように案内した。スタッフ側では、台紙となる画用紙と、予備の雑誌・画材、のり、はさみを準備した。

②導入

はじめに簡単なストレッチをした後、グループごとに輪になって座ってもらった。コラージュ作成の手順、目的について説明し、ゆっくりと出来上がっていく過程を楽しんでほしい旨を伝えた。

③コラージュ作成

各自で作業を進める。それぞれが用意した素材の補充のために、スタッフで準備した材料を会場の前方に置き、自由に選び、使えるようにした。それぞれにとっての自分の時間とスペースを保障するために、材料集めとそれを切り取る時間、貼る時間を区切り、目安としてあらかじめ提示し、10分前、5分前などのタイミングで時間の経過を知らせながらも、進行状況を見ながら柔軟に進めた。早く完成した人から、自分の作品を味わいながら、付け足したり、ほかのメンバーに話す内容（たとえばテーマや気に入っているところ、楽しんだこと、今の気持ちなど）を考えてもらったりした。

④シェアリング

グループのなかで、一人ずつ自分の作品を、③で考えたこととともに紹介し、互いにメンバーからの感想をもらう時間をとった。

（3）実際と参加者の感想

感想には、自分の気持ちのおもむくままに作成できたことへの満足感、シェアリングでメンバーからの質問やコメントをもらって嬉しかったこと、ほかの人の作品に、それぞれの個性を見て面白かったことなどが書かれていた。最初は気乗りのしなかった人も、作業をしているうちにテーマが見えてきたり、こだわりたいことが見つかったりするなかで、いつのまにか夢中になり、時間を忘れていた、という様子がうかがえた。

また、感想に「時間内に終わらせるのが大変だった」「気に入るものを探すのに時間がかかった」というのがあるように、時間配分については毎年検討するところであるが、進行をある程度そろえるために、切る時間・貼る時間を区切っている枠を、もう少し柔軟に設定してもよかったかもしれない。

「(気に入るものが) 見つからなかったのが残念だった」「コラージュは苦手だと思った」「表現したいことがうまく表せなかった」という感想もあったが、いずれも満足度については「少し満足だった」「結構満足だった」と答えていて、セッション全体についてはそれなりに満足していることが分かる。

(4) 担当ファシリテーターの感想
　別の合宿でのコラージュの作成、ファシリテーター体験は、余裕のある進行や邪魔にならない程度の言葉かけを考える際に役に立った。大人数でのセッションということについては、ほかの教員・院生スタッフに全体や担当グループの様子に気を配ってもらい、適宜、知らせてもらえたことで、状況把握をすることができ、安心できた。
　作成中は、グループにかかわらず、互いに趣向に合いそうな素材を分け合ったりする姿が見られた。シェアリングでは、スタッフによるデモンストレーションを丁寧にしたつもりであったが、グループ内でどんどん順番を回すなかで、一人ひとりの作品を間をとって味わい、感想を述べ合うところまではいきにくいようだった。また、出来上がった作品を見て、スタッフで用意した画材について「使えばよかった」という感想があり、もう少しくわしく紹介したらよかったという意見も出た。
　前日のセッションでは、乗れない感じにも見えた人が、その創造性を発揮し、グループでも認められる姿が見られ、ファシリテーターとして嬉しくなるセッションだった。

❺ 第5・6セッション：メンバーズセッション
(1) プログラムの企画
　第5・6セッションでは、スタッフから提供された形ではなく、グループのメンバーで過ごし方を考え、決定し、自由にグループ活動を行った。このような活動を行う理由として、以下三つの目的がある。まず、自然な形でグループ内の交流を深めてもらうこと、次に、学生の自主性・主体的参加感を促進し、させられ感を軽減すること、最後に、屋外で過ごしてもらい、気分転換をはかること、である。
　このような目的で看護学生を対象として実施した例として、白井・木村・村山

(2006) が挙げられる。看護学生のときは、各グループから「お任せ委員」を一人ずつ選出し、お任せ委員とクラス委員が中心となってセッションが企画されてきている。しかし、今回は大学生が対象であり、本グループ過去3年の経験や、平成20（2008）年度の九州産業大学の学生の状況を考慮し、看護学生よりもクラスというコミュニティがないと判断し、白井ら（2006）とは違うやり方で実施することとした。やり方としては、スタッフ側がある程度用意した形をとった（詳細は後述）。

また、梅雨時期の合宿ということで、企画段階では、晴天時と雨天時のプログラムを考えた。

晴天時は、屋外で活動ができるよう、合宿施設周辺の地図の配布準備を行った。また、体育館でも活動できるように、当日の使用状況を施設に確認しておいた。

雨天時には、導入としてスタッフ側が二つのゲーム「何でもバスケット」「新聞おろし」（後述）を準備し、その後、各グループで合宿施設内を自由に過ごしてもらうことにした。ゲームを用意した理由としては、室内でのセッションが続くため、体を動かしてもらうという点がある。また、外での活動という選択肢が無くなるため、3時間という時間をもてあましてしまうグループが出てくる可能性に配慮したためである。さらに、全体のプログラム構成において、小グループでの活動が多いため、メンバー全体が交流できるきっかけとなりうると考えたためである。

（2）プログラムの内容

晴天時：第4セッション終了後、休憩をはさんで、第5・6セッションの説明に入る。前述した目的を説明後、周辺地図を配布。留意点として、①危険な場所には行かないこと、②外に出なくてもいいこと、③体育館の使用に関すること、④昼食・休憩後そのまま行くのではなく、グループごとに集まること、⑤何かあればスタッフに聞くこと、の5点を伝える。

昼食・休憩後、グループごとに話し合う。決まったグループから、黒板に行き先と代表者の連絡先を記入してもらう。留意点として、①スタッフの代表者の連絡先を控えてもらうこと、②報告会の前に施設に戻ってきてもらうことを伝える。

報告会では、まずファシリテーター側から過ごし方を報告する。その後、お菓子を食べながら、各グループに過ごし方を報告してもらう。

雨天時：「何でもバスケット」は、鬼を2人決め、それ以外の人は円になる。鬼は円の中心にいる。たとえば、「黄色い服を着ている人」と鬼が言い、それ

に当てはまる人は立ち上がり、座っていた席と両隣以外の席に座らなければならない。座れなかった人が次の鬼になる。

「新聞おろし」は、新聞紙で一本の長い棒を作成しておき、その棒をグループ全員で立ったままの状態で持ちながら下げていく。持つのは両手の人指し指を使い、メンバー同士が向かい合いながら一直線に並んでいる。自分とメンバーの人差し指が交互に並んだ状態になる。留意点として、メンバー全員の人差し指が新聞紙棒に触れていなければならないことを伝える。

2ゲーム終了後、グループごとに話し合う。決まったグループから、黒板に行き先と代表者の連絡先を記入してもらう。留意点として、①体育館の使用に関する注意、②カードゲームも使用可能なこと、③スタッフの代表者の連絡先を控えてもらうこと、④報告会の前に施設に戻ってきてもらうことを伝える。

報告会は、晴天時と同様である。

(3)実際と参加者の感想

晴天時のプログラムを実施した。

地図の配布はしていたものの、詳細な説明をし忘れたためか、施設外ではなく、体育館や小部屋、敷地内の海岸などで過ごすグループが大半であった。序盤は、体育館で、グループごとにバレーやバドミントンをしており、グループ同士の交流が見られたところもあった。和室でカードゲームをしたり、話したり、ゆっくりしていたグループもあった。

中盤は、体育館にいたグループ全体でドッジボールをしており、グループを超えた交流が活発であった。和室でゆっくりしているグループ、外で運動しているグループなどもあった。

終盤は、グループごとにバドミントンをしたりしているところもあれば、バラバラになっているところも見られた。しかし、自分たちのペースでゆっくりしているようだった。

第5・6セッション実施後の満足度は、「1　非常に不満だった」0名（0%）、「2　結構不満だった」0名（0%）、「3　少し不満だった」0名（0%）、「4　どちらともいえない」1名（1%）、「5　少し満足だった」6名（9%）、「6　結構満足だった」16名（23%）、「7　非常に満足だった」47名（67%）で、平均は6.56であった。

第5・6セッション実施後の快適度は、「1　非常にきつかった」0名（0%）、「2

結構きつかった」0名（0％）、「3　少しきつかった」0名（0％）、「4　どちらともいえない」4名（6％）、「5　少し楽に過ごせた」6名（9％）、「6　結構楽に過ごせた」17名（24％）、「7　非常に楽に過ごせた」43名（61％）で、平均は6.41であった。

　実施後の自由記述の感想では、要望として「マップをもらっただけなので、誰もよく分からずに、てっとりばやい体育館に行こうと決まったようなものなので、そこの説明がほしかった」とあった。それ以外はすべて肯定的な感想であった。たとえば、「自由に使える時間をみんなでまとまって過ごせてとても楽しめた」「最後のあまった時間は、おのおの自由にして納得した時間を過ごせたと思う」「普段、一緒に体を動かすことがあまり無いので、楽しかったです」「昔を思い出せて面白かったです」などがあった。また、「自分のグループはもちろん、ほかのグループの人とも仲良くなれたと思うので、とてもよかったです。でも、得意不得意の関係などで、もしかしたら満足できていない人がいるかもしれない…」とほかのメンバーを気づかう人も見られた。

(4) 担当ファシリテーターの感想

　企画段階で、第4セッションの「コラージュ」の後に時間の余裕があったため、「本セッションの説明、グループの行き先」についての話し合いを行うか、昼休憩後に行うかは迷った点であった。

　コラージュ後にグループで行き先を話し合えれば、自由活動の時間が長くなるという長所はあるが、時間内に決められないグループも出てくる短所もある。一方、昼休憩後に行えば昼休みはどこに行くか考える必要は無く、ゆっくり休めるという長所はあるが、コラージュ後の話し合い時よりも自由活動時間が短くなるという短所はある。

　そこで、説明だけはコラージュ後にし、行き先の話し合いは昼休憩後に実施するようにした。理由としては3点ある。まず、今回は、グループごとの自由時間とはいえ、全体の凝集性という点から、昼休憩後に集まらずにグループそれぞれがバラバラに行ってしまうのは得策ではないと判断した点が挙げられる。2点目として、説明のみコラージュ後にしておけば、どこに行きたいか考えたい人・グループは考え、考えたくない人・グループは考えずに過ごせるであろうという点が挙げられる。3点目として、セッションの説明をコラージュ

後にしておくだけでも、自由時間が増えるという点が挙げられる。

　このように、セッションの説明のタイミングがその後のグループ活動に与える影響について考えることは、「自然な形でグループ内の交流を深めてもらうこと」、また、「学生の自主性、主体的参加感を促進し、させられ感を軽減する」というセッションの目的を果たすうえで、大切な点であると思われる。また、ほかのセッションとは違い、一番自由度が高く、学生の主体性が求められるという意味でも、細かな点まで丁寧に配慮することの大切さを感じた。

　実施段階において、地図を作成していたが、配布後に詳細な説明をし忘れていた点は反省点であった。その影響もあってか、実際、海を見に行くなど外に向かったグループは無かった。合宿施設付近には多少距離はあるけれども、楽しめるスポットがあるので、歩いていくだけの魅力があることを説明のなかで伝えていれば、過ごし方の選択肢がより広がっただろう。屋外での気分転換は、合宿型グループにおいては重要な点だと思われるので、今後につなげていきたい点である。

❻ 第7セッション：未来の自分ワーク

（1）プログラムの企画

　第7セッションでは、メンバーにとっては初めて自分のことを話すセッションになるので、話しやすい内容で、自分のことを語ってもらい、それに対するフィードバックをほかのメンバーが伝えることで、メンバー間の相互理解と交流を図ることを目的とした。

（2）プログラムの内容

　「未来の自分」をテーマに、まずは何もかも環境が整っていることを前提に、自由に、自分が思うまま、願うままの未来の自分の姿を考えてもらう。各自考えてもらった内容を用意していたメモに箇条書きでもよいので書いてもらった。

①全員が考え終えたら、グループで輪になって座り、メンバーの1人が「未来の自分」について語る

②語ってもらった「未来の自分」に対し、聞き手であるほかのメンバーは、「未来の自分」を叶えるためにあったらよいと思う「贈りもの」を考える。その後、「未来の自分」を語った人の背後へ1人ずつメンバーが回り、「私は、○○さんの未来の自分のこんなところが素敵だと思いました。○○

さんが未来の自分になれるように△△を贈りたいと思います」と、話し手に伝える。可能であれば、話し手の肩に手を置いて話す
③全員が伝え終わったら、未来の自分を語った人は、感想をグループメンバーに伝える
①②③をメンバー全員が終わるまでくり返す。

実施にあたり、ワークの内容が複雑で分かりにくいため、ホワイトボードにワークの手順を書き、それを使って口頭で説明し、その後、院生スタッフによる2パターンのデモンストレーションを行った。

(3) 実際と参加者の感想

第7セッション実施後の満足度は、「1　非常に不満だった」0名（0％）、「2　結構不満だった」0名（0％）、「3　少し不満だった」0名（0％）、「4　どちらともいえない」1名（1.4％）、「5　少し満足だった」4名（5.7％）、「6　結構満足だった」14名（20％）、「7　非常に満足だった」51名（72.9％）で、平均は6.6であった。多くの学生が満足を感じたセッションとなったようである。

実施後の自由記述の内容においても、セッションが始まった直後は「緊張した」「恥ずかしい」「照れくさい」といった感想であったが、セッション体験後は「メンバーの温かい言葉に勇気づけられた」「夢を叶える自信がもてるようになった」「メンバーとの距離が近くなった」といった満足感の高い感想へと変化しているものが多く見られた。また「話すことで自分の夢が明確になった」という自己理解とともに、「普段話さない人の意外な一面を知ることができた」「みんなの本音が聞けて仲良くなれた」という他者理解が深まるセッションであったようである。

(4) 担当ファシリテーターの感想

第7セッションは集中合宿において、初めて自分について語り、その語りを受けとるセッションである。夢についてゆっくり考えるということは普段しないことであり、その夢を他者へ語るということは抵抗があると思われた。そのため、メンバーが安心して夢について考え、語れる場をつくることに一番に配慮しながらプログラムを作成し、実施中はメンバーの安全感を守る環境づくりを行った。その一つとしてメモを用意し、書くことで各自自分の夢について整理して話すことができるようにした。またメモがあることで、他メンバーが夢

を語る間、しっかりと話を聞くことができているようであった。

　このセッションは手順が複雑であるため、実際に院生スタッフがデモンストレーションを行うことで、より具体的に方法が伝わり、進行はスムーズであった。また、未来の自分に対するイメージが膨らみやすいよう、院生スタッフ2名が「手の届きそうな未来の自分」と「少し頑張らないと届かない未来の自分」について実際にその場での率直な思いを語る形でのデモンストレーションにした。デモンストレーション後のアナウンスでは、自分の思いを語ることの戸惑い、だからこそ相手が語ったことを大切に扱う気持ちを伝え、参加者も真剣にこのセッションに向き合ってくれているように感じた。

　しかし、肩に手を置かなくてもいいと思う語り手もおり、肩に手を置いて語ることの意味を丁寧に知らせることが大切であると考えた。

　グループによって進む速さに違いがあったため、対処として、各グループ担当の院生スタッフがメンバーとして入る、早く終わったグループに対しては、未来の自分について語り合ったことをお互いにどう思っているか、どう感じているか感想を話し合ってもらう、など各スタッフに臨機応変に対応してもらえたことで、グループごとの差を最小限に抑えることができた。

　手順が複雑なセッションに戸惑いもあったが、スタッフのサポートにより、予想以上にスムーズに、また参加者の満足度の高いセッションとなった。

❼ 第8セッション：こころの花束

(1) プログラムの企画

　メンバー同士のポジティブな関係を確認し、自分の良い面を大切に育てていくこと、それらを日常的にも生きるようにすることを目的としている。「良いところ」をメッセージとしてもらう、贈ることによって、自己理解や新たな自分への気づき、他者理解を深められていくことを期待して企画した。また、最終セッションとして、3日間を共に過ごしたメンバー同士が花束のような温かいメッセージの交換を通して、温かい気持ちを体験し、和やかな雰囲気でグループを終えることをねらいとしている。

(2) プログラムの内容

　色画用紙を切ったものを各グループにメンバーの数だけ用意し、さらに自分

も含めて宛先（差出人は記入しない）と、各メンバーの「良いところ」「好きなところ」「尊敬するところ」などを、箇条書きでも手紙形式でもイメージでもよいので、メッセージとして書く。それを集めて、右隣の人に渡し、その人からメッセージを読んでもらう。

　読み終わったら、そのメッセージの束は、宛先のメンバーに渡され、もらった人はその感想を伝える。最後に、メッセージの束は、こころの花束として封筒に入れて持ち帰ってもらう。

(3) 実際と参加者の感想

　一生懸命に考え込んで書く者、楽しそうに笑顔で書く者、じっくりと考えて書く者、さっと書き上げる者など、メンバーそれぞれのやり方とペースで書かれていた。「書く」という行為そのものに抵抗のある者、また、自分に向けて書くということに多少の抵抗があるメンバーも少なくはなかった。メッセージを伝えられる際は、照れくさそうな、でも嬉しそうな表情が見られ、和やかな雰囲気が全体に感じられた。

　実施後の満足度は、「1　非常に不満だった」0名（0％）、「2　結構不満だった」0名（0％）、「3　少し不満だった」0名（0％）、「4　どちらともいえない」0名（0％）、「少し満足だった」2名（2.8％）、「6　結構満足だった」17名（24.3％）、「7　非常に満足だった」51名（72.9％）で、平均は6.7であった。多くの学生が満足を感じたようである。感想としては、肯定的なものが多く見られたが、満足度の低い学生からは、「恥ずかしかった」「メンバー、自分の良いところを見つけるのが難しかった」といった感想が見られた。満足度の高い学生からは、「恥ずかしいが、とても嬉しかった」「人がそんなふうに自分のことを見てくれていると初めて知って、嬉しかった」「温かな気持ちになれた」など、彼らにとって貴重な時間となったようである。また、「自分で気がつかなかった良い面を教えてくれた」「少し前向きな気持ちになれた」など、自己理解が促進されたり、「メンバーが自分のことを肯定的に認めてくれていた」という気づきから、他者理解にもつながったりしたのではないかと思われる。「これからも自分らしさを大切にしていこうと思った」「みんなと同じグループになれて幸せだった」など、今後の生活につながるエネルギーを得て、2泊3日の締めくくりとして良い時間が過ごせたのではないかと思われる。

（4）担当ファシリテーターの感想

　プログラムの「目当て」と、「ファシリテーター自身の経験」を伝えることを丁寧に行ったことが、メンバーのモチベーションを上げることにつながったのではないかと思われる。その一方で、「自分のこと」を書くことの必要性を、もっと丁寧に伝えることが大切だったように思われる。また、このセッションの手順が複雑なので、そのことに気持ちが向き、メンバー全体の様子を見るというファシリテーターとしての構えをもっと大切にすべきだったように思われる。

　会場のいたるところから聞こえてくる温かなメッセージや笑い声、嬉しそうな表情、真剣なまなざし、涙する姿から、多くのメンバーにとって、胸に響く、自信にもつながるような体験になったようで、ファシリテーターも、温かな嬉しい気持ちを感じていた。心のこもったメッセージの花束とメンバー同士のつながりは、今後の大学生活にも役に立つものと思われる。3日間の締めくくりとして、メンバーにとって良い時間を過ごすことができたのではないかと思われる。

4. スーパーバイザーの考察・感想

　例年同様、博士後期課程学生と研究生の希望者が自主研修としてスーパーバイザーを務めた。スーパーバイザーは、企画・立案に参加するとともに、当日は博士前期課程学生が行うファシリテーションのサポート、アドバイスなどを行った。今回、3年以上経験があるスーパーバイザーと1年目のスーパーバイザーがいるので、それぞれの視点から振り返る。

❶ スーパーバイザー（1年目）として

　グループ経験が少なく、初めてスーパーバイザーとして、スーパーバイザー研修への楽しみと不安を抱えたなかでの参加となった。しかし、先輩スーパーバイザーが3人いたので、安心してグループに参加することができた。先輩方が全体を見て、私は個々のグループに目をやることができた。良い役割分担ができていたのではないかと思う。これから個々のグループも見ながら、全体の流れや動きにも目を配れるようになっていきたい。

　ファシリテーターを務める博士前期課程2年生（M2）は、全員が協力体制

にあり、お互いに助け合っている姿が印象的だった。セッション後のスタッフミーティングで、教員、スーパーバイザー、M2全員でそれぞれが見ている姿、グループの動きを共有でき、グループの位置を途中で変更するなど、柔軟に対応することができた。

初スーパーバイザーとしての参加だったが、昨年よりも落ち着いてグループの動きが見られたと思う。昨年は、一人ひとりの感想や態度に「どうしよう」「どうにかしなければ」と毎回動揺していたが、今回は前回よりも「自分がどうにかする」という思いが少なくなり、グループの力の存在を感じられ、2泊3日の"グループ全体"のなかでの"今"として見られたように思う。

❷ スーパーバイザー（3年目以上）として

例年同様、参加メンバー数が80人を超える大人数グループだった。そこで昨年有効だった、各グループを見る担当のM2を決めて、担当者が主にそのグループの状況（メンバーの動きなども含めて）に注意する方法を今回も採り入れた。そこで、スーパーバイザーは個々のグループに直接ファシリテーターとして関わるよりも、どちらかと言えば、グループ全体の動き、流れを意識して関わった。M2ファシリテーターの動きや各グループの進行具合などに気を配って、そこで行きづまりがあればサポートに入るような関わりだった。この方法は、メンバー個人個人の動きを把握するうえでも、グループの全体的な進行においても有効な方法だった。

また、本グループはM2のファシリテーター研修でもあるので、M2のファシリテーターが力を発揮できるように、自由に自分らしく動けるようにサポートしようと心がけた。大人数グループのファシリテーションでは、ファシリテーターも当然、緊張や不安を抱えていると思うが、ファシリテーター自身がのびのびと余裕をもってメンバーと関わることが重要なので、スーパーバイザーはできるだけファシリテーターの緊張や不安感に付き合おう、と考えた。

また、今回初めてスーパーバイザーを経験する博士後期課程1年生（D1）が2人参加した。D1のグループを見る目がとても役に立ったのではないかと思う。M2の人たちの担当グループを見る視点と、D1のスーパーバイザーがこの合宿を通してグループの動きを注意しながら細かく見てくれたことが、より細かくM2のサポートやグループのスムーズな運営につながった。

5. 参加者カードの結果と考察

❶ データによる結果

グループの実施前の期待は、「5　どちらかといえばある」「6　かなりある」「7　非常にある」と答えた者が6割を超えていたが、「1　まったくない」「2　あまりない」「3　どちらかといえばない」と答えた者も少なくはなかった（図1）。また、実施前の不安は、「5　どちらかといえばある」「6　かなりある」「7　非常にある」と答えた者が7割を超えた（図2）。

グループ実施後の満足は、「5　どちらかといえばある」「6　かなりある」「7　非常にある」と答えた者が9割を超え、特に「7　非常にある」と答えた者は、全体の6割を超えた（図3）。

次に、不安が「5　どちらかといえばある」「6　かなりある」「7　非常にある」と答えた者を不安高群、「1　まったくない」「2　あまりない」「3　どちらかといえばない」と答えた者を不安低群とし、満足度を比較するため対応のある t 検定を行った。

その結果、不安高群の満足度と不安低群の満足度の平均はほぼ変わらず、有意な差も認められなかった（表1）。

これは、最初に不安が高くても低くても、満足度に差が無かったということであり、今回行ったプログラムは、不安が高い者にも低い者にも適用できるプログラムであったと言える。

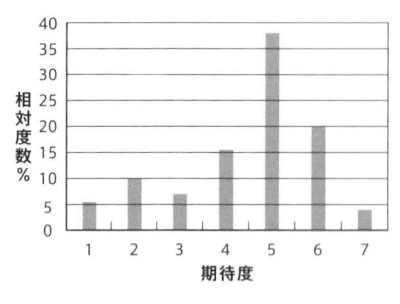

図1 ── 実施前の期待度の分布

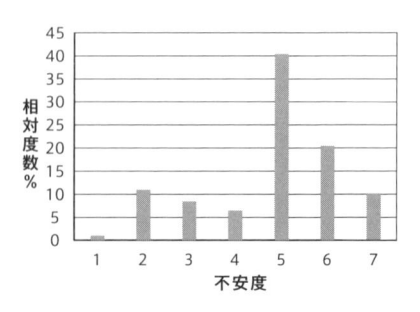

図2 ── 実施前の不安度の分布

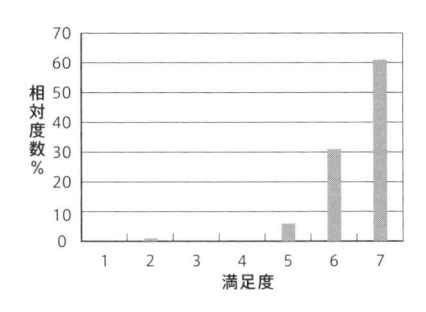

図3 — 実施後の満足度の分布

表1 — 実施前の不安度高群・低群における実施後の満足度平均の比較

	満足度平均	標準偏差	t値
不安度高群（N=50）	6.48	0.79	-0.32 n.s.
不安度低群（N=20）	6.55	0.37	

❷ 考察

（1）参加前の気持ちについて

　記述内容を、大きく不安、期待、要望にまとめ、それぞれの内容について「メンバー」「プログラム」「合宿全体」「その他」「なし」の項目に分けて集計した（表2、図4）。不安、期待ともに、「メンバー」について、「どんな人と一緒になるか」「仲良くなりたい」といったものがほかの各項目の2倍以上と多い。また、各項目ごとに不安と期待の数を比較すると、「メンバー」について、期待のほうが上回っている以外は、ほぼ同数であった。

　「合宿全体」の内容は、日程や集団行動に関すること、楽しむことについての不安や期待、要望だった。

　「その他」には、漠然とした不安や、苦手を克服したい、普段と違う体験をしたいという内容が見られた。

（2）参加後の気持ちについて

　参加後の満足度は「かなりある」「非常にある」と答えた者が9割を超えて

| 第Ⅱ部 | 実践編

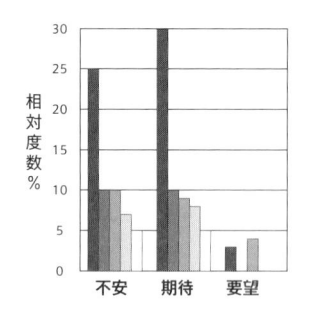

図4 — 参加前の気持ち

表2 — 参加前の気持ち

	不安	期待	要望	計
メンバー	25	30	3	58
プログラム	10	10	0	20
合宿全体	10	9	4	23
その他	7	8	0	15
なし	5	5	0	10
計	57	62	7	126

おり、高い満足度を得られたことが分かる。参加後の満足度の高さは記述にもあらわれており、「今まで話したことが無かった人たちと話して楽しかった」「グループのメンバーのおかげで楽に過ごすことができた」など、メンバーに対する満足度が大変多く、続いて「こういう合宿にまた行きたい」「合宿に行って良かった」といった合宿に対する満足度、「セッションをするたびに、みんなと仲良くなれた」「セッションが楽しかった」などのプログラムに対する満足度も感想のなかに多く見られた。このことから、学生の心理的安全感はおおむね守られる形での合宿であったと思われる。

また、この合宿の目的である他者理解、自己理解についても、「（クラスメートを）自分の印象でしか見ていなかったことに気づいた」「友だちの知らなかった部分を知ることができた」などの他者理解や、「知らない人ともやっていけ

る自信がついた」「自分の新たな一面が見えた」といった自己理解につながる内容の感想も多く見られた。

　一方で、「自分の意見を発表するのが難しかった」「1人の時間が無く、つらかった」という記述も見られ、参加後の満足度での「1　まったくない」0名（0%）、「2　あまりない」1名（1.4%）、「3　どちらかといえばない」0名（0%）という結果から、安全感を守りながら学生が自分のペースで過ごす合宿におおむねできてはいたが、全員が満足できる内容を実施することの難しさを感じた。

　その他の感想として、院生スタッフや教員への感謝の言葉が多く見られた。また学生生活への希望についての記述などもあり、この合宿をきっかけとして今後の学生生活がより充実したものとなればよいと願っている。

（3）参加前後の変化

　参加前の不安が高くても低くても、参加後には高い満足感が得られており、特に不安が高い群においては、参加前の期待は低いが、参加後には高い満足感が得られていることが分かる。

　参加前は、「知らない人が多いため集団生活ができるか不安だ」という意見や、「どのようなワークをするか分からないから不安だ」という意見が多かったが、参加後には、「知らない人と仲良くなれてよかった」「ワークを通して新たな自分を発見できた」「とても楽しい合宿だった」というポジティブな意見が自由記述の感想で多く見られた。はじめは不安が高かったが、セッションが進むにつれ、メンバーのことを知ったり、逆に自分のことを話すことで親しみがわいていったのではないだろうか。また、2泊3日を同じメンバーで過ごし、お互いに成長したことを実感できる有意義な合宿であったと思われる。

6. 今後の課題

❶ 研修施設に関して

　「波戸岬少年自然の家」は海に面した開放感あふれる場所で、研修室も広く、日当たりや風通しも良かった。セッション外では、談話室や漫画やピアノが設置

されている空間もあり、思い思いに自由に過ごす姿が見られた。食事は、味・量ともに満足のいくものであった。このような快適な環境は、個人のグループ体験にとっても重要なものだと考えられる。一方で、「散策においての名所・見所などは、徒歩で片道40分などは遠い」という声も多く挙がっていた。

また、夜間の自由時間の過ごし方や、消灯時間の厳守など、公共の施設を使用する他団体への配慮という点で、学生側の自覚もおおいに必要であったと言えよう。

❷ プログラムに関して

全体的な流れについては、個人一人ひとりのペースを大切にしながらグループを体験できるように考慮した。序盤はメンバーの安全感醸成のために非言語系のワークを中心に構成し、中盤のグループ単位での自由活動などで凝集性が高まった後、終盤で言語による相互交流・相互理解が生まれるようなプログラム構成を行った。

学生からの反応としても、好評であったと感じている。メンバー個人のペースも違いがあり、それぞれのグループ単位で見ても、交流や関係性の変化の仕方には違いがあるが、それぞれの温度や距離感で過ごせるプログラムになるよう、今後も考えていくことが大切であると考える。

❖注

* **タッピングタッチ** 指先の腹のところを使って、左右交互に、軽く弾ませるようにタッチすることを基本とする。2人が基本であるが、本実践ではセルフタッピングを用いている。顎、額、こめかみ、頭、頭の後ろ、首、肩などをタッピングする。

❖文献

Corey, M. S., Corey, G. (1998) *Becoming a Helper*, Third Edition. Brooks/Cole.（下山晴彦監訳（2004）『心理援助の専門職として働くために――臨床心理士・カウンセラー・PSWの実践テキスト』金剛出版）

鎌田道彦・本山智敬・村山正治（2004）「学校現場におけるPCA Group基本的視点の提案――非構成法・構成法にとらわれないアプローチ」『心理臨床学研究』22(4), 429-440.

村山正治（2006）「エンカウンターグループにおける『非構成・構成』を統合した『PCAグループ』の展開――その仮説と理論の明確化のこころみ」『人間性心理学研究』24(1), 1-9.

小城真寿美・田中沙織ほか(2006)「タイアップ・プログラムにおける集中合宿エンカウンターグループの試み——PCAGroupによる企画と運営の実際」『九州産業大学大学院付属臨床心理センター紀要　心理臨床研究』2，55-66．

奥田綾子・小野晃一郎ほか(2007)「タイアップ・プログラムにおける集中合宿エンカウンターグループの試み——PCAGroupによる企画と運営の実際」『九州産業大学大学院付属臨床心理センター紀要　心理臨床研究』3，45-60．

白井祐浩・木村太一・村山正治(2006)「タイアップ・プログラムにおける集中合宿エンカウンターグループの試み——PCAGroupによる企画と運営の実際」『九州産業大学大学院付属臨床心理センター紀要　心理臨床研究』1，3-9．

梅原永実・尾崎真寿三ほか(2008)「タイアップ・プログラムにおける集中合宿エンカウンターグループの試み——PCAGroupによる企画と運営の実際」『九州産業大学大学院付属臨床心理センター紀要　心理臨床研究』4，47-58．

(本章は相澤亮雄・荒木佳奈子・イドリシブルフムみどり・稲富典子・木村奈都美・新雅典・田中淳木・花田佳代子・樋渡孝徳・相田聡子・加地佐加恵・田口寛子・木村太一・都能美智代、担当教員：窪田由紀・平井達也・村山正治(2009)「平成20年度タイアップ・プログラムにおける集中合宿エンカウンターグループの試み——PCAGroupによる企画と運営の実際」『九州産業大学大学院付属臨床心理センター紀要　心理臨床研究』5，69-80を転載し、加筆・修正したものである)

第9章 参加困難な事例へのファシリテーターによる支援の実際

鎌田道彦・村山正治

1. はじめに

　最近の大学教育の傾向の一つとして、人間関係を上手につくれない学生の増加に伴い、学生が学校を休んだり、中退することが多いことが挙げられる。その問題への取り組みの一つとして、「エンカウンターグループ」が挙げられる。これまでの学校現場におけるエンカウンターグループは、看護学校や大学を中心として実践や研究が積まれてきており、近年では、小学校、中学校、高校などにおいても盛んになってきた。学校現場でのエンカウンターグループ研究においては、非構成法は"研修型"のファシリテーションとして中田（2001）などを中心に研究が行われている。野島（2000）の概観によると、構成法は多数の実施報告が行われ、効果、ワークについても研究が行われている。これらの研究の長所として、技法の適用範囲や効果が明らかになってくること、一方、短所として、技法が重視されることで、現場の構造や背景からエンカウンターグループ体験を位置づけることが軽視されがちになることが挙げられる。

　まず、学校現場でエンカウンターグループが行われる枠組みや背景について考えてみる。これまで自発参加型のエンカウンターグループと対比して"研修型"という表現が使われることが多かったが、やはり参加する学生にとっては研修を受けるという意欲や認識は低く、"授業"の一環であると認識されることが現実ではないかと考えられる。

全員参加が原則の場合、自発的参加感や強制的参加感など、参加意欲の高さの違いが生じる。次に近年の学生の特徴として、①対人不安傾向の強さ（福井, 2001）、②他者からの評価に対する過敏性、③コミュニケーションがうまくとれず、クラスでの対人関係のトラブルが起きやすくなってきていることが挙げられる。学校内で行う際には心理的健康度の違いが大きくなり、また日常のクラスでの対人関係の問題がそのまま持ち込まれるため、対人関係および心理的課題をもった者が参加してくる可能性が高くなる。必修授業の場合、全員参加が前提であり、そのためメンバーを精選できず、もともとグループが嫌いな学生、集団の苦手な学生が嫌々参加してくることになる。小柳（1996）はエンカウンターグループの心理的損傷が、無理な参加・エンカウンターグループになじみにくい人の参加などから生じやすいことを挙げているが、特に必修授業で実施する際には、この心理的損傷が起こる条件が高くなると考えられる。

　次に上述した授業の構造や近年の学生の心理的特徴とエンカウンターグループ構造の特徴の相互作用から起こる問題について以下に述べる。①山下（1985）が組織内の既知メンバーで行うことの危険性や問題点を挙げているように、もともとあった既知メンバー間における対人関係での問題が表面化させられる可能性がある。そして、安部（2002）が既知集団のエンカウンターグループについて述べているように、エンカウンターグループにおいて参加者同士が出会う前からすでに人間関係が複雑化している場合もあり、エンカウンターグループ構造によって既知メンバー間における対人関係での問題が表面化させられる可能性がある。そのことによって、参加に対する拒否感が高まることもある。②エンカウンターグループの構造として、エンカウンターグループは刺激の強い対人関係場面であるため、これによって個人の心理的問題が触発されやすい特徴がある。セッションを通じて、自分の課題に向き合うことのつらさ、意識化はできないが、身体症状として現れて参加が困難になる場合が出てくる可能性がある。③対人不安の高いメンバーは、エンカウンターグループという対人関係場面に最初からさらされることで過度に緊張が高くなる。以上の理由により、参加前から不快な体験をする者、セッションに参加できない者、またプロセスの中で参加困難なメンバーが出てくる可能性がある。これらのメンバーは単位に関わる授業であることや参加しないことは脱落を意味するような状況であるため、回避したくても参加せざるを得ない状況にある。そのため参加意欲が低

く、セッションへの参加を継続することが困難になる場合がある。よって必修授業として強制参加で行われる以上、参加に対する個人の責任が低くなるため、心理的損傷が起こらないように未然に予防する取り組みやエンカウンターグループの構造を工夫することはもちろんのこと、このようなメンバーがプロセス中に出てきた場合、その場に応じた対応や介入の必要性がある。その際、ファシリテーターは、実際の表で行われているエンカウンターグループのファシリテーションと参加できないメンバーへの裏への支援との二重の働きが必要となってくる。この裏への支援を丁寧に行わないと、参加することが逆効果になることもあり、また表のグループへの影響も出てくるなど、全体に不快感が起こる可能性が高くなる。そして、実際のグループ運営の背後で直接参加が困難なメンバーに対する支援や配慮をいかに行うかによって、実際に進行しているグループの意味や成果に大きく影響を与えると考えられる。

　以上のことを踏まえると、従来の"授業"で実施されるエンカウンターグループ研究の課題がクローズアップされてくる。すなわち、①参加困難なメンバーへの対応についての事例研究は少ない、②エンカウンターグループ技法である「構成法／非構成法」の枠組みからエンカウンターグループ体験を位置づける傾向が強く、背景である"授業"などの枠組みからエンカウンターグループ体験を位置づけることが見過ごされてきた、③エンカウンターグループ後のクラスの対人関係を考慮した企画という視点が見られない。以上のような問題に取り組むために、鎌田ら（2004）は技法ありきではなく、もう一度Person Centered Approach（以下PCA）仮説に戻り、実施現場の背景に沿って、PCA仮説を展開していくグループ運営のあり方としてのPCAグループの実践を行っている。そのPCAグループの基本的視点の中に、「**学校現場の主体性の尊重**」や「**学校コミュニティとの連続性**」が挙げられる。

　本章で取り上げる個人の事例は、上述した三つの課題に対して取り組んだエンカウンターグループのプログラムと実践であり、C専門学校において入学初期に必修授業で行われた。この事例では、エンカウンターグループ参加前よりすでにクラス内での対人関係においてつまずきが見られており、クラスメートと関わろうとしない学生2名（A、B）がいた。もともとあったクラスでの対人関係の問題がエンカウンターグループの構造を通して表面化し、2人はエンカウンターグループ初期段階に「帰りたい」と訴えてきた。そこで、本研究では、

学生A、Bに対するファシリテーターの支援過程を中心に報告を行い、参加困難なメンバーに対する支援について検討する。

2. 方法、グループ構成

❶ PCAグループ実施の要点
(1) プログラム構成の条件
　筆者らは、鎌田ら（2001）のように、エンカウンターグループをより柔軟、かつ安全に実施するために「構成法／非構成法」という二分法にとらわれず、参加の対象、参加意欲、状況、枠組み、実施時期、実施背景、ニーズなどを第一に考慮したプログラムを組むことを重要視している。また裵岩（2001）が「体験の意味を追及する姿勢をファシリテーターやメンバー、あるいはそのプログラムがどれだけもてるかが重要」と述べているように、参加者にフィットしたグループを提供するため、実施していくなかにおいて、その時のプロセスに目を向け、柔軟にやり方を変えていく視点を重視している。

(2)「個人の心理的スペース」
　近年の学生の特徴として、対人緊張の強さや他者からの評価に対する過敏さなどが目立ってきており、自己開示などを促すような強い刺激を与えると、身体化や強い不安を起こしやすい傾向にある。そこで筆者らは、それらに対する取り組みの一つとして、グループ体験において「個人の心理的スペース」を確保することを大切にしている。「個人の心理的スペース」とは、個人が本人のペースで参加できること、個人が落ち着いてその場にいられることや自分にゆとりをもって触れられるなど、気持ちのゆとりや落ち着ける"間"のことである。まずは参加者の状態に合わせて「個人の心理的スペース」を確保することから始め、それをつくることによって安定し、個人のペースで安全に他者や自己の内面への関わりが促進されると考えている。

(3) 目的設定と実施における留意点
　実施背景として、対人関係での不安を経験しやすい入学初期であることと、

クラスの活動として行うこと、が挙げられる。そこで目的を、①クラスコミュニティとしての仲間づくりを重視すること、②対人関係での不安を軽減すること、③PCAグループ後のクラス運営に活かすこと、とした。

次に、参加者の特徴として、①必修授業として参加が義務づけられているため、参加意欲や動機が個人によってかなりの差がある、②参加者が日常生活を共にする者同士である、③最近の学生の特徴として対人緊張が強いこと、が挙げられる。そこで実施においては、参加者一人ひとりに対して心理的安全感を高めることと、させられ感を軽減することに留意した。

❷ グループの実際

合宿は必修単位の授業として、5月に海の見える国民宿舎において2泊3日で行われた。

スタッフは、オーガナイザー兼ファシリテーター1（60代男性）、ファシリテーター2（20代男性）、ファシリテーター3（40代女性、本人のスケジュールの関係上、第4セッションのみ参加）、クラス担任（30代女性）であった。

ファシリテーターは外部の専門家であり、学生との日常での関わりはない。ファシリテーターの1人が全体のファシリテーションを行い、残りのファシリテーターとクラス担任は、援助の必要がある場合にはセッション中にスモールグループに入ったり、スモールグループを巡回して介入を行うなど、プロセスに応じた柔軟な対応を行う。

参加者はC専門学校1年生、53名（男性3名、女性50名）で、平均年齢は19.36歳、SD=3.06、18歳が36名、19歳が6名、20～22歳が6名、24～26歳が3名、30代前半が2名であった。

グループ編成は、クラス担任に、①これまでに顔見知りでない人と接触をもつ機会とすること、②セッション外での交流も大切にし、多くの人とのふれあいが起こるように、宿泊が同じ部屋の人とは重ならないようにすること、③1グループにできるだけ多様な年齢層が入るように配慮し、男子学生は各グループ1名ずつに分けること、の3点を考慮に入れてもらうよう依頼した。これは、村山（1997）の「ジェネラルエンカウンターグループ」の原則に従っている。その結果、1グループ9名が5グループ、8名が1グループとなった。グループ編成後はグループメンバーを固定している。また、体験を共有するため、全

セッションを一つの大広間において、同じプログラムを6グループ全体で平行して実施している。

セッション内容や時間配分はあらかじめ決めずに、プロセスに応じて臨機応変に変更を行った。また各セッション終了後に、スタッフミーティングをクラス担任と一緒に行った。

PCAグループ参加前後には参加者カードを施行し、また、参加メンバーの様子をより把握するため、セッション終了ごとにセッション・アンケートを施行し、PCAグループ終了3か月後にはフォローアップアンケートを行った。各セッション終了後と朝、夜のスタッフミーティングの録音を行った。

❸ 事例の提示方法

A、Bに対するファシリテーターの支援過程について、①セッション内容、②セッション中のA、Bの様子とファシリテーターの対応、③A、Bのアンケート内容、④スタッフミーティング中のA、Bに関する内容の視点から継起的に、支援の要点について報告を行う。

3. 事例

❶ 事例の概要

A：30代前半、女性、グループ4所属
B：30代前半、女性、グループ1所属

クラス担任の話によると、2人とも帰りたがる理由として、クラスメートに対する不信感、年齢の問題などからクラスのなかに入れない異質感、違和感を強く感じているとのことであった。原因の一つとして、入学初期にクラスの対人関係において傷つき体験があり、それ以降、ほかのクラスメートと関わることを拒むようになった。今回のPCAグループも単位の関係上、嫌々参加している。PCAグループに参加することでクラスの対人関係の場として、もともとあった問題が表面化した。そのため、第1セッション終了後に、クラス担任に「帰りたい」と訴えてきた。

参加前の気持ちについて、Aは「グループ活動はあまり強制しないでほしい」、

Bは「年代が違うので、日ごろ学校に行くのも苦痛な状態なのに、3日間も寝食を共にするなんて、とても憂うつです。休もうかとも思いましたが、考え直して出てきました。あと、一人作業や散歩の時間も入れてほしい。早く帰りたい」と2人とも参加に対する不安と参加したくなかったことを述べている。

そのほかに気になるメンバーとして、男子学生3名が、自分たちの居場所というものを確保できていない印象を受けた。

❷ グループ経過とA、Bへの支援過程

〈1日目〉

オリエンテーション

スタッフの自己紹介とPCAグループについての説明を行った。オリエンテーション後にクラス担任からA、Bの事情について聞いた。

第1セッション 「ボディワーク」

セッション内容：「個人の心理的スペース」を確保させるために、個人で自分のからだの感じを確認していく「ボディワーク」[*1]を行い、次に2人一組で「からだをほぐすワーク」を行った。ゆったりと自分の感じを確認することでリラクセーションが得られ、この場に安心し、落ち着いてPCAグループに参加できることを目的としている。

A、Bの様子とファシリテーターの対応：A、Bは最初から部屋の奥の隅で、2人で過ごしている。ほかの参加者がいるあたりには近づかない。ファシリテーター2がデモンストレーションをしている時も見に来ないなど、参加したくない気持ちを強く感じた。ファシリテーター2が声をかけ、少し話をした。参加したくない気持ちとクラスメートに対する不満を聴く。「あまり無理をしないでぼちぼちやってください」と伝える。

A、Bのアンケート内容：A「2人組でのワークはストレスが少なくていいと思う。少し肩のこりがとれた。しかし不安定である。クラスは騒がしい。いろいろな問題が個人的にあるので、あまり集中できていない」、B「嫌々参加しているので前向きに参加できない。グループ作業が無かったので、比較的、精神的にリラックスして参加できてよかった。これから先のグループ作業が不安」など、個人のワークで少し安心した面と、グループ活動に対する不安がうかがえる。

スタッフミーティングの内容：A、Bが第1セッション終了後に、クラス担任に「帰りたい」と訴えてきたが、休憩時間にクラス担任が話をして引きとめている。最初からクラスにとけ込めていないので、このままでは学校を辞めてしまう危険性がある。A、Bがグループに戻ってくることを前提として、A、Bが安心感をもてること、また、ファシリテーターがクラス全体に落ち着かない感じを受け、「個人の心理的スペース」をもう少し強化する必要があることから、第2セッションでは、いったん2〜4名のスモールグループを形成してから、個人またはペアでノンバーバルでのワークを導入することなどを話し合った。

第2セッション 「ノンバーバルコミュニケーション」

セッション内容：A、Bはクラス担任との話し合いが続いていたため、第2セッションは2人とも不参加であった。A、Bに対する配慮と、ほかの学生にも少しかたさが感じられたので、体を動かすことと遊び的な要素を入れることで、緊張やストレスの発散、ノンバーバルでのコミュニケーションを重視した。グループメンバーの発表、各グループで「名前の自己紹介ゲーム」[*2]を行い、次にグループのなかで2人組をつくり、「ミラーリング」[*3]「喜怒哀楽」[*4]を行った。学生がほぐれて乗ってきたため、グループで「整列ゲーム」[*5]「人間知恵の輪」[*6]を行った。せっかく乗ってきたものを沈静化させるのはまた逆戻りということで、最後に予定していたフォーカシングを中止した。

スタッフミーティングの内容：A、Bが入りやすいようにとの配慮と、グループの雰囲気から、まだ自己開示をするのは危険な感じを受けたため、第3セッションを自己開示するものから個人ペースで参加できる「コラージュ」に変更する。A、Bには帰ってもらうという手段もあったが、そうなると今後クラスに戻れないため、保健室登校のような感じで「部屋で休んでもらうことも許可し、来れそうなときに来る。単位の関係もあるので、自分の部屋で何か作業をしてもらうのも認める」などの配慮を伝えることとした。

第3セッション 「コラージュ」

セッション内容：A、Bへの配慮、またほかの学生もじっくり話し合える雰囲気が感じられなかったため、"作品づくり"という安全弁と作品や雑誌のクッションを入れることでグループにいやすいことなどから、当初予定していた言語

的なやりとりから、急遽「コラージュ」を導入した。

A、Bの様子とファシリテーターの対応：セッション前にファシリテーター１から、「このセッションは個人で行えるので、その人なりの参加の仕方でいい。いるだけでも十分だから」とA、Bに伝え、少し安心してもらう。同時に、「部屋で休んでもらってもいい。来れそうなときに来てもらってもいい」と現在の状態を認め、気持ちの逃げ場を提供するメッセージを伝えた。クラス担任にはBのグループに入ってフォローしてもらうことを頼んだ。ファシリテーター２も、雑誌を渡すことや、雑誌についての会話などを通して、グループメンバーとの関わりがもてるように心がけた。また、何度も声をかけ、安心して作品づくりを楽しんでもらえるように作品についての関わりをもった。Bはグループメンバーからのサポートもあって表情が緩んだ。Aの表情はかたく、今は関わりたくないという気持ちが感じられた。夜は、２人とも同室の学生とは共にしなかった。

A、Bのアンケート内容：A「自分の作業に集中するようにした」、B「最後にグループメンバーと話せたことと、メンバーから『本を使って』と声をかけてもらったことに満足している」。

スタッフミーティングの内容：１日目を振り返り、ファシリテーター１が、「クラス担任が、がんばって２人を残してくれて助かった。クラス担任のおかげだ。今後の学級経営に非常に大きな影響を与える」とクラス担任の関わりを支持した。Aへのグループメンバーからの配慮が弱いため、ファシリテーター２がAのグループに入ってフォローに回ることにする。Bは表情が良くなってきたことと、グループの中にサポーティブなメンバーがいるため、今後はグループの力に任せることにする。

〈２日目〉

　スタッフミーティングで、第４セッションを担当するファシリテーター３にこれまでの過程を伝え、ファシリテーションは特に慎重に安全にやってほしいことを伝えた。

第４セッション　「インナー・イメージ・ドローイング」

セッション内容：自分の今の気持ちについて、絵を通して表現を行う。クレヨン、パステル、色鉛筆などの画材を用い、自分の内面に注意を向け、表現を行

う。練習として「明るい」を表現し、次に「今の自分の気持ち」を表現した。その後、グループでシェアリングを行い、作品の裏にグループメンバーからメッセージを書いてもらうことを行った。残りの時間を使って「グループアイデンティティ（名前つけ）」と第6セッションの「参加学生によるお任せセッション」の企画委員を決めた。

A、Bの様子とファシリテーターの対応：Aの様子が心配であるため、ファシリテーター2がAのグループに入った。メンバーとの画材の共有や、Aとファシリテーター2で個人的な会話がもたれた。また、ファシリテーター2とほかのメンバーとの間に、Aを挟んで会話をもつように配慮した。Aも少しメンバーとのふれあいが出てきた。

A、Bのアンケート内容：A「グループメンバーが楽しそうに絵を描いていた」などの表現が見られ、少しメンバーに関心をもち始めている様子がうかがえる。B「みんな作業が早くて、センスがあるし、絵も上手いのでビックリした。絵に良いコメントをもらえてよかった」など、グループメンバーにとけ込み始めている。

スタッフミーティングの内容：午後から自発性を尊重して自由度を高くするが、少し枠を設定することを確認した。

昼休みの介入

　ファシリテーター2がクラス担任にAのグループメンバーのなかでAをサポートできそうな人を尋ねると、D、Eの2名が挙げられ、ファシリテーター2がD、Eと話をする時間を15分ほどもつことができた。ファシリテーター2がAのことが気になっていることを伝え、「どうしたらいいかな」と話をもちかけた。「彼女の立場なら話しづらいよね」など、Aの気持ちになって状態や気持ちを理解してもらい、どのようにしようかと話し合った。そして、自然に気にかけてもらうことと、D、Eがあまりそのことを背負い込まないようにということで話を終えた。Aのグループ全員で話し合うことも考えられたが、Aのグループだけの問題ではなく、もともとクラス全体の問題でもあり、休憩時間も短かったため、今回のような介入を行った。

| 第Ⅱ部 | 実践編

> **第5セッション** 「ウォーキング・カウンセリング」

セッション内容："○○探索"ということで観光地を利用して外に出る。リフレッシュやグループの自発性を尊重し、グループで時間を自由に使う。話をしながらぶらぶらと歩くことが大切であることをくり返し説明した。なお、今回はグループの凝集性に少し不安があったため、観光マップを渡し、グループごとに相談する時間枠を設定した。戻ってきてから、全体で各グループの過ごし方をフィードバックする時間を設けた。

A、Bの様子とファシリテーターの対応：A、Bともグループで時間を過ごした。メンバーのさりげない気づかいや、グループの一員としての関わりが見られた。ファシリテーターは、クラス担任と外に出て、メンバーの様子をうかがっていた。

A、Bのアンケート内容：A「一緒に海で写真を撮ったりして、にぎやかだった。久しぶりに運動をしてよかった」など、リラックスして参加できている。B「面白い子がいたので、場が和んで楽しく行動できた。体を動かすのは気持ちいいし、楽しかった」など、ポジティブな表現が見られた。

スタッフミーティングの内容：2人ともグループで過ごしており、メンバーからの配慮も見られるようになったため、後はグループの力に任せる。また、第6セッションの準備が不安なため、ファシリテーター2とクラス担任が近くで様子をうかがい、必要に応じてサポートをすることを確認した。

> **第6セッション** 「参加学生によるお任せセッション」

セッション内容：メンバーの自発性を尊重し、メンバーで企画して自由に使う時間を設定した。クラス委員を含めた企画委員をグループから2名ずつ選出し、セッションの内容は企画委員に一任することを説明した。今回の企画はグループ対抗でのゲームであった。メンバーの生き生きとした姿がみられ、クラス全体の凝集性がかなり高まった印象を受けた。また、この学校の校長、副校長、教員2名も参加し、学生側が教員側をメンバーとして上手に巻き込んだ。

A、Bの様子とファシリテーターの対応：クラスの雰囲気に自然にとけ込み、A、Bともリラックスした感じで笑顔が見られ、メンバーと一緒にはしゃいでおり、楽しそうな感じであった。ファシリテーターも一緒に参加した。

スタッフミーティングの内容：「A、Bが笑顔で参加できていたので良かった。たぶん今は『いてよかった』と思っているのではないか」とクラス担任が安心

した。「クラス担任ががんばって2人を残してくれたおかげだ」とファシリテーター1がクラス担任の関わりを支持した。

〈3日目〉
第7セッション 「こころの花束」
セッション内容：2日目で他者理解や信頼感などの土台づくりができたため実施した。グループメンバーからポジティブなメッセージをもらうことで、今後、学校生活を送っていくエネルギーをもらい、自己のポジティブな見方ができるようなきっかけとなることを目的として行った。

A、Bの様子とファシリテーターの対応：A、Bもそれぞれのグループで参加した。ファシリテーターは様子を見守っている。

A、Bのアンケート内容：A「いろんな発見をしたことに満足している」、B「自分へのコメントを読み上げられたときは緊張しました。予想もしなかったこととか、評価してもらえて、なんか恥ずかしかったです」など、メンバーからのメッセージに満足している。

A、Bの参加後の気持ち：A「心のなかを覗くことができたようです。初めは参加できなかったけど楽しかったです。ファシリテーター1がアドバイスしてくださった『参加の仕方は人それぞれ』という言葉は、今までの考え方が少し変わるような気がし、これからのいろんなことに対して少し気分が楽になりました」。またファシリテーター2に対して、「いろいろと助けてくださってありがとうございました。絵を描くときなど、話しかけてくれたので緊張がはぐれ、気分が楽になりました」。研修に対する満足度は、7段階で6であった。

B「学校で今まで話したことのない人と話ができたことがよかった。休んでしまおうと思うほど、とても恐怖を感じていましたが、終わってみれば参加してよかったと思えるまでになりました」。研修に対する満足度は7段階の5であった。

A、Bのフォローアップアンケートから：A「いろいろと気を配ってくださってありがとうございました。グループ後、肩の力が少し抜けて気分が少し楽になりました」、B「時間的に余裕があって、内容も比較的リラックスして受けられるものであったこと、無理強いせずに自由に参加させてくれたことがよかった。最初は本当に憂うつだったけど、参加できてよかったと思っています」。

4. 考察

❶ A、Bに対する支援の要点

　A、BともPCAグループに最後まで参加することができ、ほかのメンバーとの関わりももてるようになり、PCAグループ後の学校生活につなげることができたことが今回の支援の成果である。以下にA、Bに対する支援の要点についてまとめる。

　①「個人の心理的スペース」確保のため、初期の段階では「ボディワーク」などの１人で行えるワークを入れ、クラスメートとの関わりでは、できる限り言語的なものを避けた。そのため、雑誌や作品などをクッションにしてメンバーとの接触がもてる「コラージュ」「インナー・イメージ・ドローイング」など、言語的なものから非言語的なものにプログラムを変更した。A、Bが比較的居やすい場というのを心がけながらセッションを進めていった。今回はクラスの雰囲気などから「個人の心理的スペース」の確保に十分な時間をかけた。

　②ファシリテーターが、A、Bの参加したくない気持ちや状態を理解し、受け容れ、「参加の仕方は人それぞれだから」「部屋で休んでもらってもいい」などの声をかけることで、無理をさせないで本人のペースでいられるような心理的安全感の高い場を保証した。

　③メンバーとの関わりが出てくるまで、A、Bに対するファシリテーターの配慮や対応として「話しかける、気持ちを聴く、セッションのプロセスを支援する、メンバーとの関わりにおいてクッションとなる」ことを行った。

　④クラス担任が「帰りたがる２人を説得して引きとめる、話を聴く、セッション外での世話、セッション中にグループに入る」など、支援するにあたって活躍した。スタッフミーティングを入念に行い、チームとしてうまく機能した。

　⑤Bは、グループメンバーとの相互作用もあって、比較的早くにグループに安心感をもてるようになったが、Aのほうはなかなか安心感が形成されなかった。そのため、２日目のお昼の休憩時に、クラス担任にAのグループからD、Eのキーパーソンを挙げてもらった。そして、ファシリテーター２が話をもちかけ、キーパーソンにAの状態や気持ちを理解してもらうことができ、その後キーパーソンがセッションでうまく機能した。

❷ **支援の意味と考察**

　PCAグループの実施においては前節①のように、予定されていたプログラムよりも、プロセスや参加者の状況を重視し、プログラムを変更するなど、"Here and Now"に合わせて柔軟に対応することが大切であると言える。今回の支援では、前節②の支援が特に重要であった。ファシリテーターのスタンスとして、直接参加ができないメンバーの状況を間接的参加の一形態としての『参加しないという参加の仕方』という枠組みで捉え、無理に参加するよりは、それぞれの参加の仕方でよいなど、参加への自由度を表現し、それぞれの体験を大事にしてもらうことを伝え、その人それぞれの居方を許容する態度で関わった。セッションの「参加・不参加」にとらわれないで、それぞれの参加の仕方でグループに安心して居られる場となるよう心がけた。その結果、A、Bは最後まで参加することができた。この点についてロジャース（1970）は「参加者がそのグループに積極的に関わっていても、いなくても、その人を喜んで受け容れる。個人的に参加しないで引っ込んでいることができ、しかも強制されはしないという実感をもてることがたいへん貴重な学習に思われる」と述べている。

　また、乗れないメンバーや、グループに対するアプローチの一つとして、前節③のように、ファシリテーターがそのグループに入ってフォローすることや、前節⑤のようにグループメンバーの理解を通してグループのもっている援助機能を活性化させることも有効である。このことは、PCAグループ後に学校生活が続くうえでの見通しを考慮に入れて支援を行うことが重要である。

　今回は、PCAグループ以前からあったクラスの対人関係の問題がPCAグループの構造によって表面化し、A、Bが第1セッション終了後に「帰りたい」と訴えてきた。そのため、クラス担任とチームを組み、支援を行った。支援の成果もあって、2人とも最後まで参加することができ、クラスの対人関係の問題もかなり解消された。また、参加後は参加してよかったという感想が聞かれた。もしPCAグループ初期に帰ってしまっていたなら、さらに学校生活での違和感や孤立感が増していたであろう。そしてその後、学校生活からドロップアウトが見られたかもしれない。さまざまな支援を通じて、A、BともPCAグループ後の学校生活、仲間づくりに向けて肯定的につなぐことができたことは、今回の支援の成果であったと考えられる。

また、今回のことは、もともとはクラスの対人関係の問題でもあった。ほかの学生は、2人が仲間から外れていることを少なからず意識していたはずである。よって、2人がクラスメートとの関係を回復させたことで、互いのすれ違いが解消され、ギクシャクとした雰囲気が軽減された。すなわち、今回の支援はクラス全体に対する支援にもつながったと考えられる。

❸ "授業"におけるPCAグループ企画の留意点

筆者らは、外部の専門家として、"授業"でPCAグループを実施することを請け負ってきた経験から、クラスの対人関係やクラス運営などの実施背景を重要視してPCAグループを企画することを大切にしている。以下は、そのためのプログラムや留意点である。

まず、クラス担任はクラス運営を行うため、PCAグループ後のクラス運営との連続性をもたせることは重要である。そこで、以下のような点でPCAグループの実施にあたり、クラス担任の協力を得た。①クラス担任がスタッフミーティングに参加し、PCAグループで起こってくるさまざまなトラブルに対して、一緒に対応することによって、学生への理解も深まり、その後の学生へのフォローがしやすい。②セッションに参加することを通して、学生がクラス担任の多様な面を見ることができ、1人の人間としての安心感や親密感が増す、③イメージや言語といった多様なプログラムをバランス良く組み込んでおり、クラス担任がそれぞれ個性のある学生をより多面的に見ることができ、新しい能力の発見へとつながる。このことは今後の学校生活で学生の能力を"活かす・育てる"点においてプラスになる。

また、第6セッションで行った、学生がプログラムを自由に企画する「参加学生によるお任せセッション」では、クラス全体で行うことがクラスコミュニティとの連続性をもたせることになる。その際企画委員のなかに必ずクラス委員を入れることによって、クラス委員を中心にセッションの企画が立てられる。つまり、入学初期でクラス委員がリーダー性を発揮することによって、以後もクラスでリーダーシップをとっていきやすくなることにつながる。PCAグループのプロセスにおいて、このセッションは自発性を尊重し、学生自身が自分たちでPCAグループをつくっている感じをもちやすく、授業の枠組みからくる「させられ感」を軽減する効果、また、セッションだけでは不十分な学生の

多様な自己表現の場として、筆者らはこのセッションを重要視している。今回は、男子学生の人数が少ないということで男子学生は居場所を見つけられなかった初期の状況から、企画段階やセッション中に、自分たちの居場所と存在感をアピールすることができるようになった。A、Bにも自然な笑顔が見られるなど、その人らしさを引き出し、クラスへの所属感をもつことができた。また校長、副校長をはじめ、ほかの教員もこのセッションに参加することで、学校をあげてこの企画を支援しているというメッセージが学生に伝わる。

　以上、今回のPCAグループ企画における工夫を取り上げた。これらのPCAグループ企画の視点として、"学生""クラス""教職員"などを含めたもともとある「学校コミュニティ」を活用することを大切にしている。これは村山(1998)が学校臨床について「学校コミュニティ、学校組織の中での教師、学生、事務職員など全体を考えて一つの臨床というものを組み立てていく必要がある」と述べているように、「PCAグループ体験」と"学生""クラス""教職員"などの「学校コミュニティとの連続性」に留意し、PCAグループを企画していくことが重要であると考えられる。そのことによってクラスの対人関係、強制参加の問題、学校職員との相互作用、クラス運営などに対する取り組みが生まれてくると考えられる。

5. おわりに

　本研究ではPCAグループにおいてクラスの対人関係の問題が表面化し、帰りたがる学生への支援を行った結果、A、Bは最後までPCAグループに参加することができ、クラスの相互援助機能を活性化することができた。

　学校生活は授業や学校行事に参加することが前提であるなか、直接参加ができない生徒や学生が増えている。直接参加ができない者は脱落したという引け目を感じたり、一方、直接参加ができている者からは、参加していないことを批判的に捉えていることがある。このような学校現場に対し、「バラバラで一緒」「多様性の尊重」などPCAの精神が学校コミュニティに浸透することで、個人を取り巻く環境としてのコミュニティの抱えや支援が充実してくると考えられる。今後、PCAグループが学校教育に貢献できる部分として、それぞれのあり

ようで居られることが保障されるグループ体験のような、これまでの学校生活における集団のあり方とは違った新しいグループ体験の仕方を提供することで、メンバー個々の成長と同時にコミュニティの成長にもつながると考えられる。

　今後の課題として、今回提示した参加困難なメンバーへのアプローチの視点がどの程度有効であるか、事例数を増やして検討することが挙げられる。

❖注
*1　ボディワーク　落ち着く場所を見つけ、寝ころがってもらい、からだの部分に注意を向け、からだの感じを確認していく。今ここでの自分のからだの感じに注意を向け、ありのままを受けとめる。
*2　名前の自己紹介ゲーム　円になり、「○○の隣の○○です」というように名前やニックネームの自己紹介を行っていく。最終的には「○○の隣の○○の隣の……の隣の○○です」というようにメンバー全員の名前を呼ばれることになる。
*3　ミラーリング　2人組になり、本人と本人の鏡役を分け、鏡役の人は本人と同じ動作を行う。時間が来たら役割を交代する。ノンバーバルでのコミュニケーションによって溶け合う雰囲気が形成される。
*4　喜怒哀楽　2人組になり、片方が「喜び」「怒り」「哀しみ」「楽しい」の表情を表現し、もう片方がどの表現なのかを当てる。最後は、目だけで表現して当てるというようなノンバーバルでの感受性訓練や相互理解を行う。
*5　整列ゲーム　グループごとに列になってもらい、「生年月日」「甘いもの好き」などのお題を出し、それについてグループで順番を話し合って、順番の列に並んで座ってもらう。
*6　人間知恵の輪　グループで手をつないで円になり、グループの輪から知恵の輪をファシリテーターが作り、それをグループで動きながらほどいてもらう。

❖文献
安部恒久(2002)「既知集団を対象としたエンカウンター・グループのファシリテーション」『心理臨床学研究』20（4），313-323．
福井康之(2001)「新しく出現したタイプを含む対人恐怖の質問紙調査による分類の試み」『心理臨床学研究』19(5)，477-488．
袰岩秀章(2001)「グループの構成、非構成に関する考察」『日本女子大学カウンセリングセンター報告』23，1-6．
鎌田道彦・本山智敬・村山正治(2001)「学校教育にエンカウンター・グループはどう貢献できるのか──構成法・非構成法を越えた統合的アプローチを目指して」『日本心理臨床学会第20回大会発表論文集』p.168．
鎌田道彦・本山智敬・村山正治(2004)「学校現場におけるPCA Group基本的視点の提案──非構成法・構成法にとらわれないアプローチ」『心理臨床学研究』22（4），429-440．

鎌田道彦・下川昭夫(2002)「エンカウンターグループにおけるドロップアウトの意味」『東亜大学大学院総合学術研究科臨床心理相談研究センター紀要』2, 15-22.

村山正治(1997)「わたしのエンカウンター・グループ観」『人間性心理学研究』15(2), 238-248.

村山正治(1998)『新しいスクールカウンセラー——臨床心理士による活動と展開』ナカニシヤ出版

中田行重(2001)「研修型エンカウンター・グループにおける問題意識性を目標とするファシリテーション」東亜大学博士学位論文

野島一彦(2000)「日本におけるエンカウンター・グループの実践と研究の展開——1970－1999」『九州大学心理学研究』1, 11-19.

小柳晴生(1996)「特集2 グループアプローチの危険・副作用とそれへの対応——ベーシック・エンカウンター・グループの場合」『ENCOUNTER——出会いの広場(人間関係研究会機関誌)』21, 27-30.

Rogers, C. R. (1970) *Carl Rogers on Encounter Groups.* Harper & Row. (畠瀬稔・畠瀬直子訳(1982)『エンカウンター・グループ——人間信頼の原点を求めて』創元社)

下田節夫(1988)「ファシリテーターの専門性と人間性について——エンカウンター・グループの構造について考える」『第21回学生相談室研究会議学生相談山口シンポジウム報告書』72-75.

山本和郎(1995)「序にかえて」村山正治・山本和郎編著『スクールカウンセラー——その理論と展望』ミネルヴァ書房, pp.1-10.

山下栄一(1985)「グループアプローチへの疑問(特集：エンカウンター・グループと組織改革——グループ・アプローチへの疑問)」『人間性心理学研究』3, 17-19.

(本章は鎌田道彦・村山正治(2002)「入学初期にクラスの対人関係につまずきがあった学生への支援——エンカウンター・グループを通して」『人間性心理学研究』20(2), 90-100および鎌田道彦・村山正治(2010)「必修授業のエンカウンター・グループにおける参加できないメンバーの『参加しないという参加の仕方』の意味について」『心理臨床学研究』28(4), 502-512の一部を転載し、加筆・修正したものである)

| 第Ⅱ部 | 実践編

第10章
PCAグループにおける「メンバーズセッション」の意義

白井祐浩・木村太一・村山正治

1. メンバーズセッションとは

　PCAグループの特徴の一つとして「メンバーズセッション（通称、お任せセッション）」というセッションを行うことが挙げられる。メンバーズセッションとはグループ全体の流れを重視したパーティーセッションで、メンバー自身が企画して時間を自由に使うセッションである。各グループから「お任せ委員」を1人ずつ選出し、お任せ委員とクラス委員が中心となってセッション内容が企画され、全体で行うゲームやグループごとの出し物などが行われる。

　メンバーの感想や記述、ファシリテーターの実際的経験をもとにグループ全体の流れのなかでメンバーズセッションを取り上げることは、PCAグループだけでなくグループアプローチ全体の発展に何らかの貢献があると考える。それは、メンバーズセッションがメンバーの主体性を尊重し、ワークの柔軟性を重視するというPCAグループの基本的特徴を反映しているからであり、また、PCAを用いたグループワークについて再考できる手法だと思われるからである。

　本章では、事例を3ケース取り上げ、グループ全体の力動や流れのなかで、メンバーズセッションがどのような役割を果たしているのか、また、PCAグループと日常生活との連続性の視点、メンバーの主体性や自由度という視点から考察を行う。さらに、現在の課題なども示し、今後のPCAグループにおけるメンバーズセッションの可能性について検討を行う。また、ファシリテータ

ーがお任せ委員たちによるメンバーズセッションの企画作成過程にどのように寄り添うかを事例提示している。

2. 事例

❶ 事例1：A看護学校でのメンバーズセッション
（1）グループの概要

　このグループは、3年生を対象に、仲間づくりというよりは、看護師に向けて、自己理解や他者理解を深めることを目的として実施された。実施時期は8月末から9月初めにかけてであった。宿泊型のグループではなく、メンバーが自宅あるいは寮からの通いであり、実施場所も看護学校内の一教室であったことも、本グループの特徴である。グループのスケジュールについて表1に示す。

表1 ── A看護学校におけるスケジュール

	1日目	2日目	3日目
9:00		S3　ボディワーク	S6　メンバーズセッション
11:00		昼食	昼食
12:30	S1　伝言ゲーム	S4　こころの荷降ろし[*1]・気持ちのいいところフォーカシング[*2]	S7　こころの花束
14:30～16:40	S2　ネームプレート・グループアイデンティティ	S5　コラージュ	

　第3セッション（S3）終了後、お任せ委員の学生とファシリテーターでメンバーズセッションの企画について話し合いを行った。初めはほかのグループでもよく行われるようなフルーツバスケットやイントロクイズなどが提案されていた。フルーツバスケットをフルーツではなく「○○している人」「○○な人」などの質問で行う「何でもバスケット」をやろうということは決まったが、そ

れだけでは時間が余ってしまう。ほかに何か良い案が無いか、お任せ委員がみんな黙り込んでいたそのとき、1人のお任せ委員から「病院実習について、『恋のから騒ぎ』のような暴露大会をしない？」という提案がなされた。

　このときファシリテーターは初めて知ったのであるが、このグループは病院実習の前期と後期の間に実施されていたのである。病院実習でみんないろいろと溜まっているものもあるだろうし、これから行くことになる病棟について、いろいろと情報交換もできていいのではないかという話になり、メンバーズセッションの内容は「何でもバスケット」と「病院実習暴露大会」に決定した。どちらもグループ単位ではなく、全体で行うセッションとなった。

　「何でもバスケット」では、これまでずっと部屋のなかで座っての作業であったこともあり、体を動かすことでエネルギーが発散できたようであった。少し時間が長かったこともあり、「疲れた」という感想も見られたが、どのメンバーも顔を輝かせながら本気になって椅子を取り合っていたのが印象的であった。

　次にメインである「病院実習暴露大会」を行った。まず、事前に自分の話したいテーマを書いた紙をお任せ委員が集めており、その中から1枚取り出して、書いた人がその話をする。話が終わったら、また1枚取り出して、次の人が話をする、というやり方で行われた。前期に行った病棟での失敗談や裏話、病棟の先生の話や怪談話などを面白おかしく話をしていた。話し始めるとみんな止まらず、ロールプレイとして状況を実演して見せたり、あるメンバーの話に同じ病棟で実習をしていたほかのメンバーが説明を付け加えたり、「紙に書いたテーマと違うテーマを話したくなった」と言って別のテーマを話したり、自由で楽しい雰囲気のなかで行われた。どのメンバーも楽しそうで、会場は爆笑の渦に巻き込まれていた。お任せ委員もメンバーに話を振ったり、合いの手を入れたりと話しやすい雰囲気をうまくつくっていた。ファシリテーターも含めた全メンバーが一体となり、その場をつくり上げ、楽しんでいた。

　すでに行った病棟の話をすることには、自分の病院実習の体験を振り返ること、まだ行っていない病棟の話をすることには、これから行く病棟についての情報がもらえたり、イメージがつくれたりという意味があった。ファシリテーターも、これまで知らなかった病院での裏話を楽しむことができた。何よりも、正規の授業ではできないような話を、自発的に、楽しみながら話せる場において話すことができたこと、また、そのような場を自分たちでつくり上げること

ができたことは、メンバーにとって大変意味のある大切なセッションであったように思われる。

　しかもこのような企画はメンバーだからこそできたことであり、ファシリテーターがいくら頑張っても思い浮かばない企画である。メンバーが必要としているものは、メンバー自身が一番よく分かっている。メンバーズセッションは、このように、メンバーが必要としているものを満たしていく企画をメンバー自身がつくり上げていくことができる場を提供するという可能性を秘めているのである。

（2）セッション・アンケートより

　次に、各ワーク実施後に行ったセッション・アンケートの結果から、A看護学校のメンバーズセッションの特徴を見ていくことにする。次の表2はA看護学校でのエンカウンターグループにおける各セッションの満足度の平均値を示したものである。第6セッション（S6）がメンバーズセッションであり、満足度が最も高いことが分かる。

　また、平均点が6.76と、最高点である7点に近く、ほとんどのメンバーが非常に満足を感じているようである。

表2 ─ A看護学校での各セッションの満足度の平均値

S1	S2	S3	S4	S5	S6	S7
5.76	5.61	6.28	5.30	6.18	6.76	6.49

表3 ─ A看護学校での各セッションの楽さの平均値

S1	S2	S3	S4	S5	S6	S7
5.90	5.75	6.62	5.46	5.90	6.39	6.25

　次に、各セッションの楽さを示している表3を見てみると、第6セッションが第3セッションのボディワークに続いて楽に過ごせたと感じる時間であったことが分かる。得点としても6.39であり、満足を感じているメンバーが多かったことが示唆される。

　このように、A看護学校におけるメンバーズセッションは、満足でき、無理をせずに過ごせた時間となっていたようである。

続いて、自由記述での感想をまとめてみる。「何でもバスケット」については「体を動かすもの（「何でもバスケット」）と話をするもの（「病院実習暴露大会」）とがあり、そのバランスが良かった」「フルーツバスケットでは、体をものすごくたくさん動かして、大声で叫びながら走りまくり、ストレス発散になった」「体を動かしてすごく楽しかった。あわてて走っている人を見て『あの人にはこういう一面もあるんだ』と思ったりして、すごく楽しかった」などの感想が見られた。座っての作業が多いので、体を動かすことでストレス発散になったり、「何でもバスケット」を通して今までとは違うメンバーの一面を知ることができたようである。

「病院実習暴露大会」については、「みんなで暴露し合ってストレス発散になったと思う」「今までずっと実習だったので、みんなと話す機会が少なかったので良かった」「今まで実習先がバラバラで、なかなかみんなで集まる機会が無かったけれど、みんなで楽しむことができた」「実習での話を聞いて、みんながいろいろなことをしていることが分かったし、看護師について共感できることがいっぱいあった」「苦渋を共にした仲間にしか分からないことばかりだったので、一番楽しかった。これからも実習を頑張ろうと思った」「みんなの体験や愚痴などが聞けて楽しかった。これからの実習の参考になった。こういう場をつくるのも楽しい」「みんなのさまざまな実習体験を聞くことができ、『みんないろいろと経験しているんだな。私も何か嫌なことがあっても頑張ろう』『みんなも頑張っているんだ』と改めて勇気づけられた」などの感想が見られた。

実習でのことを話すことで、ストレス発散になると同時に、話を聞いて、同じ看護学生として共感できる部分を感じたり、これからの実習のための参考になり、これからの実習を頑張ろうという前向きな気持ちが出てきている。このように、この体験は知識と気持ちの両面において、これまでの実習の振り返りと次の実習への準備につながっているのである。

❷ 事例２：B看護学校でのメンバーズセッション
（１）グループの概要・流れ

このグループは、２年生を対象に、４月に実施された宿泊研修型のPCAグループである。この学校は２クラス制で、１年生から２年生に進級する際にクラス替えがある。つまり、実施された４月は、１年生からのクラスメートであ

る「顔見知りメンバー」と1年生時は違うクラスだった「あまり話したことのない、よく知らないメンバー」が半分ずついるクラスで学校生活を送っている。そのような状況で、クラスの仲間づくりや他者を知ること、またそれらを通して自己理解が進むこと、などを目的に、このPCAグループを行った。

本グループのスケジュールについては表4に示す。

表4 ― B看護学校におけるスケジュール

	1日目	2日目	3日目
9:00	オリエンテーション（11:00 〜）	S4　自己紹介すごろく S4.5　夢を語る	S7　こころの花束 オリエンテーション（11:00）
12:00	昼食	昼食	
13:00	S1　ボディワーク	S5　探索・報告会	
15:00	S2　伝言ゲーム・ネームプレート・グループアイデンティティ		
18:00	夕食・入浴	夕食・入浴	
19:00〜21:00	S3　コラージュ	S6　メンバーズセッション	

S1の「ボディワーク」では、のんびりとしたペースで体をリラックスさせ、PCAグループに対する緊張を和らげた。S2の「伝言ゲーム・ネームプレート・グループアイデンティティ」で初めてグループワークを行う。ここでは簡単なゲームを行うことによって、さらに緊張を和らげ、その後のグループワークに備えてグループメンバーとの簡単な自己紹介を行い、グループ名を決めた。S3の「コラージュ」では、「自分の今の気持ち、想い、期待」など何でもいいのでコラージュ（切り絵）で表現してもらい、グループメンバーでシェアリングを行った。

2日目午前のS4の「自己紹介すごろく」は、マスに「好きな食べ物は？」「なぜ看護師を目指そうと思ったの？」などの質問が書かれており、すごろくでそのマスに当たったらその質問に答える、というものであった。さらにその後、「夢

を語る」セッションを行った。これらのセッションは、ほかのメンバーのさまざまな側面を知る機会となった。

　S5の「探索・報告会」ではグループごとに宿泊所付近を散策し、その目的地などはグループメンバー同士で話し合って決める。S5終了後、S6の「メンバーズセッション」までは時間に余裕があるので、この時間にお任せ委員とクラス委員が中心となってメンバーズセッションを企画し、夕食後、メンバーズセッションが行われた。

　3日目のS7では「こころの花束」で自分を含めたグループメンバーそれぞれにメッセージを送り、他者に対する共感性や自己肯定感を高めることを行った。

　このような全体の流れのなかで、各グループから選ばれたお任せ委員、およびクラス委員が、メンバーズセッションを企画した。企画に関しては、ファシリテーターはほとんど指示せず、メンバーに任せたが、「カラオケ大会は禁止」という注文をつけた。これは、特定のメンバーしか楽しめない傾向があるためである。

　本グループのメンバーズセッションは、グループ対抗のさまざまなゲームで、「ざぶとんとりゲーム」「だるまさんが転んだ」「イントロあてクイズ」「ハンズぎゅ！」であった。「ざぶとんとりゲーム」はイスとりゲームのざぶとんバージョンである。「ハンズぎゅ！」とは、全員で一つの大きな円をつくって手をつなぎ、司会者が「右！」と言えば右手を離して左手で左隣の人の右手を握るゲームである。このとき、右手を離して左手で握ることができれば勝ちである（握られたほうは負け）。これらのゲームはファシリテーターおよび学校教員も参加した。

（2）セッション・アンケートおよび参加者カードを参考に

　次に、セッション・アンケートの結果から、B看護学校のメンバーズセッションの特徴を見る。表5に各セッションの満足度の平均値を示す。表5によると、本グループでもA看護学校同様、S6のメンバーズセッションの満足度が最も高いことが分かる。ほとんどのメンバーが非常に満足を感じている。

表5　B看護学校での各セッションの満足度の平均値

S1	S2	S3	S4	S4.5	S5	S6	S7
6.63	6.43	6.60	6.54	6.24	6.63	6.95	6.88

次に各セッションの「楽さ」を表6に示す。表6より、メンバーはメンバーズセッションを最も楽に過ごせたと感じていることが分かる。

表6 ― B看護学校での各セッションの楽さの平均値

S1	S2	S3	S4	S4.5	S5	S6	S7
6.63	6.28	6.50	6.64	6.25	6.30	6.95	6.70

このように、このグループではメンバーズセッションが、メンバーにとって最も満足でき、楽に過ごせたセッションである、と感じられているようである。また、満足度、楽さ共に平均が6.95であり、ほぼすべてのメンバーが最高得点である7点をつけていることが分かる。セッション・アンケートの自由記述からは、「とても面白かった」「久しぶりに子どものように遊ぶことができた」「みんなで盛り上がるゲームばかりで楽しかった」など、メンバーズセッションが特に楽しいセッションであったことが分かる。

また、「クラスの仲が深まったと思う」「チーム、クラスでまとまれて、一番楽しく、みんなのためになるセッションだったと思う」「みんなとすごく近くなれた感じがする」など、自分自身とほかのクラスメート、クラス全体がこのセッションによって距離が縮まり親密になったと感じているメンバーが多かった。ほかにも、「私のグループはダントツで最下位だったけれど、楽しかった」と、勝ち負けにこだわらず楽しんでいる姿も見られた。また、「みんなの盛り上がっている姿や楽しそうにしている顔を見て、とても楽しかった」というお任せ委員の感想や「楽しい仲間と、企画してくれた委員の人たちに感謝します」という企画者への感謝の記述も多く見られた。

全セッション終了後にとった参加者カードの記述では、「メンバーズセッションでは、みんなが盛り上がって、ほかのグループメンバーとも話す機会があって、楽しく過ごすことができた」「メンバーズセッションでみんなの意外な一面を見ることができ、親睦度が増した」などの感想が見られた。

これらの記述から、メンバーズセッションが、クラスメートであるメンバー同士が親密になる効果をもっていることが分かる。また、メンバーズセッション以前のセッションではグループ内の交流が中心で、ほかのグループメンバーと話す機会があまり無かったが、メンバーズセッションがほかのグループメン

バーとも親密になる機会として感じられていることも分かる。これらの効果は、クラス替えをした直後のメンバーやクラス全体にとってとても必要なことであり、メンバーズセッションは、メンバーのニーズをメンバー自身が最良の形で具体化したものであると言える。メンバーから選ばれたお任せ委員は、それまでのグループワークの進展を柔軟に反映させ、すべてのグループメンバーが満足できるような企画をつくることができる可能性をもっているのである。

3. 考察

それぞれの事例について考察を加えていくなかで、メンバーズセッションの特徴を見ていきたい。

❶ 事例1の考察

事例1では、メンバーズセッションをどのような内容にするか考えていくなかで、お任せ委員から「何でもバスケット」と「病院実習暴露大会」の企画が出され、それがメンバーのニーズとばっちり合って、メンバーの満足につながった事例である。

この事例は、メンバーの自発性、創造性が発揮されやすいというメンバーズセッションの特徴がよく表れている。メンバーズセッションでは、ファシリテーターは企画、準備、進行などについてほとんど口を出さず、メンバーが中心となってセッションを構成、実行していく。このように、セッションにおけるファシリテーターの権力が非常に少ない（ほとんど無い）ということが、お任せ委員をはじめ、メンバー全体の自発性を発揮しやすくし、「自分たちのセッションである」という気持ちが出てくることで、セッションによりコミットしやすくなると考えられる。

また、ファシリテーターの権力が少ないことは、逆にメンバーにとっての自由度が大きくなり、メンバー自身が自由にセッションを考えることで、そのメンバーにとって必要な、ニーズに合った企画内容がメンバー自身によって創り出されることにつながる。「病院実習暴露大会」の企画は、ファシリテーターには絶対に思いつかなかったセッションであり、メンバー自身が企画するメン

バーズセッションであったからこそ出てきた企画であろう。そしてそれは、（企画したメンバー自身が意識していたかどうかはともかく）今のメンバーのニーズを強く反映した内容であった。

　筆者は、メンバーズセッションは、その自由度の高さゆえにメンバーのニーズが反映されやすいセッションであると考えている。これは「何でもバスケット」も同様で、ボディワーク以外のセッションはすべて座っての作業であったので、体を動かしたいというニーズ、また、これは事例2の考察でも取り扱うが、グループ以外の（全体の）メンバーと関わりたいというニーズが反映されている内容であると言えるであろう。

　そして、このような「自分たちのセッション」という自発性や、自分たちが今必要としている内容を行うことができる「ニーズに合わせた自由度の高いセッション」をもつことは、当然ながらメンバーに大きな満足を与えることになる。セッション・アンケートの満足度の高さと楽さの数値の高さもそれを裏づけていると言える。

❷ 事例2の考察

　事例2では、全体の流れのなかでのメンバーズセッションを示した。それぞれのセッションに意味があるが、メンバーズセッションにおいては、特に、メンバー全員、つまりクラス全体の交流という点に注目できる。

　グループを実施したのがクラス替えの直後だったので、「PCAグループによって新しいクラスメートと仲良くなりたい」というメンバーの期待が大きかった。参加前に行ったアンケートでも「グループでいろいろな人と知り合えたらいいと期待します」「クラスの人と仲良くなれるチャンスだと思うので、仲良くなりたい」「早く友達がたくさんできるように期待しています」などのPCAグループに対する期待が見られた。

　メンバーズセッションは、事例1と同様に、グループを超えたメンバー間の交流の機会となっており、それまでのグループワークセッションでつくり上げた各グループの雰囲気をクラス全体に広げて共有することができるものになっている。このようなクラス全体の雰囲気や関わりの共有、つまりグループの枠を超えたメンバー個々のつながりやクラスアイデンティティの形成は、メンバーズセッションに特徴的な要素である。PCAグループが終了して日常生活に

戻れば、クラスでの学校生活となるが、PCAグループとその後の学校生活の連続性という視点から考えると、この効果は重要である。

❸ プロセスの一つとしてのメンバーズセッション

　ここまでメンバーズセッションの特徴について、「メンバーの自発性が発揮される」「自由度の高さにより、ニーズに合った内容をメンバー自身が創り出せるようになる」「グループを超えた関係の広がりが生じやすい」などの視点から述べてきた。

　しかしながら、ここで大切なことは、メンバーズセッションが単独で存在しているわけではなく、そこまでの（そしてその後の）グループの流れがあったからこそ、メンバーズセッションの特徴が生きたのであり、また、その後のセッションでもその特徴が生かせる、ということである。メンバーズセッションだけでこのような特徴があらわれるわけではない。メンバーズセッションをただ行えばいいという訳ではなく、メンバーズセッションはPCAグループの1プロセスに過ぎず、本来、メンバーズセッションだけを取り出してどうこう論ずることはできないのである。

　PCAグループで大きな役割をもつセッションの一つとしてメンバーズセッションを取り上げたが、このセッションが生きるも死ぬも、それまでの（そしてその後の）クラスの、グループの、メンバーのプロセス次第なのである。

❹ メンバーズセッションの留意点と今後の展望

　メンバーズセッションを行うにあたり、グループ対抗の過度に競争的なセッションになったり、メンバー全員が楽しめないような企画にならないよう留意する必要がある。そのために、ファシリテーターが企画段階でお任せ委員とクラス委員に最低限の介入を行っている。たとえば、事例2の「カラオケ大会は禁止」という介入がそうである。メンバー全員が楽しめる時間として工夫してもらうことが、メンバーズセッションでは必要になってくるのである。

　また、今後の展望として、メンバーの特徴やグループの進み具合によっては、メンバーズセッションのような自由度の高いセッションをさらに増やしていくことも考えられる。事例2のS5で行った「探索・報告会」のセッションは比較的自由度の高いセッションであり、メンバーズセッションに近い部分をもっ

ている。しかしながら、「ではそういう形でやってみよう」とただ行えばよいのではなく、メンバーの特徴やグループのプロセスを見極めながら実行していくことが必要であろう。

4. メンバーズセッションの企画の際のファシリテーターのかかわり方

　ここではメンバーズセッションのお任せ委員たちを古野（ファシリテーターの一人）が寄り添ってサポートしていく過程と感想記録を提示することにしたい。
　このときのメンバーズセッションはこれまでの1．から3．に記述されているグループとはまったく別のグループであることを明記しておきたい。
　さらに、この古野の記録は、ファシリテーターがお任せ委員たちによるメンバーズセッションのプログラム作成過程にどのように関わるかを示した優れた記述ないし事例であることも述べておきたい（掲載にあたっては古野の許可を得ている）。

❶ あるファシリテーターの記録（古野薫）

　某看護学校2年生（2クラス）を対象に、クラス別に毎年2泊3日のグループを行っている。後半クラス2日目の散策後の休憩時間に、グループの会場である大広間で、クラス委員2名とお任せ委員の6名、計8名（男性2名、女性6名）が集まってメンバーズセッションの企画について話し合いを行った。
　学生8名が円陣を組んで座り、最初にファシリテーターである村山正治先生からメンバーズセッションについて、「勝ち負けを決めるものではないもの」「カラオケなど数人が参加するようなものではないもの」「罰ゲームはなし」という条件を与え、ファシリテーターは学生の輪の近くに座り、ほかの作業をしながら同席していた。
　戸惑ったような空気の中、最初からある女子学生が盛んに意見を出し始めたのを見て、「きっと何かに行きつくだろうな」という感じは受けたので、そのまま見守る感じで学生たちの輪の外側で翌日の「こころの花束」用のカードづくりのため、ファシリテーターたちは画用紙を切る作業を黙々と行った。

《配置》

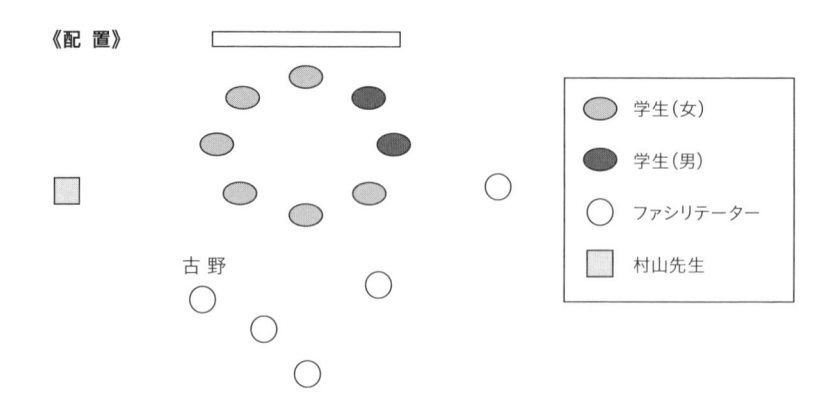

🟢	学生(女)
⚫	学生(男)
⚪	ファシリテーター
⬜	村山先生

古野

　意見はさまざまで、最初に出たのは「ジェスチャーゲーム」であったが、話はあっちに飛び、こっちに飛び、「AKBの踊りをみんなで覚えて踊る」「ソーラン節とかもいい」という話になったり、挙句には携帯電話でゲーム探しを始めた。時折、突っ込みたくなるような場面もあったが、そこは学生の力を信じて、我慢、我慢であった。多少の不安は生じたが、そのまま話を聴きながら作業を続けていた。時折、こちらにちらちらと視線が送られているのにも気づいていたが、中途半端に口出しするのは彼らの能力を殺ぐのではないかと思い、ここも我慢。ただし、「話は聴いているよ」というサイン代わりに、目が合ったときは笑顔での相槌を返した。

　そのうち、集団ゲームの王道と思われるフルーツバスケットが挙がった。このままフルーツバスケットに落ち着いてしまうのか……とも感じたが、どうやら学生たちが望んでいたのは「もっとほかの人と話したい」「先生方の話を聞きたい」というものであったようである。紆余曲折の末、話が最初のジェスチャーゲームに戻ったときに、男子学生Aが具体的にどのようなイメージなのかをみんなに伝えたり、話をまとめたりと、広がるだけ広がった話を整理し始めた。ここら辺りで、1時間ほど経っていたと思うが、ようやく女子学生Bが今までの意見をホワイトボードに記載するという動きに至った。私としては、早い段階で、ボードに書き出したほうがいいのでは……と思っていたのだが、ようやく「自分たちがやる以外無い」と、それぞれが腹をくくったようにも感じられた瞬間であった。ふわふわとした空気が締まり始めたようにも感じた。

　「これならいけるな」とそばで見ながら思っていたら、突然、男子学生Cが「う

〜ん、キタでしょ？（「ここまで来たでしょう？」「いい感じでしょう？」の意味？）でも難しい。どうすればいいか分からん〜」と、私に向かって言った。それを受けて私は「うん、キタねぇ。いい感じだと思うよ。あとちょっとって感じじゃないの」と返した。「あとちょっと？　でも苦しい〜」と言うので、「何かを生み出すときには苦しみが必要だもんね。もうちょっと頑張ったら、その果てに良いものが出て来そうよ」とさらに返した。「そっか、あとちょっとか」と言うので、「そうだね、何をするかが決まれば、どんなふうに進めるのかとか、誰が何を担当するのかとか、何が必要かとかも決めていかないとね」と言うと、「あ、そうか」と言いながら、再び話し合いが始まった。

　その頃合いで先生とファシリテーターは大広間から退室。その折、すでにゲームのシミュレーションが始まっており、より具体的にセッション内容が構成されようとしていたのを見届けて、「これできっと大丈夫だろう」と感じた。セッションが始まる前に「頑張ったね」と男子学生Cに言うと「やって成功してからです」と返ってきて、「なんとも頼もしい、責任感のある言葉なんだろう」と感じた。セッションは大盛り上がりで、「短時間でよくこれだけのことをまとめたな」という感じだった。

　セッションの間に柔軟にルールを軌道修正したり、看護学校の先生方を上手に混ぜ込むなど、司会になった男子学生Aは、元々もっていたであろう才能を十分に発揮していたし、係になった学生は、それぞれの仕事をこなし、みんな満足そうな顔をしていた。最初は、付き添いで来られた先生に「ほかのクラスは何をしたのか」「昨年は何をしたのか」「そんなん出来ん」等々言っていたようであったが、今回のセッションをやりとげた達成感はかなりのものであったのではないかと感じたと同時に、学生たちの力の大きさを改めて感じた。

❷ 村山正治のコメント１——学校場面と異なる行動の変化

　担任から興味深い話を聞いたので、エピソードとして書いておきたい。
　メンバーズセッションの中心で活躍した男子学生Aは、学校ではほとんどしゃべらない学生だという。こんなに元気にリーダーシップをとる学生ではまったくなく、そのため、担任は驚いたということである。また、男子学生Cも授業中はしゃべらない学生だという。それが、「夢セッション」のとき、メンバーへの肯定的コメントは質、量ともに最高であり、グループのみんなからも慕

われていた。これも担任から見ると驚きであったという。学校の授業場面では見せない顔を見せているのである。

　また、Dさんは、セッション・アンケートですべての項目に「どちらともいえない」の評価をつけていた人であり、われわれも注目していた。ワークが終わると仲間の輪から一歩はずれている人であるが、ときどき笑顔を見せることもあり、ワークには参加する。2日目午後のグループ別の散策あたりから表情が明るくなってきていた。メンバーズセッションで、われわれが設定したグループと異なる組み替えがあり、楽になったように見え、メンバーズセッションで初めてセッションの満足度が5になった。さらに、「こころの花束」では満足度が6になった。この人がクラスでどんなふうに変化するのか見てみたいものである。

❸ 村山正治のコメント2──「枠の中の自由」

　私のオーガナイザーとしてのこれまでの経験から、「メンバーズセッション」にはいくつかの枠を設定している。

　一つに「カラオケ禁止」がある。これは、一部の人しか楽しめないからである。また「罰ゲーム禁止」というものがある。これは、メンバーズセッションは競争ではないからである。また、グループ対抗より、クラスのみんなで仲良くできるようなプログラムをお願いしている。その典型が「フルーツバスケット」である。これは単純なゲームであるが、一人ひとりの存在が際立つゲームだからである。

　私はこれらの枠をかなり明確に伝えておくことが必要であると考えている。しかも、プログラム作成過程でお任せ委員たちは、とかくこのことを忘れがちになる。したがって、古野さんが実践したように、お任せ委員の会議に見守っている姿勢でファシリテーターも参加していることが大切である。つまり、メンバーズセッションは「自由放任」ではなく、「枠の中の自由」であることを明記しておきたい。

　失敗事例を一つ挙げよう。あるとき、お任せ委員たちから出来上がったプログラムは、会社の宴会などで実施するような、厳しい罰ゲームやグループ間の競争を中心としたものであった。少し気になったが、何とかなるだろうと思って見守りも怠り、注意しなかった。このときのメンバーズセッションは、大変

盛り上がった。一方で、罰ゲームが厳しく、恥ずかしい思いをし始めるメンバーが生まれてきているのも感じていた。しかし、私は介入することができなかった。グループが盛り上がり、勢いを止めることができなかったというほうが正解である。勝負の怖さは、敗者側の気持ちに思いを馳せる余裕が無くなることである。このときのセッションについて、アンケートの評価は高かったが、一部の人や教員からは罰ゲームの厳しさに不満が表明されていたのである。

5. メンバーズセッションとの比較
――出店方式・インタレストグループ・友田方式

❶ 出店方式

「出店方式」とは筆者たちが実践していた「フォーカシングセミナー」において実施していたセミナープログラムの特徴を示す用語である。参加者自身が必要に応じて、自分で選択して自分の研修案を組み立てていくプロセスのことである。それは、当事者が自分自身の声を聞いて選びとるシステムであり、つまり、参加者自身が自分のフェルトセンスに耳を傾けて自分で研修内容を選択していくもので、きわめて新しい発想であることが分かるであろう。この言葉は、「フォーカシングセミナー」の運営哲学を明確に表現した言葉である。しかし、誰が言い出したのかは特定しにくいので、このセミナーのなかから生まれてきた言葉としておきたい。

この種のセミナーは通常「初心者コース」「中級コース」「上級コース」などと分かれていることが多い。この発想は、企画者が、フォーカシングの訓練に必要なことを決め、ステップをのぼっていく考えで、きわめて能率的かつ明快なカリキュラムである。この方式も大変役立つであろう。

しかし、われわれは、PCAの理論に従えば、参加者が自分の目的に従って、自分のために自分で組み立てることが最も役立つと考えている。こうした哲学でフォーカシングセミナーを運営してきたのである。しかし実際には、われわれスタッフがそれぞれ自分の得意なテーマで実践することが最も効率的であると考えていることも事実である。参加者のことだけを考えて出てきたわけでもない。いろいろと試行錯誤しながら生まれてきたことである。

（1）出店方式の実際
①スタッフも参加者も、全員参加の全体会が開かれる
②司会者は、スタッフから誰かが担当する
③参加者が自己紹介として、参加動機を一人ずつしゃべる。スタッフ一人ひとりが、毎回のセッションで自分がやりたいこと、関心のあるテーマを参加者に伝える。特に第1セッションでやりたいことを述べる
④スタッフがセッションを行う部屋を提示する
⑤決められない人を担当するスタッフも決める

（2）実際の例

　ある参加者は、最初に村山の「グループフォーカシングのセッション」を選んだ。彼女は、ある個人的課題を持ち込んできており、クリアリング・ア・スペースで、その問題と距離をおきたいと思って参加していた。

　村山のグループセッションではやり方を学習することはできたが、大勢の参加者がいる前では自分の問題を話すことは無理なことが分かってきた。そこで、次のセッションでは、一対一でできるセッションを選択し、そこで問題とかなりの距離をおくことができたようである。

　次に、2日目のセッションでもまた、同じ問題について話を聞いてもらうため、一人セッションを選んだ。このようにして、彼女は3人のトレーナーを選び、自分の成長課題とほぼ向き合えることができるようになったのである。そして最終セッションでは、村山のセッションに参加され、見事に自分の問題と距離をとれていることが分かり、安心したことを覚えている。

　また、2日間ずっと参加していた人もいる。このように、多くの参加者がそれぞれ今の自分の課題に対応したセッションを選びながら参加していることが推測できる。このセミナーが10年以上継続した所以であると考えている。

❷ インタレストグループ

　似たようなものに、「インタレストグループ」がある。これは、1970年代に村山が欧米のPCAワークショップに参加したときに知ったプログラムである。

　このインタレストグループの特色は、参加者がワークショップ期間のあるときに限定して、黒板や掲示板に「こんなテーマで話したい」「こんなことをや

ってみたい」など、参加者が自分のやりたいことを提案し、集まった人でそれを実践することができるというものである。出店方式と異なる点は、参加者からの提案が原則であること、スタッフから学ぶセッションではなく、自分たちが持ち込みで楽しんだり、情報交換したりできる時間であり、番外セッションであることが基本的に異なっている。

インタレストグループはPCAグループのメンバーズセッションと共通点が多いが、メンバーズセッションでは、クラス全員が参加することが条件である点が基本的な相違点である。

❸ 友田方式

1960年代から70年代まで、日本でロジャースのカウンセリングが大流行していた頃の、友田不二男氏のPCAモデルで行うカウンセリングワークショップの全体会議方式で、日本生まれのあり方と思われる。ファシリテーターは「世話人」と呼ばれている。筆者が大学院時代に参加したときのことを思い出して書いてみたい。

まず、友田不二男氏を司会者にして、世話人も含め、参加者全員が集まる全体会がある。参加者は、自己紹介で自分の参加目的、動機を語る。世話人も自分の関心を語る。参加者から、「私は○○先生とカウンセリングのテープを聞く会をつくりたい」と提案があり、こうして、参加者が指名した世話人が中心になり、新しい勉強グループが生まれていくことになる。最後に残ったメンバーが、友田不二男氏とグループを結成することになる。

友田不二男氏は、「全体会がカウンセリングの場」と把握されていたと思う。欧米の「コミュニティミーティング」と形は似ているが、似て非なるものである。自己表現が得意な欧米人は、この時間は全体に意見を伝える素晴らしい場になるが、日本では、これを真似して、以後、参加者が激減することになった例がある。最も文化差が歴然とあらわれる場となる。結局、これは「組み分けセッション」と参加者から見られて、カウンセリングの場にはならなかったのである。

これは、①メンバー中心の発想であること、②日本初の形式であることの２点で出店方式ときわめて似ている。ただ毎回全体会が行うわけではなく、小グループ学習会になるのである。

6. まとめ

　最近の心理療法の研究成果によれば、「心理療法はクライエントとカウンセラーのコラボレーション活動」であることが見いだされている。クライエントの役割が大きいのである。大学院教育においても、教員はもとより、院生諸君が自発的に学習し、他大学院の院生と交流すること、つまり、「教員と院生のコラボレーション」が相互に成長する最大の機会である。これからの発展に期待したい。村山はこれを共創モデルと呼んでいる。

❖注
* １　こころの荷降ろし　身体部分部分の感じをつまさきから順番に感じていくワーク。
* ２　気持ちのいいところフォーカシング　いろいろな形容詞（たのしい、ゆったり、のんびりなど）から自分にとって良い感じがするものを一つ選び、その形容詞からイメージされる場所を想像して、その良い感じをゆっくりと感じ、味わうワーク。

(本章は白井祐浩・木村太一・村山正治 (2006)「PCAグループにおける『メンバーズ・セッション』の意味」『九州産業大学大学院　臨床心理学論集』1, 3-9および村山正治(2011)「いわゆる『出店方式』の由来——PCAセミナーに参加して」『九州産業大学大学院附属臨床心理センター紀要　心理臨床研究』11, 58-60.

第III部

実証研究編

| 第Ⅲ部 | 実証研究編

第11章
PCAグループによる自己肯定・対人不安の軽減・共感の増大

鎌田道彦

1. はじめに

❶ 問題

　近年、エンカウンターグループが、学校現場においてクラスなどの仲間づくりや心理的教育、トラブル予防、対人関係トレーニングなどの目的で取り入れられてきている。しかし、エンカウンターグループが教育の一環として行われることや、近年の学生に対人緊張の強さ、他者からの評価に対する過敏さなどが目立ってきており、従来のエンカウンターグループの技法（構成法／非構成法など）をそのまま用いることは目的や対象に合わないことが多く、実施者側が実施背景や学生の特質に合ったやり方や工夫をしなければならなくなってきた。以上の課題に対し、鎌田ら（2004）は技法ありきではなく、もう一度Person Centered Approach（以下PCA）仮説に戻り、実施現場の背景に沿って、PCA仮説を展開していくグループ運営のあり方としてのPCAグループの実践を行っている。

　本研究のPCAグループの目的を「入学初期に学校生活への適応を援助すること」とし、この学校で長年PCAグループを行ってきたオーガナイザーとの討議により、以下の示唆を得た。

　本研究で実施する看護学校では、学校長の理解のもと、過去10数年、ヒューマニスティック教育の一環として、入学時の仲間づくりを目的としたエンカ

ウンターグループを導入している。この授業ではロジャースの自己理論をベースにして、①自分自身を理解すること、②仲間との交流をもつこと、③他人を理解することの3点を目標に実施されてきた。さらに、ここ数年の学生の動向として、「凝集性を最初から高めてもあまり乗らない」「対人緊張や、させられ感が強い」などの特徴から、「初期は凝集性よりも個人の心理的安全感を重視する」「学生主体の自主プログラムを組み入れる」ことを行うようになった。本研究では、こうした考え方を基礎として、さらに筆者が工夫を加えて行ったPCAグループの効果の検討を行う。

❷ PCAグループの効果の検討

まず、学校現場でのエンカウンターグループにおける「効果研究」の展望を行う。

真仁田・村久保（1989）の小学生に構成的エンカウンターグループを用いた研究では、学級集団把握を行うソシオメトリックテストの結果から、個人の集団における地位を表すIsss値の総和が増加し、孤立児、周辺児が減少し、学級全体の凝集性が高まったことが示された。

裵岩（1990）による大学生の研究では、グループ体験後の結果から、メンバーの対人関係が極端な状態から適度な状態へと変化したことが示された。

山本（1990）の大学生に構成的エンカウンターグループを用いた研究では、作業課題の前後にかけて、参加者の自己肯定度テストの「対他存在的自己」「社会的自己」が有意に高まった。

高田・坂田（1997）の保健婦学生に対して構成的エンカウンターグループを用いた研究では、グループ体験前後で自己肯定度インベントリー、アサーティブチェックリストの「自己信頼」に有意な効果が見られた。

馬岡・裵岩（1998）による大学生の研究では、孤独感の類型判別尺度において否定的な意味合いをもつ類型から肯定的な意味合いをもつ類型への変化が見られた。

以上、これまでの「効果研究」から次の2点が課題になることが明らかになった。1点目は、これまでの傾向として、統制群を用いた研究はほとんど行われてきていないこと、2点目が、エンカウンターグループ後の一時的効果だけではなく、その効果が参加者にどの程度持続されているか、フォローアップ調

査を行う必要があることである。
　そこで本研究では、予想される効果が果たしてPCAグループの効果であるかどうかについて、「対照群」を設定して検討する。効果測定はPCAグループ前後、および3か月後のフォローアップ時に実施する。なお、条件統制が現実的に困難であり、比較検証できる「統制群」は設定できなかったため、条件統制の緩やかな「対照群」を設定した。

❸ 仮説の設定

　この学校で行われているPCAグループは、入学時の仲間づくりを中心に、今後の学校生活への適応を援助することに重点を置いている。本研究では、こうした点とこれまで先述したような最近の学生の特徴や筆者の経験を踏まえ、後述する理由から、以下の3変数の変化を測定することにした。

(1) 自己像の肯定的変化

　自己像の肯定的変化は、これまでのエンカウンターグループの効果研究における変数として何度か用いられてきた。ロジャースのクライエント中心療法においては「自己概念」の変化が重要視されている。自己像に肯定的な変化が生じれば、今後の学校生活における適応が促される。つまり、PCAグループ体験によって自己をより肯定的に見ることができるようになり、また現在の自分をより大切にすることができるようになれば、それが本人の積極性や自信にもつながり、さらにそれをベースとして、学校生活や日常生活にも肯定的な影響があらわれてくると考えられる。

(2) 対人不安の軽減

　今回のPCAグループは、学校生活の初期段階に設定されている。これから3年間腰を下ろして学校生活を営むうえで、クラス内の対人関係に対する不安を軽減することは、クラスで仲間関係を形成するにあたって重要であると考えられる。そこで、クラス内での対人関係の不安を軽減することを通してクラスに容易にとけ込めるように援助することを、PCAグループでの目的の一つとしている。学校生活における対人関係での不安が軽減すれば、安心して学校生活を送れるようになるであろうと考えられる。

しかし、このような意義にもかかわらず、対人不安の変数は今までエンカウンターグループの効果研究には用いられてこなかった。ロジャース（1970）は、「エンカウンターグループの効果として、対人関係においてもそれほど防衛的にならないでいられるようになるためには、受容的関係が大切である」と述べている。エンカウンターグループ体験では、お互いを受容することによって、他者への信頼感が形成されていくと言われている。最近の若者の特徴として、対人不安の高さが指摘されている。心理的安全感の高いPCAグループ体験、比較的安全な雰囲気のなかで他者との接触ができる場を提供することにより、個人の対人不安は軽減されると考えられる。

（3）共感の増大

福井（1996）は、エンカウンターグループ体験のなかでの「共感」を「よく聞き、よく見るだけでは、まだ傍観者的立場で、最初グループに参加した人はこのような態度が多いが、積極的にその人の立場になって聴き、話し手と同じ視点で見られるように、共感的に理解できるようになる」と、共感的態度が引き出されることを述べている。

また、見藤（1991）が、看護者には患者に対する尊重や共感的な理解が必要であると強調しているように、「共感」は看護の現場で患者を受け容れ、理解するうえで必要とされる態度や能力であり、共感が増大することは、看護学生にとって人間的成長としての意味がある。共感的理解が仲間同士で高まることによって、仲間づくりの促進、信頼感の増大につながると考えられる。そして上述した自己像の肯定的変化、対人不安の軽減には、グループメンバーに理解され、受け容れられる体験が必要となってくる。そこには相互に相手の立場に立って物事を考える共感的態度が必要となってくるであろうと考えられる。

操作的仮説を以下のように設定し、対照群との比較を用いて検証する。

【仮説1】
PCAグループ体験が参加者に与える効果として、参加前に比べ、自己像の肯定的な変化が見られるであろう。またその効果が3か月後も持続しているであろう。

【仮説2】
PCAグループ体験が参加者に与える効果として、参加前に比べ、対人不安

の軽減が見られるであろう。またその効果が3か月後も持続しているであろう。
【仮説3】
　PCAグループ体験が参加者に与える効果として、参加前に比べ、共感の増大が見られるであろう。またその効果が3か月後も持続しているであろう。

2. 方法

❶ PCAグループ実施方法

（1）基本的視点

　オーガナイザーと討議して、PCAグループをより柔軟に、より安全に実施するために技法よりも筆者が大切にしていることは、実施現場がどういった課題を抱えていて、どういったニーズをもっているのか、参加者の対象・参加意欲・ニーズなど参加者側の状況などについてアセスメントを行うことである。そして、どういったことを目的とし、課題とするかなどの設定を行う。次に、それに近づいていくために実施者が提供できるプログラムやグループ構造を柔軟に考えていく。構成法／非構成法という技法にとらわれないで行うほうがより柔軟性を感じ、参加者にとって心理的安全感が高く、実践的、臨床的であり、PCAグループをさまざまな分野に適応範囲を広げていくことができると考えている。

（2）背景理解とプログラム設定

（A）アセスメント

- 学校側の実施背景
　①クラスメートを知ることで個々の仲間関係をつくる
　②クラス全体としての凝集性を高める
　③対人援助の訓練の場として実習に向けて対人援助能力の向上を図る
- 学生側の背景
　①入学初期でもあり、クラスメートのことをお互いよく知らない
　②対人関係での不安を経験しやすい学校生活初期である
　③参加者が日常生活を共にする者同士である
　④授業の一環として参加が義務づけられているため、参加意欲や動機が個人

によってかなりの差があると考えられる

(B)アセスメントに基づいたPCAグループ企画
- PCAグループでの目的
  ①クラスコミュニティとしてクラス全体の仲間づくりを重視する
  ②PCAグループ後のクラス運営に活かす
  ③看護師としての対人援助能力を促進する
- PCAグループ実施における留意点
  ①参加者一人ひとりに対して心理的安全感を高める
  ②させられ感を軽減する
  ③クラスコミュニティを大事にする
  ④担当教員との協力でPCAグループ運営を行う

(3) グループの実際

日程：199X年5月、海に面した国民宿舎において2泊3日で行われた。

参加者：A看護専門学校生53名（男性5名、女性48名）、オーガナイザー1名、ファシリテーター2名（筆者と大学院生1名）

グループ編成：クラス担任が参加感をもてる意味合いも込めて、以下の点を考慮に入れたグループ編成をクラス担任に依頼した。

①これまでに顔見知りでない人と接触をもつ機会とするため、出身学校が同じ人、宿泊が同じ部屋の人とは重ならないようにする

②幅広い価値観を知ってもらうために、1グループに多様な年齢層の人がいるようにする

③日常生活の人間関係を見て、対人関係が苦手そうな人には、サポートできそうな人をつける。1グループ8名のグループが4グループ、7名のグループが3グループであった。グループ編成後はグループメンバーを固定し、セッションを行った。

スケジュール：オーガナイザーの長い実践経験から、第1セッションの「ボディワーク」、第7セッションの「参加学生によるお任せセッション」、第8セッションの「こころの花束」は固定している。そのほかのセッションのプログラムは筆者が工夫したものである。プログラムはあらかじめ決めずにグループの流れの中でファシリテーターのフェルトセンスを大切にし、その場の状況に応

じて随時変更を行った。

❷ 研究方法

(1) 参加者

体験群（PCAグループを行った群）

A看護専門学校1年生53名（男性5名、女性48名、平均年齢20.1歳、SD=3.58）。

対照群（PCAグループを行っていない群）

Y看護専門学校1年生43名（女性43名、平均年齢18.4歳、SD=0.98）。

対照群は、授業に出ている健常な学生であり、趣旨を説明し、学内で体験群と同じ期間をおいて3回回答した。調査の期間はPCAグループや宿泊は行わず通常授業のみを実施し、学校生活を送った。また倫理面への配慮から対照群には効果の提供のため、調査後に筆者がPCAグループを実施した。

表1に今回のリサーチの日程を示した。

表1 ― リサーチの日程表

日　程	1日目(参加前)	2日目	3日目(終了後)	フォローアップ(3か月後)
リサーチ内容	自己評価尺度 対人不安尺度 共感性尺度 参加者カード		自己評価尺度 対人不安尺度 共感性尺度 参加者カード	自己評価尺度 対人不安尺度 共感性尺度 アンケート

(2) 使用した尺度

①自己評価尺度

川瀬・松本（1993）による自己評価尺度である。一因子24項目、5段階評定である。なお内的整合性を検討したところ、α=.81であり、本尺度の信頼性が確かめられた。

②対人不安尺度

林・小川（1981）の対人不安意識尺度で、一般人の対人恐怖的傾向を測定する尺度として開発された。なお本研究の目的に沿って「集団にとけ込めない悩み」（7項目）、「自分や他人が気になる悩み」（7項目）、「くつろいで人と付き合えない悩み」（4項目）の3尺度のみを使用した。7段階評定である。「集団に

とけ込めない悩み」はα=.77、「自分や他人が気になる悩み」はα=.79、「くつろいで人と付き合えない悩み」はα=.81であり、いずれも十分な信頼性が確認された。

③共感性尺度

　桜井（1988）により日本語訳された、Davis（1983）の多次元共感測定尺度の下位尺度である「立場の理解」（6項目）のみを使用した。物事を考えるとき、他者の立場に立って考えられる程度を測定するもので、4段階評定である。α=.80であり、十分な信頼性があった。

（3）統計処理

　①自己像の肯定的変化、②対人不安の軽減、③共感の増大について、それぞれ対照群との比較を行った。「自己評価尺度」「対人不安尺度」「共感性尺度」をそれぞれPCAグループの参加前（pre）、終了後（post）、3か月後のフォローアップ時（follow）に実施した。群（体験群・対照群）と測定時期（pre・post・follow）を要因とする2×3の分散分析を行った。有意差がみられたものに関しては、下位検定を行った。測定時期の要因に有意な効果がみられた場合には、Ryan法による多重比較（$p=.05$）を実施した。

❸ グループのプロセス

〈1日目〉

オリエンテーション

　参加者カードから、参加前の気持ちとして「何をするのか分からないので不安」は5段階評定で平均2.55、「ほかの参加者とうまくやっていけるか不安」は2.89であった。「このグループに対する期待度」は7段階評定で4.43であった。なお以下に示す〈魅力度〉はセッションに対する魅力度を7段階評定で示している。

第1セッション 「静のボディワーク（個人）」〈魅力度4.80〉

　「今ここ」での体の感じを確認することを通して自分の緊張と興奮に気づくこと、そのことによって現在の身体感覚の自己受容が促進される。リラクセーションが得られ、落ち着いてPCAグループに参加できることを目的として最

初に行った。ゆったりとしたペースで行い、ボディーワーク後、場の雰囲気や気持ちがかなり落ち着いた印象を受けた。

第2セッション「体を動かすボディワーク」〈魅力度5.02〉

　天気が良く、中庭の芝生が綺麗に整備されており、外に出たほうが心地良くリフレッシュできそうなので、場所を変更して中庭で行った。体を動かすことと遊び的な要素を入れることで、こころの休息、ストレスの発散、ノンバーバルでのコミュニケーションを重視した。「芝生の感じを味わう」「おんぶジャンケン」[*1]「瞬間接着剤」[*2]「ブラインドウォーク」[*3]「ジャンケンつながり」[*4]「人間椅子」[*5]を行い、その後、室内に戻り、「喜怒哀楽」「手から思いを伝える」[*6]「背中の感じを味わう」を行った。

第3セッション「グループで凝集性を高めるワーク」〈魅力度5.08〉

　グループ編成後の最初のセッションであるため、ゲーム的要素を用いることによってグループに入っていく不安を軽減することと、グループの凝集性を高めることをねらいとした。「体内時計」「人間知恵の輪」を行った。

第4セッション「ライフライン」〈魅力度5.89〉

　まったく同じ環境で同じように生きてきた人はいないため、グループメンバーの人生を知る、同時に自分の人生も知ってもらう、改めて自分の人生を振り返る機会とすることを目的とした。ファシリテーターがデモンストレーションを行い、PCAグループでは初めての自己開示であり、グループ内の受容的な姿勢が大切であるため、丁寧に聴くことの大切さを説明した。筆者の印象として、どのグループも丁寧に傾聴されていたように感じた。最後に、グループごとに「グループアイデンティティ（名前決め）」と第7セッション（「お任せセッション」）の委員を決めた。

〈2日目〉

第5セッション「コラージュ」〈魅力度4.98〉

　少し体をいたわることと気分をリフレッシュする目的で、からだの感じを確認する「ボディワーク」を行った。「コラージュ」は、作品を通しての自己理解、

他者理解を目的としている。作品に上手、下手はないことを入念に説明し、ファシリテーターが以前作った作品を見せながら説明を行った。作品が出来上がると、ファシリテーターのフォーカシング的な教示を通じて作品を個人で味わい、その後グループでシェアリングを行った。

第6セッション 「ウォーキング・カウンセリング」〈魅力度4.23〉

あまり遠すぎない目的地を設定し、グループ単位で自由に散歩する。時間の使い方は各グループに一任した。目的地には芝生や遊ぶことができる広いスペースがある。ここでは目的地に行くのが目的ではなく、お話をしながらぶらぶらと歩くことなどが大切であることをくり返し説明した。宿舎から出ることは気分のリフレッシュと解放感につながる。この時期にはメンバーへの信頼感も高く、枠をほとんど設定しないことで、参加者がグループのなかで自然に振る舞える場を提供した。

第7セッション 「参加学生によるお任せセッション」〈魅力度6.40〉

参加者が自分たちで企画して自由に使う時間を設定した。このセッションは参加者の自発性を尊重しており、主役は参加者であるというメッセージも含んでいる。1日目にクラス委員を含めた企画委員をグループから2名選出し、内容は企画委員に一任することを説明した。今回はグループ対抗のゲームを企画した。参加者が自分たちでやっている感じをもち、クラス全体の凝集性がかなり高まった印象を受けた。

〈3日目〉
第8セッション 「こころの花束」〈魅力度6.06〉

グループメンバーからポジティブなメッセージをもらうことで、今後、学校生活を送っていくエネルギーをもらうと同時に、自己のポジティブな見方ができるようなきっかけとなることを目的として行った。3日間一緒に時間を過ごしたメンバーや自分自身に対して、現在自分が感じているその人の長所をメッセージとして手紙に書いて送る。グループメンバーからのメッセージが集まったら、隣の人がそれを一枚一枚丁寧に読み上げ、感想を言う。温かい雰囲気のなかで行われ、メンバーに対する信頼感や大切な思いを形やメッセージとして

表現する。嬉しさのあまり涙を流す者や温かい笑いが起きるのが見られた。

また、「研修会を通しての満足度」の平均は7段階評定で6.1であった。

3. 結果

表2に体験群、対照群それぞれについて各測定尺度の平均値と標準偏差の結果を示している。

表2 ― 各測定尺度における体験群・対照群の平均得点と標準偏差

			体験群			対照群		
			Pre	Post	Follow	Pre	Post	Follow
自己評価		平均	64.538	71.654	70.577	65.953	66.302	66.558
		SD	10.04	10.58	10.04	9.01	8.58	8.66
対人不安	集団にとけ込めない悩み	平均	19.615	18.577	18.231	17.349	17.674	16.953
		SD	8.35	8.48	7.62	8.20	8.60	7.22
	自分や他人が気になる悩み	平均	15.577	12.942	12.942	19.047	20.163	19.581
		SD	8.68	8.07	7.9	5.69	6.77	6.35
	くつろいで人と付き合えない悩み	平均	7.673	6.442	6.75	7.581	8.186	8.093
		SD	5.15	4.13	4.28	4.00	3.85	2.88
共感性		平均	16.885	18.077	18.019	16.349	16.023	16.209
		SD	1.65	1.63	1.39	1.90	2.23	2.40

❶ 自己評価尺度

分散分析の結果、時期および群と時期の交互作用に有意差が認められた（時期: $F = [2, 188] = 18.39$, $p < .001$, 交互作用: $F = [2, 188] = 14.10$, $p < .001$）。そこで、単純主効果の検定を行ったところ、postおよびfollowにおいて群の効果に有意差が示され、体験群の得点が対照群の得点よりも有意に高いことがわかった

(post：$F=[1, 282]=7.27$, $p<.001$, follow：$F=[1, 282]=4.10$, $p<.05$)。また、体験群における時期の効果が有意であった（$F=[2, 188]=32.28$, $p<.001$）。多重比較の結果、体験群のpostおよびfollowにおける得点がpreの得点に比して有意に高いことがわかった。以上より、体験群においてPCAグループ実施後に得点は有意に増加し、3か月後もその効果が維持されていた。よって仮説1は検証された。

❷ 対人不安尺度
（1）集団にとけ込めない悩み
　分散分析の結果、群、時期および両者の交互作用に有意差が認められた（群：$F=[1, 94]=5.05$, $p<.05$, 時期：$F=[2, 188]=4.08$, $p<.05$, 交互作用：$F=[2, 188]=3.88$, $p<.05$）。そこで、単純主効果の検定を行ったところ、postおよびfollowにおいて群の効果に有意差が示され、体験群の得点が対照群の得点よりも有意に低いことがわかった（post：$F=[1, 282]=7.88$, $p<.001$, follow：$F=[1, 282]=5.66$, $p<.05$）。また、体験群における時期の効果が有意であった（$F=[2, 188]=7.54$, $p<.001$）。多重比較の結果、体験群のpostおよびfollowにおける得点がpreの得点に比して有意に低いことがわかった。以上より、体験群においてPCAグループ実施後に得点は有意に減少し、3か月後もその効果が維持されていた。

（2）自分や他人が気になる悩み
　分散分析の結果、交互作用のみに有意差が認められた（交互作用：$F=[2,188]=3.12$, $p<.05$）。そこで、単純主効果の検定を行ったところ、有意差は認められなかった。

（3）くつろいで人と付き合えない悩み
　分散分析の結果、群と時期の交互作用に有意差が認められた（交互作用：$F=[2, 188]=5.56$, $p<.001$）。そこで、単純主効果の検定を行ったところ、postにおいて群の効果に有意差が示され、体験群の得点が対照群の得点よりも有意に低いことがわかった（post：$F=[1, 282]=4.13$, $p<.005$）。また、体験群における時期の効果が有意であった（$F=[2, 188]=4.90$ $p<.001$）。多重比較の結果、体

験群のpostおよびfollowにおける得点がpreの得点に比して有意に低いことがわかった。以上より、体験群においてPCAグループ実施後に得点は有意に減少し、3か月後もその効果が維持されていた。

以上より、仮説2は「集団にとけ込めない悩み」「くつろいで人と付き合えない悩み」において検証された。

❸ 共感性尺度

分散分析の結果、群、時期および両者の交互作用に有意差が認められた（群：$F=[1, 94]=18.82$, $p<.001$, 時期：$F=[2, 188]=5.36$, $p<.001$, 交互作用：$F=[2, 188]=12.15$, $p<.001$）。そこで、単純主効果の検定を行ったところ、postおよびfollowにおいて群の効果に有意差が示され、体験群の得点が対照群の得点よりも有意に高いことがわかった（post：$F=[1, 282]=27.98$, $p<.001$, follow：$F=[1, 282]=21.73$, $p<.001$）。また、体験群における時期の効果が有意であった（$F=[2, 188]=16.54$, $p<.001$）。多重比較の結果、postおよびfollowにおける得点がpreの得点に比して有意に高いことがわかった。以上より、体験群においてPCAグループ実施後に得点は有意に増加し、3か月後もその効果が維持されていた。よって仮説3は検証された。

4. 考察

本研究の結果より、仮説1、仮説2、仮説3は検証され、今回のPCAグループ体験の効果として、自己像の肯定的変化、対人不安の軽減、共感の増大が認められ、その効果は3か月後も持続されていた。

以下に、これらの結果についての考察を行う。

❶ 自己像の肯定的変化について

第8セッションの「こころの花束」において、参加者がポジティブフィードバックをもらうことやメンバーから認められている安心感などを通じて、自己受容が促進され、自信が生じるなど、自己像の肯定的変化が起こることをねらいとしてプログラムを組んでいる。

村山（1992）は、人間にはほめられたい気持ちが普遍的にあること、それに応えてくれる人たちの存在が心の成長、発達にたいへん重要であることを述べている。ここでは、お世辞ではなく、本当に感じているその人の良いところを伝えることに真実味とエネルギーがある。しかし、その前提として、このポジティブフィードバックがお互いに受け容れられるような関係づくりやメンバーに対する信頼感、メンバーのポジティブな面に気づく体験や出会いなどの土台づくりが重要となってくる。もし、この土台が形成されていなければ、このセッションは空振りとなってしまい、逆にしらじらしさやフィードバックに対して嫌悪感を抱くことすらありうる。自己像の肯定的変化が起こったことで、参加学生は今後の学校生活や対人関係に自分自身をベースにしてより積極的に関わっていくことができるであろうと考えられる。

❷ 対人不安の軽減について

　「集団にとけ込めない悩み」得点の軽減は、PCAグループがグループという集団で行う構造であり、そのなかで受け容れられ、安心して集団の場に居ることができた体験がそのまま軽減につながったと考えられる。「自分や他人が気になる悩み」得点は少し軽減されているが、それほど大きな影響は与えなかったと考えられる。「くつろいで人と付き合えない悩み」得点の軽減は、PCAグループのなかで無理しないで付き合えた、メンバーが認めてくれた、安心してメンバーと居られた体験などが軽減につながったと考えられる。

　近年の学生はグループ参加において初期不安の高さが目立つことから、初期段階ではグループ形成は行わず、過度な自己開示は行わない。そのため、初期の不安や緊張やさせられ感を緩和するために個人ペースで行うことができる「ボディーワーク」などを導入している。これによって、今ここでの緊張や不安への自己受容ができるようになると考えている。また、個人が自分の感じにゆったりと触れられることで、同じ空間にたくさんのメンバーがいるなかでも自分の心理的スペースを確保しやすいと考えられる。さらに、無理して参加しなくても大丈夫という参加に対する許容度が広いため、一人ひとりのペースで参加できる点が大きい。つまり、「バラバラでありながら一緒」という構造からセッションを始める。このように、個人の心理的安全感を基盤として、自己の内面や他者との関わりが促進されていくように配慮している。よって、一人ひとりの内

的なゆとりが生じてくると、落ち着いてメンバーの話を聞ける、また自分の話ができる、グループのなかで援助的に機能的に動けるようになるなど、他者との関わり方が変わってくる。そして今回のPCAグループでは、心理的安全感の高いなかで、メンバー同士が相互に大事にされ、受け容れられる体験が起こることが対人不安の軽減につながったと考えられる。クラスのメンバーとの関係を通して対人不安の軽減が見られたことは、PCAグループ後もクラスが続く点で、クラスの対人関係でのつまずきの予防につながるであろうと考えられる。

❸ 共感の増大について

　共感性尺度は相手の立場を理解する項目が中心であるが、これらの体験は、特に第4セッションの「ライフライン」のルールとして、「その人が生きてきた人生にけちをつけない」や第5セッションの「コラージュ」のシェアリングでは、「評価をしないで、作品から受ける印象や感想や質問などを述べる」などがあり、語っている本人自身がどのように感じ、現在はどんなふうに捉えているのかなど、語っている人の視点で聴く態度が必要とされる。このような体験やメンバーとのふれあいなどが、共感の増大につながったと考えられる。

　水島（1987）は、「集団では、ある個人が自己過程を実感的に展開するほど、ほかのメンバーは共感的になる。そしてその共感的な動きは当の本人に『分かってもらえた』という体験を起こさせ、この体験が本人の自己過程を促進するのである」と述べている。このように個人プロセスの促進として共感的態度は機能し、自己過程が促進されると共感的態度が促進されるような関係にあるように、共感的態度がグループの活性化や関係づくり、グループプロセスの促進につながったと考えられる。また、PCAグループのなかで相手の人の立場に立って理解しようとする共感的態度がグループメンバーを受容する姿勢につながり、受容された参加者は安心感を抱いたりエネルギーをもらったりする。そして、この一連のプロセスのくり返しが自己像の肯定的変化や対人不安の軽減につながったであろうと考えられる。共感的態度が促進されたことによって、PCAグループ後のクラスでの対人関係のあり方やクラスメートへの理解に変化をもたらすと考えられる。

❹ グループ実施上の留意点

　心理的安全感を高め、させられ感を軽減するために、今回のPCAグループでは以下の点に留意した。

　①個人の心理的安全感を基礎とし、そこから人とつながっていくことの発想を大切にした。
　②全体的にスケジュールをゆったりと組み、休憩を多く入れ、個人ペースを保証した。
　③個人ペースで行えるものを多く導入した。
　④自分の内に向かうことと、対人関係的な外に向かうバランスを考え、疲れさせない、飽きさせない。
　⑤1日目は緊張などで疲れやすいことや、モチベーション維持のためにセッションを必要以上に行わない。
　⑥ファシリテーターの体験や感じていることを常にフィードバックし、メンバーとの対等性を目指す。
　⑦2日目の後半は、エクササイズという枠を外し、自由度の高いプログラムを組み入れることによって、個人の自発性を尊重し、自然な感じで個性が発揮されるのをねらいとした。参加者を多面的に知る機会になるし、エンカウンターグループを自分たちでつくっているという感じをもちやすく、させられ感の軽減につながる。これらのことは、「参加学生によるお任せセッション」がセッションに対する〈魅力度〉得点が一番高かったことにも示されている。

　さらに、スタッフ・ミーティングを入念に行い、常に参加者の状態に目を向け、その場その場でファシリテーターが感じていることを大切にし、プログラムを状況に応じて柔軟に変更した。また、学生の様子をうかがい、気になる学生にアプローチを試みるなど、クラス担任との連携でPCAグループを行った。「研修会を通しての満足度」も7段階評定で6.1と高かった。

5. 総合考察

　今回のPCAグループは、看護学校において入学初期の学生に対し、仲間づ

くりを中心に、学校生活への適応を援助する目的で行われた。また参加学生の状況を大切にする視点から、心理的安全感の高いPCAグループになるように工夫した。そして本研究でその効果を検討した結果、体験群と対照群との間に差が認められ、PCAグループ前後において、自己像の肯定的変化、対人不安の軽減、共感の増大が認められた。さらに、その効果は、3か月後においても持続していたことが認められた。よって、今回のPCAグループの目的はほぼ達成されたと考えられる。

今後の課題として、統制群を用いた比較検証、PCAグループ独自の各尺度の開発、それぞれのPCAグループの目的に沿った効果尺度の作成が挙げられる。

❖注

*1 **おんぶジャンケン** 2人組でジャンケンを行い、勝ったほうがおんぶをしてもらい、負けたほうがおんぶをする。おんぶされているほうが別のペアのおんぶされているほうとジャンケンをし、勝ったペアのほうがおんぶされる側にまわる。

*2 **瞬間接着剤** 2人組になってもらい、ファシリテーターの指示する体の部位と部位がひっつくという前提で引っついて歩いてもらう。

*3 **ブラインドウォーク** ペアをつくり、片方が目隠しをして、もう片方にガイドしてもらうことを行う。感覚などの気づきが起こることと、信頼について体験する。

*4 **ジャンケンつながり** ペアでジャンケンを行い、負けた人が勝った人の後ろにまわり、肩に手を置く。引き続き先頭の人同士でジャンケンをし、負けたチームはまたその後ろにつながっていく。最終的には一つの列になる。

*5 **人間椅子** ジャンケンつながりを行った後に、円になってもらい、輪を縮め、いっせいに静かに腰を沈めると後ろの人の膝に腰掛けることができるため、腰掛けたまま円ができる。一体感を味わえる。

*6 **手から思いを伝える** ペアになり、背中に手を添えて思いを伝える。添えられているほうは手からどのような思いが伝わってくるか感じとる。感受性訓練にもなる。

❖文献

Davis, M. H. (1983) Measuring Individual Differences in Empathy: Evidence for a Multidimensional Approach. *Journal of Personality and Social Psychology*, 44(1), 113-126.

福井康之 (1996)「エンカウンター・グループでは何が起こるのか (6)」『ENCOUNTER——出会いの広場(人間関係研究会機関誌)』21, 66-76.

林洋一・小川捷之(1981)「対人不安尺度構成の試み」『横浜国立大学保健管理センター年報』2, 19-37.

袋岩秀章(1990)「プログラム・オーガニゼーションの重要性――構成的エンカウンター・グループの事例を通しての考察」『集団精神療法』6(2), 151-155.
鎌田道彦(1999)「必修授業で行われたエンカウンター・グループの効果測定とその考察」『日本人間性心理学会第18回大会発表論文集』pp.70-71.
鎌田道彦・本山智敬・村山正治(2004)「学校現場におけるPCA Group基本的視点の提案――非構成法・構成法にとらわれないアプローチ」『心理臨床学研究』22 (4), 429-440.
川瀬正裕・松本真理子編著(1993)『自分さがしの心理学――自己理解ワークブック』ナカニシヤ出版
真仁田昭・村久保雅孝(1989)「小学校高学年における構成的エンカウンター・グループへの取り組み――開発的教育相談に関する連携と実践」『教育相談研究』27, 29-37.
見藤隆子(1991)「看護とエンカウンター・グループ」村山正治ほか編『エンカウンター・グループから学ぶ――新しい人間関係の探求』九州大学出版会, pp.109-120.
水島恵一(1987)『人間性心理学体系 第4巻 教育と福祉――心理・社会的実践への視点』大日本図書
村山正治(1992)『カウンセリングと教育』ナカニシヤ出版
村山正治(1997)「わたしのエンカウンターグループ観」『人間性心理学研究』15(2), 90-100.
Rogers, C. R. (1970) *Carl Rogers on Encounter Groups*. Harper & Row.（畠瀬稔・畠瀬直子訳(1982)『エンカウンター・グループ――人間信頼の原点を求めて』創元社）
桜井茂男(1988)「大学生における共感と援助行動の関係――多次元共感尺度を用いて」『奈良教育大学紀要』37(1), 149-153.
菅原健介(1994)「不安」堀洋道ほか編『心理尺度ファイル――人間と社会を測る』垣内出版, pp.600-620.
髙田ゆり子・坂田由美子(1997)「保健婦学生の自己概念に構成的グループ・エンカウンターが及ぼす効果の研究」『カウンセリング研究』30(1), 1-10.
馬岡清人・袋岩秀章(1998)「女子大学生の孤独感への対応――心理教育グループの効果の検討」『日本女子大学紀要(家政学部)』45, 7-14.
山本銀二(1990)「作業課題の集団活性化および成員のセルフ・エスティームに与える効果」『カウンセリング研究』23(1), 39-48.

(本章は鎌田道彦(2002)「入学初期に必修授業として実施したエンカウンター・グループの効果の検討――自己像の肯定的変化・対人不安の軽減・共感の増大」『人間性心理学研究』19(2), 82-92を転載し、加筆・修正したものである)

›第12章

PCAグループ的視点から見た
学級集団形成尺度の作成

白井祐浩

1. 学校教育におけるグループの特徴とPCAグループの実践仮説

　第1章で、PCAグループの実践仮説として、①はじめに個人ありき、②所属感の尊重、③バラバラで一緒、④心理的安全感の醸成、⑤ワークショップ期間全体と場を、メンバーのふれあいが生まれるコミュニティと認識する、⑥ありのままの自分でいられる場であること、⑦メンバー企画セッションの組み入れという7つを提示している。この7つの実践仮説の中の⑤はグループにおけるセッション外のメンバー同士のふれあいが変化を引き起こすというグループ構造についての提言であり、残りの①②③④⑥⑦はメンバーに変化が生じうる上で必要な風土について述べているものと考えられる。

　ロジャース（1970）は「個人は自分自身の中に、自分を理解し、自己概念や態度を変え、自己主導的な行動を引き起こすための巨大な資源を持っており、そしてある心理的に促進的な態度について規定可能な三条件の風土が提供されさえすれば、これらの資源は働き始める」と述べ、ベーシックエンカウンターグループのやり方を提唱している。もちろん、メンバーが自分について語ることへの意欲が強く、自発参加型のグループである場合には、メンバーの自由に任せるほうがメンバーの持ち味を引き出すだろう。しかしながら、初期不安が強くグループ参加への意欲が低いメンバーのいる研修型のワークショップで

は、ベーシックエンカウンターグループのようなやり方は傷つき体験をもたらす可能性があり、PCAグループの①②③④⑥⑦の6つの実践仮説をもってグループを行ったほうがメンバーにとっての「心理的に促進的な風土」を作り上げると考えられる。

ところで、看護学校では集団討議の授業や実習などクラスメートと共に活動することが多く、また長田ら（2001）が指摘するように、対人援助職として「他者を自己と異なる存在としてとらえ、他者の思考、感情、意思、価値観などを尊重しながら援助関係を形成していく」能力を育てる必要がある点から見ても、看護学校では実践仮説が示すような風土をもつ学級を形成していくことは重要であると考えられる。そこで本章では、看護学生を対象としたPCAグループの学級への効果を検討するためのツールとして、実践仮説をもとにした尺度の開発のプロセスと結果を紹介する。PCAグループを実践したいと考えている方は、その効果測定のツールとして参考にしてもらえれば幸いである。

2. PCAグループ的学級集団形成尺度の作成

❶ 実践仮説項目化のための定義の明確化

まずPCAグループのファシリテーター経験者5名で、実践仮説を項目化するための定義の明確化を行った。以下がその定義である。

①「はじめに個人ありき」は、学級で個人が認められているかどうか
②「所属感の尊重」は、クラスメートとつながりを感じているかどうか
③「バラバラで一緒」は、違いがありながらもそれが認められているかどうか
④「心理的安全感の醸成」は、学級で安心していられるかどうか
⑤「ありのままでいられる自分」は、学級でありのままの自分でいられているかどうか
⑥「自発性の発揮」は、自分からクラスメートや学級の活動に関わっているかどうか

そして、PCAグループ体験者66名（男性27名、女性39名）の自由記述から、定義に合う記述を抜き出し、修正したものを項目とした。

❷ PCAグループ的学級集団形成尺度の検討

　2008年10月から11月にかけて、看護学生148名（男性31名、女性117名／20代132名、30代12名、40代3名、無記入1名）を対象に、尺度を実施した。筆者あるいは共同研究者が説明をし、その場で回収した。

基本情報：基本情報として、性別、年齢（10歳区切り）の記入を求めた。

PCAグループ的学級集団形成尺度：実践仮説をもとに、6下位尺度、各6項目、全36項目で構成される。"あてはまらない"から"あてはまる"の5件法（1－5点）で評定を求めた。

　また、並存的妥当性を検討するために以下の尺度を用いた。

対人恐怖尺度：鎌田（2004）が、PCAグループが対人恐怖を低減させることについて述べていることから、堀井ら（1997）の対人恐怖心性尺度のなかで、人や集団との関係に関する下位尺度である〈自分や他人が気になる〉悩み（5項目）、〈集団にとけ込めない〉悩み（5項目）を用い、"全然あてはまらない"から"非常にあてはまる"の7件法（0－6点）で評定を求めた。本尺度は対人恐怖的心性が一般人にどの程度見られるかを測定するための尺度であり、対人恐怖症者への面接調査などの結果をもとに構成され、内的一貫性、再検査信頼性、構成概念妥当性が確認されている。

状態自尊感情尺度：肯定的な変化を見るため、阿部ら（2007）の状態自尊感情尺度（9項目）を用い、"あてはまらない"から"あてはまる"の5件法（1－5点）で評定を求めた。本尺度は日常生活の出来事などに対応して変動する自分について感じている全体的評価について測定するもので、内的一貫性と構成概念妥当性が確認されている。

3. 項目の決定と信頼性・妥当性の確認

❶ 項目分析

G-P分析：尺度の合計点の平均値を基準に高群と低群に分け、両群の平均値の差の検定を行った結果、いずれも5％水準で有意差が見られ、弁別性の問題は見られなかった。

I-T分析：尺度の合計点と各項目について、Pearsonの積率相関係数を算出した

結果、2項目の相関係数が低かったので、削除した。

❷ 因子構造の確認

 2項目を除いた34項目について、因子分析（最尤法、promax回転、固有値1以上）を行った。Kaiser-Meyer-Olkinの測度は.948であり、標本妥当性が示され、Bartlettの球面性検定の有意確率は.00（近似χ^2=4810.0, df=561）であり、観測変量間に関連があることが確認された。因子分析の結果、因子負荷量が.40以下の4項目を削除し、再度因子分析を行った。全項目で因子負荷量が.40より高く、二重負荷もなく、結果、3因子、30項目となった（表1）。第一因子は主に実践仮説の⑤「ありのままでいられる自分」と、⑥「自発性の発揮」の項目で構成されており、「自分らしさの肯定」と命名した。第一因子の中に①「心理的安全感の醸成」の項目が含まれているが、緊張せず集団にいられることは、集団のなかでの動きづらさを軽減し、本来の自分が出しやすくなると考えられ、第一因子に含めても問題無いと思われる。第二因子は②「所属感の尊重」と④「心理的安全感の醸成」の項目で構成されており、「メンバー相互のつながり」と命名した。第三因子は①「はじめに個人ありき」と③「バラバラで一緒」の項目で構成されており、「個人の尊重」と命名した。

❸ 信頼性の検討

内的一貫性：各下位尺度のα係数は「自分らしさの肯定」が.94、「メンバー相互のつながり」が.96、「個人の尊重」が.93であり、高い内的一貫性が確認された。

安定性：一度目の尺度実施から数日間をおいて、再度尺度を実施し、Pearsonの積率相関係数を算出した。「自分らしさの肯定」が.74、「メンバー相互のつながり」が.76、「個人の尊重」が.64といずれも中程度の正の相関が見られ、一応の安定性が確認された。

表1 ― PCAグループ効果測定尺度の因子分析結果（最尤法、Promax回転）

下位尺度および項目	実践仮説	因子負荷量			共通性
		I	II	III	
I．自分らしさの肯定（α=.94）					
17. このクラスで私は、ありのままの自分で過ごしていると感じる	5	.97	-.06	-.01	.84
5. このクラスで私は、素の自分で過ごしていると感じる	5	.87	.20	-.25	.79
11. このクラスで私は、本来の自分を出せると感じる	5	.80	.13	-.03	.77
6. 私は、クラスメートに自分の意見などを伝えている	6	.75	-.11	.11	.53
34. 私は、クラスにいても緊張せずにいられる	4	.71	-.06	.04	.47
18. 私は、クラスの中で行動する時に自信を持って行動している	6	.69	-.14	.20	.51
29. クラスの中では、無理なく自分らしくいられる	5	.67	.25	.02	.79
35. このクラスでは、クラスメートに気を遣わないでいられる	5	.65	-.05	.19	.56
23. このクラスでは、自分のペースでいられる	5	.61	.17	.07	.65
24. 私は、クラスの中で自発的に行動している	6	.46	.10	.11	.38
II．メンバー相互のつながり（α=.96）					
20. 私は、このクラスに対して親しみを感じる	2	-.10	.90	.11	.82
2. 私は、クラスメートに対して仲間意識を持っている	2	-.12	.87	.06	.68
8. 私は、クラスメート同士の絆を感じる	2	-.15	.81	.22	.74
10. 私は、クラスを居心地よく感じる	4	.16	.79	.01	.85
28. 私は、このクラスの雰囲気が好きだ	4	-.06	.73	.22	.72
4. 私は、クラスの中で安心していられる	4	.33	.71	-.15	.79

項目					
26. 私は、このクラスの一員であると感じる	2	.13	**.66**	.13	.74
14. 私は、このクラスになじんでいると感じる	2	.39	**.60**	-.05	.81
22. 私は、クラスにいるとホッとする	4	.30	**.59**	.05	.77
32. 私は、クラスで孤立している*	2	.23	**.56**	-.07	.50
16. 私は、クラスにいると辛いと感じる*	4	.28	**.46**	-.03	.47
Ⅲ. 個人の尊重（α=.93）					
13. このクラスでは、クラスメート一人ひとりの個性を受け入れていると感じる	1	.04	-.13	**.90**	.69
19. このクラスは、一人ひとりの価値観を尊重していると感じる	1	-.04	.05	**.85**	.74
25. このクラスでは、その人らしさを認められていると感じる	1	.03	.01	**.83**	.73
27. クラスメートがどのような考えを持っていても、このクラスでは受け止めてもらえると感じる	3	.05	.10	**.70**	.64
31. このクラスは、個性を出し合えるクラスである	1	-.17	.20	**.68**	.52
7. クラスでは、人と違うところがだめというのではなく、個性として認めてくれると感じる	1	.25	-.04	**.58**	.53
9. このクラスは、いろいろな考えを受け入れられていると感じる	3	.07	.20	**.55**	.57
21. 私は、クラスメートと意見の違いがあっても、クラスの中に一緒にいられると感じる	3	.20	.08	**.54**	.57
15. このクラスは、言いたいことを言える雰囲気である	3	.24	.25	**.41**	.63

因子間相関		Ⅰ	Ⅱ	Ⅲ
	Ⅰ	1		
	Ⅱ	.76	1	
	Ⅲ	.61	.70	1

＊は反転項目

❹ 妥当性の検討

並存的妥当性：性別と年齢、PCAグループ体験の有無を制御変数として、尺度の合計および各下位尺度と、対人恐怖尺度の2下位尺度および状態自尊感情尺度との偏相関係数を算出した。結果、対人恐怖尺度の両下位尺度とは弱から中程度の有意な負の相関が、状態自尊感情尺度とは弱い有意な正の相関が見られ（表2）、一応の並存的妥当性が確認された。

表2 — 性別とグループ体験の有無を制御変数としたPCAグループ効果測定尺度と諸変数間の偏相関

尺度	PCAグループ効果測定尺度	自己実現能力の発揮	集団とのつながり	はじめに個人ありき
〈自分や他人が気になる〉悩み	-.37**	-.42**	-.30**	-.29**
〈集団にとけ込めない〉悩み	-.60**	-.58**	-.60**	-.44**
状態自尊感情尺度	.45**	.44**	.38**	.42**

$**p < .01$

臨床的妥当性：2008年10月から11月にかけて看護学生3年生78名（男性17名、女性61名／20代74名、30代2名、40代1名、無記入1名）にPCAグループを行い、グループ前後に尺度をとり、グループ実施群とした。また、2008年12月に異なる看護学生3年生58名（男性10名、女性48名／20代48名、30代8名、40代2名）に数日間を空けて尺度をとり、統制群とした。なお、これらの学生は尺度作成に用いた学生と同じ学生を対象としている。前後を対応のあるt検定により分析した結果、グループ実施群では有意差が見られ（t(78)=10.50、$p<.01$）、統制群では有意差が見られなかった（t(60)=.27、n.s.）（表3）。したがって、本尺度がPCAグループの効果を反映すると思われるが、事前の得点は統制群が有意に高く、その影響も考えられる。実践したプログラムを表4に示す。

表3 — PCAグループ実施群と統制群における前後のPCAグループ的学級集団形成尺度のt検定結果

	Pre Mean (SD)	Post Mean (SD)	t	p
PCAグループ実施群	101.0 (20.7)	120.2 (19.0)	10.5	.00**
統制群	109.2 (25.5)	109.5 (25.2)	.27	.79 n.s.

$**p < .01$

表4 — D看護学校でのPCAグループのプログラム

	7:30	10:00	10:30	12:00	13:00	15:00	17:30	18:30	21:00
1日目			オリエンテーション	昼食	第1セッション（リラクセーション）	第2セッション(100マス作文or伝言ゲーム、ネームプレート、グループ名)	夕食	第3セッション（夢を励ますセッション）	
2日目	朝食	第4セッション（コラージュ）		昼食	第5セッション（散策セッション）	第5セッションの振り返り	夕食	第6セッション（メンバーズセッション）	
3日目	朝食	第7セッション（こころの花束）							

4. PCAグループコンセプトの3側面について

❶ PCAグループコンセプトの3側面

　6つのPCAグループコンセプトは因子分析により「自分らしさの肯定」「メンバー相互のつながり」「個人の尊重」の3側面に分けられた。

　「自分らしさの肯定」は⑤「ありのままでいられる自分」と⑥「自発性の発揮」で構成され、実践仮説のなかでも自分らしくある側面を示す。集団のなかで自分らしくあり、自発的に動けることを表し、PCAグループでは特に、散策セッションやメンバーズセッション（白井ら，2006　第10章参照）で見られる。伊藤ら（2005）は、自分らしくある感覚が不安の低減、新しい経験に開かれた感覚、自己決定している感覚、他者との温かい関係を築いている感覚を促進するとしているが、PCAグループでも集団への安心感により、不安が減り、自発性が生じる。

　「メンバー相互のつながり」は②「所属感の尊重」と④「心理的安全感の醸成」で構成され、実践仮説のなかでも集団の肯定的雰囲気の側面を示す。集団へのつながりや安心感をもつことを表し、第2から第7セッションにかけて次第に生じる。セッション内外でつながりが生じるが、そのときに重要なのが、集団

への安心・安全感である。宮崎（1983）はエンカウンターグループの初期段階では、温かい安定感のある雰囲気づくりが重要であると述べており、PCAグループでも心理的な安全感のなかで、つながりができると考える。

「個人の尊重」は①「はじめに個人ありき」と③「バラバラで一緒」で構成され、実践仮説のなかでも自他を含めた個人を大切にする側面を示す。PCAグループで最も重視され、個々を認め、違いがあっても尊重されることを表す。常に大切にされるが、特に初期には重要である。初期不安が強い人にはいきなりのグループワークは大きな負担となり、外傷体験ともなりうる。集団へのおのおのの関わり方を尊重することで、初期不安が緩和される。逆説的だが、個人でいることが保証されて初めて、安心して集団へ関われるようになる。

このように、村山が経験から導いた6つの実践仮説は個人、集団、自分の次元から3側面にまとめられることが示された。

❷ 3側面の関係

また、各因子間で中程度の正の相関があり、3側面は互いに関連が見られた。「メンバー相互のつながり」と「個人の尊重」とは一見矛盾するようだが、それらが一つの集団に共存し得ることが示された。集団に合わせることだけを重視すれば、集団に合わない者が我慢をしたり、排除されることにつながる。逆に、個人のみを重視すると、まわりとの協調がとれなくなり、孤立し、バラバラになる。PCAグループでは個人を大切にすることを中心に置きながらも、集団のつながりも重視する、個人と集団の両側面の共有をその柱とし、第1章で村山はそれを「バラバラで一緒」と表現している。本研究からも「バラバラで一緒」という考え方が単に概念上の定義ではなく、実現可能であることが示された。個があるだけでは我が生まれ、集団のみでは排除が生まれ、共に競争関係や対立を生じるが、この「バラバラで一緒」は違いの保証により違いに対する安心が生まれ、つながりや相互理解につながることを示している。その結果、他者との違いを認めながらも、自分らしくいられるようになる。これはロジャースの試みた理解による紛争解決にもつながるのかもしれない。

❖文献

阿部美帆・今野裕之(2007)「状態自尊感情尺度の開発」『パーソナリティ研究』16(1), 36-46.

堀井俊章・小川捷之(1997)「対人恐怖心性尺度の作成(続報)」『上智大学心理学年報』21, 43-51.

伊藤正哉・小玉正博(2005)「自分らしくある感覚(本来感)と自尊感情がwell-beingに及ぼす影響の検討」『教育心理学研究』53, 74-85.

鎌田道彦(2004)「現代の学生の心理的特徴に対するPCA Groupの有効性——看護学校卒業前のエンカウンター・グループにおける対人不安・自己像・共感の測定」『東亜臨床心理学研究』3(1), 9-18.

宮崎伸一郎(1983)「看護学生エンカウンター・グループにおけるファシリテーションの方法に関する一考察」『九州大学心理臨床研究』2, 77-87.

長田京子・松尾典子・古賀美紀・土作幸恵(2001)「看護学生の対人関係能力の育成をめざした授業の教育効果」『島根医科大学紀要』24, 21-26.

(本章は白井祐浩(2010)「PCAグループ的視点から見た学級集団形成尺度の作成」『心理臨床学研究』28(4), 523-528の一部を転載し、加筆・修正したものである)

| 第Ⅲ部 | 実証研究編

第13章
PCAグループによる
ダイバーシティモデルの学級集団の形成

白井祐浩

1. 適応モデルとダイバーシティモデル

　前章では、PCAグループの実践仮説からPCAグループ的学級集団尺度を作成したが、このような実践仮説をもとにしたPCAグループを学校教育に導入した場合、どのような学級集団が生まれるのだろうか。

　これまでも、エンカウンターグループの学級への影響を調べた研究は多く見られる（小野寺ら（2005）などの学校生活満足度尺度を用いた研究や、河村（2001）などのスクール・モラール尺度を用いた研究など）が、これらはいずれも「いかに学級で問題なく過ごすか」という視点であり、学級集団に個人を合わせる適応モデルに基づいている。

　一方、PCAグループでは個人の視点に重点を置き、個々人の多様性が受け入れられることで適応が「生まれる」と考える。このようなモデルは、前章でも紹介したロジャースの「個人は自分自身の中に自分を理解し、自己概念や態度を変えて、自己主導的な行動を引き起こすための巨大な資源をもっており、それは心理的に定義可能な促進的な態度が提供されれば、これらの資源が動き始める」という考え方を基礎としている。このロジャースの考え方を集団形成に適用すると、一人ひとりが十分に他者から認められ、安心・安全でいられる環境が提供されることで、本来その人がもっている力（他者とつながれる力を含む）が発揮できるようになると考えられる。

　もう少し具体的に言えば、個々人の考えや関わり方の多様性を認めることで、

無理に自分を集団に合わせずにすみ、学級集団への安全・安心感が生まれ、この安心感がまわりの人との接触を促し、次第につながりや所属感を生み、自分らしさが出せたり、自発的行動につながる。その結果、個々人にとってなじむような雰囲気、適応的と感じられる状況や関係がつくられてくる。

そのような形で生まれた集団は、初めに集団から入り、集団に個人を合わせるような画一的にまとまった集団ではなく、一人ひとりが自分の持ち味を生かし、お互いがお互いを補い合いながら何となくつながっていられる、柔軟性のある集団となると考えられる。

また、人によっては集団で積極的に関わることを好む人もいれば、集団は苦手で1人を好む人もいる。一人ひとり違う人間であるにもかかわらず、画一的な基準での集団への関わりを求めるとすると、そこにズレや歪みが生まれるのは当然である。それよりは、一人ひとり違う集団への関わり方、積極的に関わることを好む人はリーダーシップをとり、集団が苦手な人は心の底では所属感を感じており、自分が関わろうと思えばいつでも関われるという安心感をもちながら集団から少し離れることもできるというその人なりの集団への関わり方が許される集団であるほうが、少なくとも一人ひとりには優しい集団となるだろう。

このような、個人の多様性を尊重し、多様な個人としてつながっていくことを考えるPCAグループのモデルは「ダイバーシティ（多様性）モデル」と言え、適応モデルとはその学級観を異にしている。

この視点をもとに、前章では実践仮説の「はじめに個人ありき」「バラバラで一緒」を含む「個人の尊重」、「所属感の尊重」「心理的安全感の醸成」を含む「メンバー相互のつながり」、「ありのままでいられる自分」「自発性の発揮」を含む「自分らしさの肯定」の三つの下位尺度で構成されるPCAグループ的学級集団形成尺度を作成した。もう一度確認すると、「個人の尊重」は個々人のあり方を認め、違いがあっても尊重されること、「メンバー相互のつながり」は集団へのつながりや安心感をもつこと、「自分らしさの肯定」は集団のなかで自分らしくあり、自発的に動けることを表している。

本章では、前章で作成したPCAグループ的学級集団形成尺度を用いて、PCAグループにより、筆者らが想定するダイバーシティモデルの学級集団形成が生まれるかどうかについて検討を行うとともに、その変化の特徴を明らかにすることを第一の目的とする。

ところで、エンカウンターグループの効果研究では、ある尺度の得点が有意に上昇したか否かを検討する研究が多くを占める。これらの方法は、その尺度で測定している概念について、変化があるかどうかを確率的に検討するのに有効であるが、そこで測定された変化が意味のある変化であるかどうかは別問題である。たとえば、ストレス得点が3点低下したとして、そこで示された得点の低下が何か質的に意味をもつ変化なのか、それとも単に数値上の変化にすぎないのかについては、質的な変化を検討しなければ分からない。そこで、本研究では、尺度の得点が統計的に変化するかどうかという量的変化についての検討に加え、その得点の変化がどのような意味をもつかという質的変化を検討し、PCAグループの意味を丁寧に見ていくことを第二の目的とする。

2. 研究手続き

❶ 対象

　PCAグループを実施した看護学生をグループ実施群、実施していない看護学生を統制群とした。グループ実施群は2009年11月から2010年1月にかけて看護学生71名（男性18名、女性53名）を対象に尺度を実施した。統制群は2009年11月から2010年1月にかけて、看護学生85名（男性3名、女性82名）を対象とした。なお、グループ実施群はもともとPCAグループがカリキュラムに組み込まれている看護学校に依頼しており、授業のなかでグループと調査の実施を行った。一方、統制群は、カリキュラムにPCAグループが組み込まれていない看護学校に調査協力を依頼した。また、グループ実施群、統制群の看護学校に調査前に調査の主旨を説明し、調査終了後に看護学校の教員及び参加者に対して研究目的及び結果のフィードバックを行った。

❷ 尺度

　PCAグループ的学級集団形成尺度を用いた。尺度の詳細については前章を参照してもらいたい。全30項目からなっており、「1．まったく当てはまらない」から「7．非常に当てはまる」までの7件法で回答を行った（表1，資料編資料6参照）。

表1 ─ PCAグループ的学級集団形成尺度の項目

個人の尊重

5	クラスでは、人と違うところがだめというのではなく、個性として認めてくれると感じる
7	このクラスは、いろいろな考えを受け入れられていると感じる
10	このクラスでは、クラスメート一人ひとりの個性を受け入れていると感じる
12	このクラスは、言いたいことを言える雰囲気である
16	このクラスは、一人ひとりの価値観を尊重していると感じる
18	私は、クラスメートと意見の違いがあっても、クラスの中に一緒にいられると感じる
22	このクラスでは、その人らしさを認められていると感じる
24	クラスメートがどのような考えを持っていても、このクラスでは受け止めてもらえると感じる
27	このクラスは、個性を出し合えるクラスである

メンバー相互のつながり

2	私は、クラスの中で安心していられる
6	私は、クラスメート同士の絆を感じる
8	私は、クラスを居心地よく感じる
11	私は、このクラスになじんでいると感じる
13	私は、クラスにいると辛いと感じる
17	私は、このクラスに対して親しみを感じる
19	私は、クラスにいるとホッとする
23	私は、このクラスの一員であると感じる
25	私は、このクラスの雰囲気が好きだ
28	私は、クラスで孤立している

自分らしさの肯定

3	このクラスで私は、素の自分で過ごしていると感じる
4	私は、クラスメートに自分の意見などを伝えている

9	このクラスで私は、本来の自分を出せると感じる
14	このクラスで私は、ありのままの自分で過ごしていると感じる
15	私は、クラスの中で行動する時に自信を持って行動している
20	このクラスでは、自分のペースでいられる
21	私は、クラスの中で自発的に行動している
26	クラスの中では、無理なく自分らしくいられる
29	私は、クラスにいても緊張せずにいられる
30	このクラスでは、クラスメートに気を遣わないでいられる

❸ グループの概要

2009年11月に2泊3日の宿泊型のPCAグループを実施した。グループは看護学生3年生が対象であり、国家試験に向けてのクラスの関係づくりを目的に行われた。また、スタッフは全体を見るオーガナイザーとして、70代男性が1名、ファシリテーターとして20代男性が1名、女性が1名であった。

3. PCAグループの量的変化と質的変化

❶ グループ実施群と統制群との比較

グループ実施群は、グループ前(pre)、後(post)と1か月後(follow up)に、統制群は1回目(pre)、2回目(post、1週間後)、3回目(follow up、1か月後)にPCAグループ的学級集団形成尺度を行い、下位尺度ごとに時期を独立変数、下位尺度得点を従属変数として一要因分散分析を行った。

統制群、グループ実施群それぞれについて、時期による変化を検討した結果、統制群ではいずれの下位尺度でも有意差が見られなかったが、グループ実施群ではいずれの下位尺度でも1％水準で有意差が見られた。多重比較の結果、「個人の尊重」ではpre＜follow up＜postの順で得点が高いことが示された。「メンバー相互のつながり」ではpre、follow upよりpostの得点が高いことが示された。

「自分らしさの肯定」では、preよりもpost、follow upの得点が高いことが示された。これらの結果より、統制群のような時間の経過だけでは変化はないが、PCAグループを実施することで、PCAグループ的学級集団形成尺度の得点が上昇することが示された。しかし、「個人の尊重」「自分らしさの肯定」ではfollow upまで変化が持続している一方、「メンバー相互のつながり」ではfollow upではpre段階まで得点が戻るなど、その変化の仕方は下位尺度により異なっていた。

表2 ― 統制群・グループ実施群の分散分析結果

		pre	post	follow up	F値	有意確率	差のあった箇所
統制群	個人の尊重	3.6 (0.77)	3.9 (0.72)	3.8 (0.79)	1.91	$0.15^{n.s.}$	
	メンバー相互のつながり	3.8 (0.72)	3.9 (0.75)	3.8 (0.76)	0.44	$0.65^{n.s.}$	
	自分らしさの肯定	3.7 (0.78)	3.8 (0.76)	3.8 (0.76)	0.41	$0.67^{n.s.}$	
実施群	個人の尊重	3.2 (0.57)	3.8 (0.62)	3.5 (0.67)	17.55	0.00^{**}	pre＜follow＜post
	メンバー相互のつながり	3.4 (0.61)	3.9 (0.57)	3.7 (0.64)	11.35	0.00^{**}	pre＝follow＜post
	自分らしさの肯定	3.2 (0.63)	3.7 (0.68)	3.6 (0.64)	9.44	0.00^{**}	pre＜follow＝post

＊：5％水準で有意、＊＊：1％水準で有意

❷ グループ実施群における初期得点高群と初期得点低群の比較

　以上の結果を見る限りでは、各下位尺度得点の変化の仕方には一貫性が無いように見える。そこで、もう少しくわしく各得点の変化を検討した。

　ところで、エンカウンターグループは、すべての参加者に対して同様の効果を生じるのだろうか。相原（2010）は、グループ参加者を自己肯定意識尺度（平石, 1990）と学校生活満足度尺度（河村, 1999）のグループ前の初期段階（pre段階）の得点により高低に群分けをし、得点の変化を検討することで、初期得点高群と初期得点低群で異なる変化の仕方が生じることを示した。本研究でも、各下位尺度の変化の仕方の違いは、初期状態の影響により生じた可能性が考えられる。そこで、変化の仕方の違いをより詳細に見ていくために、各時期（pre-post-follow up）による変化が見られたグループ実施群について、初期段階の各下位尺度得点の高低による変化への影響を検討した。

手続きは以下の通りである。

①初期段階（pre段階）の下位尺度の得点が平均値よりも高い得点のメンバーを初期得点高群、低い得点のメンバーを初期得点低群として、下位尺度ごとに群分けを行った。

②初期得点高群、初期得点低群それぞれについて各時期（pre-post-follow up）を独立変数、各下位尺度得点を従属変数として、一要因分散分析を行った。なお、ここでは各群での変化の仕方を検討することが目的であるため、群を独立変数としての比較は行っていない。

結果、初期得点高群ではpostにおいては得点の上昇が見られるが、follow up時にはpreの段階に戻るいっぽう、初期得点低群ではいずれの下位尺度でもpreよりpost、follow upの得点が高く、変化がfollow up時まで継続していることが示された。

これは、もともとクラスに対して個性が尊重されている、クラスメンバーに対して安心感や安全感、つながり感がもてる、クラスのなかで自分らしくいられると感じている人は、PCAグループを体験することで一時的にその傾向がより強まるけれども、日常生活に戻っていくと元の水準に戻ることを示している。

それに対して、もともとクラスに対してそれらがもてないと感じている人は、PCAグループでの体験を通して以前よりも個性を尊重してもらえる、クラスで安心できたり、つながりを感じられる、自分らしくいられるなどと感じられるようになり、その変化は日常生活に戻っても持続していることを示している。

表3 ─ 初期得点高群・初期得点低群の分散分析結果

		pre	post	follow up	F値	有意確率	差のあった箇所
高群	個人の尊重	3.7 (0.41)	4.1 (0.55)	3.8 (0.68)	3.66	0.03*	pre＝follow＜post
	メンバー相互のつながり	3.9 (0.36)	4.2 (0.48)	4.0 (0.55)	4.73	0.01*	pre＝follow＜post
	自分らしさの肯定	3.8 (0.39)	4.1 (0.54)	3.9 (0.54)	3.60	0.03*	pre＝follow＜post
低群	個人の尊重	2.8 (0.33)	3.6 (0.61)	3.4 (0.62)	24.00	0.00**	pre＜follow＝post
	メンバー相互のつながり	2.9 (0.37)	3.6 (0.48)	3.3 (0.54)	17.02	0.00**	pre＜follow＜post
	自分らしさの肯定	2.7 (0.35)	3.3 (0.59)	3.3 (0.60)	14.57	0.00**	pre＜follow＝post

＊：5％水準で有意、＊＊：1％水準で有意

❸ 質的変化

　量的変化の検討に続いて、質的変化の検討も行った。手続きは以下の通りである。

　①量的変化のときと同様、各下位尺度について初期得点が平均値よりも高いか低いかにより初期得点高群と初期得点低群に群分けを行う。

　②下位尺度ごとに、「当てはまる」と感じている群（下位尺度得点が3点より高い人）、「どちらでもない」と感じている群（下位尺度得点が3点の人）、「当てはまらない」と感じている群（下位尺度得点が3点より低い人）に分ける。「当てはまる」群は「個人の尊重」では個性が尊重されていると感じている、「メンバー相互のつながり」では安心感やつながりを感じている、「自分らしさの肯定」では自分らしくいてもよいと感じている人となる。逆に、「当てはまらない」群は個性が尊重されていないと感じ、安心感やつながりが感じられず、自分らしくいられないと感じている人となる。

　③初期得点高群と初期得点低群別に、各時期（pre-post-follow up）の「当てはまる」「どちらでもない」「当てはまらない」と答えた人の度数とパーセンタイルの推移を検討する。なお、初期得点低群のpreに「当てはまる」に含まれる人がいるのは、平均値が3点以上を示しているからである。

　結果、初期得点高群では全下位尺度で、どの時期でも「当てはまる」が9割程度を推移しており、安定して高い水準を維持している。一方で初期得点低群では、「個人の尊重」と「自分らしさの肯定」においてはpre段階で6割の人が「当てはまらない」と答えているが、postでは1～2割程度であり、follow upでも2～3割弱と、その割合は大きく低下している。逆に、「当てはまる」と答えた人はpre段階では1割程度であったにもかかわらず、postでは6割から8割、follow upでも6割とその割合は大きく増加している。また、「メンバー相互のつながり」はpre段階で「当てはまる」と答えた人が4割を占めていたこともあり、増加率はほかの二つの下位尺度ほどではないが、それでもpostで8割、follow upで6割を維持している。

　この結果は、PCAグループの実施が、単に尺度の得点上の上昇を示すだけではなく、クラスに対する気持ちの質的な変化をももたらすことを示している。もともとクラスを肯定的に感じていた人たちは、すべての時期を通して安定して肯定的な気持ちが維持されている。一方で、もともとクラスに対して否定的

表4 — 初期得点高群・初期得点低群の質的変化（度数・相対度数）

		個人の尊重			メンバー相互のつながり			自分らしさの肯定		
		pre	post	follow up	pre	post	follow up	pre	post	follow up
高群	当てはまる	34 (100%)	33 (97%)	32 (94%)	37 (100%)	37 (100%)	35 (95%)	31 (100%)	30 (97%)	27 (87%)
	どちらでもない	0 (0%)	1 (3%)	2 (6%)	0 (0%)	0 (0%)	0 (0%)	0 (0%)	1 (3%)	1 (3%)
	当てはまらない	0 (0%)	0 (0%)	0 (0%)	0 (0%)	0 (0%)	2 (5%)	0 (0%)	0 (0%)	3 (10%)
低群	当てはまる	5 (14%)	23 (62%)	22 (59%)	15 (44%)	29 (85%)	22 (65%)	6 (15%)	35 (88%)	26 (65%)
	どちらでもない	8 (22%)	6 (16%)	5 (14%)	5 (15%)	3 (9%)	4 (12%)	10 (25%)	2 (5%)	8 (20%)
	当てはまらない	24 (65%)	8 (22%)	10 (27%)	14 (41%)	2 (6%)	8 (24%)	24 (60%)	3 (8%)	6 (15%)

に感じていた人たちの多くは、その程度はさまざまであると思われるが、少なくともクラスメンバーに対して個性を尊重され、安心感をもった参加者は、つながりをもて、自分らしくいられると感じられるように変化している。そして、多くの人にとって、その変化はfollow up時まで持続しているのである。

4. PCAグループにおける初期状態の重要性とその意味

❶ グループ実施群と統制群との比較の結果の一貫性の無さについて

　グループ実施群と統制群との比較の結果からは、PCAグループの実施によって一定の変化が見られたが、その変化の仕方は各下位尺度でバラバラであり、一見するとPCAグループによる変化は一貫性が無いように思われた。

　しかしながら、初期得点高群と初期得点低群で分けると、初期得点高群ではpost段階で一時的に得点の上昇が見られて、follow up段階でpre段階の水準の得点に戻ること、初期得点低群ではpost段階で生じた変化がfollow up段階まで持続することが示され、メンバーの初期状態により、PCAグループ実施によるメンバーの変化の仕方が異なる可能性が示唆された。

　つまり、グループ実施群と統制群との比較の結果で見られた変化の仕方の一貫性の無さは、もともとクラスを肯定的に受け止めていた人たちと否定的に受け止めていた人たちで変化の仕方が異なるにもかかわらず、それが混在していたために生じたものであったと考えられる。

❷ 各群の変化の仕方の違い

　では、初期得点高群と初期得点低群の変化の仕方の違いにはどのような意味があるのだろうか。まず、初期得点低群の変化について考察する。初期得点低群の変化は、量的変化の検討の結果、preに比べpostでの得点の上昇が見られ、それがfollow upまで継続していること、質的変化の検討の結果、クラスを否定的に感じる人が大幅に減少していることを併せて考えると、PCAグループの体験を通して、「個性を受け入れられない」という感覚から「それぞれの個性を受け入れられる」という感覚へ、「クラスで孤立したり居場所がないと感じる」という感覚から「クラスで安心して過ごせ、つながりを感じる」という感覚へ、「クラスで緊張して自分を出せない」という感覚から「自分らしくいてもいい」という感覚へと、クラスにおけるあり方の持続的で質的な変化が生じたと考えられる。クラスの人に自分のあり方を受け入れられていると感じ、安心感やつながりをもて、自分を表現できるようになること、つまり、これまでもてなかったクラスメンバーへのつながり感をもてるようになることは、そ

れまでつながり感をもてなかった人にとっては、大きな変化と言える。次に述べる初期得点高群の人のように凝集性として感じられるものとは異なるかもしれないが、初期得点低群の人は、PCAグループに参加したことで、無理せず自分らしくいながらも、ほかの人とのつながりを感じられるようになったのだと思われる。

　次に、初期得点高群についての変化について見ていく。「個人の尊重」の項目が非常に高いということは、クラスメンバーに対してどんな自分であっても受け入れられるという強い信頼感をもつことを示す。「メンバー相互のつながり」の項目が非常に高いということは、クラスへの安心感やクラスメンバーへのつながりを強く感じ、連帯感をもつことを示す。「自分らしさの肯定」の項目が非常に高いということは、まわりに気を遣わずに、自分から自分を出していると感じることを示す。このような強い信頼感やつながり、自己表現は、「このクラスは最高」「みんな分かり合える」などの凝集性と言えるような気持ちを生み出し、大きな満足感を与えるものである。もともとクラスに対して肯定的な感情をもっていた人たちは、PCAグループを通してこのような凝集性を体験したと考えられる。このような凝集性は、follow up時にpre段階の得点に戻っていることからも分かるように、日常生活のなかで常に持続することは困難で、それは不自然なことでもあるので、日常生活に戻るともともとの緩やかなつながりに戻る。しかし、一度このような凝集性を感じる体験をしていることは、日常生活に戻った後にも、何かあったときに一緒にやれるという信頼につながる可能性がある。

❸ PCAグループの意味

　以上のことを総合すると、PCAグループには二つの意味があると考えられる。一つは、それぞれが多様性を認め合って、自分らしくいられる形で他者とつながれるようになる基礎をつくることである。これはもともとダイバーシティモデルが大切にしているものであり、PCAグループで目指そうとしてきたものである。もともとクラスに対して肯定的に感じていた人はもちろん、否定的に感じていた人も、自分なりのあり方を保証されながら、クラスメンバーとつながれていると思えるようになる。そのような意味で、ダイバーシティモデルをもとにしたPCAグループは、クラスの中で安心感をもてず、自分を出せ

ないと感じていた人が、自分を大切にしながらまわりの人とのつながりをももてるようになるという、つながりネットを構築する働きがあったと言える。

　もう一つの意味は、クラスメンバーに対して凝集性を感じる体験である。この凝集性は、もともとクラスに対して肯定的に感じていた人に見られた変化の仕方であることから見て、つながり感があるなかで生じてくるものと考えられる。先に挙げたようなつながり感があることで、グループのなかでもほかの人を認めながら自由に振る舞うことができ、そのような自由さのなかで気持ちが盛り上がり、どんな人でも認め、つながりを強く感じるような凝集性を感じる雰囲気が生まれるようになる。そして、そのような凝集的な雰囲気は、もともとクラスを否定的に感じていた人に「この人たちなら自分のことを受け入れてくれるかもしれない」「少し自分を出してもいいかもしれない」と感じさせ、それがもともと否定的に感じていた人の質的な変化をもたらすのかもしれない。

　このように考えると、つながり感と凝集性は互いを促進させる作用をもつと言える。また、このような凝集性は、日常生活のなかで常に維持されることは難しいが、このような体験は、何かあったときは一緒にやっていけるという信頼につながり、必要なときに協力し合える関係の下地になると考えられる。

　つまり、PCAグループの結果生じるのは、常にまとまりをもって適応的であろうとするのではなく、日ごろはそれぞれのあり方を認めながら、お互い緩やかなつながり感をもち、何かあったときにはスッと協力し合える凝集性も生み出せるような、そんな人たちの集まりであると思われる。

❖文献

相原誠（2010）「大学生を対象とした合宿型集中エンカウンター・グループの効果の検討」九州産業大学国際文化学部臨床心理学科卒業論文

平石賢二（1990）「青年期における自己意識の構造——自己確立感と自己拡散感からみた心理学的健康」『教育心理学研究』38(3), 320-329.

鎌田道彦（2007）：「『PCA Group基本的視点』に基づく看護学校のニーズに応じたエンカウンター・グループの展開——クラスへの適応と臨床心理学的態度の促進」『人間性心理学研究』25(2), 165-178.

鎌田道彦・本山智敬・村山正治（2004）「学校現場におけるPCA Group基本的視点の提案——非構成法・構成法にとらわれないアプローチ」『心理臨床学研究』22(4), 429-440.

河村茂雄（1999）「生徒の援助ニーズを把握するための尺度の開発――学校生活満足度尺度（高校生用）の作成」『岩手大学教育学部研究年報』59(1)，111-120．
河村茂雄（2001）「構成的グループ・エンカウンターを導入した学級経営が学級の児童のスクール・モラールに与える効果の研究」『カウンセリング研究』34(2)，153-159．
小野寺正己・河村茂雄（2005）「ショートエクササイズによる継続的な構成的グループ・エンカウンターが学級適応に与える効果」『カウンセリング研究』38(1)，33-43．
白井祐浩・村山正治・石井紀子・都能美智代・加地佐加恵（2009）「PCAグループによる学級集団形成尺度の作成とPCAグループの効果の検証」『人間性心理学会第28回大会プログラム・発表論文集』pp.60-61．
白井祐浩（2010）「PCAグループ的視点から見た学級集団形成尺度の作成」『心理臨床学研究』28(4)，523-528．
白井祐浩（2011a）「PCAグループ実践仮説項目化の試み」『九州産業大学大学院　臨床心理学論集』6，19-26．
白井祐浩（2011b）「プログラムの構成からみるPCAグループの意味――必修授業におけるPCAグループ事例をもとにして」『九州産業大学大学院　臨床心理学論集』6，13-17．

（本章は白井祐浩（2011）「適応モデルとは異なる視点の集団形成の可能性――PCAグループの実践による多様性の視点から見た集団形成」『人間性心理学研究』29(1)，25-35の一部を転載し、加筆・修正したものである）

第14章
テキストマイニング法による PCAグループの効果の測定

杉浦崇仁

1. はじめに

　PCAグループでは、実施前と実施後に「参加者カード」を、セッション終了後に「セッション・アンケート」を参加者に記入してもらっている。両カードには、参加者がPCAグループの参加前後の気持ちや、セッションに参加しての感想を自由に記入してもらうための自由記述欄が設けてある。参加者の自由記述は、参加者がPCAグループを体験しての"生の声"である。自分の気持ちや感想、要望など、さまざまな参加者の"生の声"が書かれている。

　では、参加者はPCAグループに何を感じているのか？　これまで、PCAグループは、約10年間の実践を通して、参加者は1000名を超えている。できるだけ多くの参加者の"生の声"から共通する特性を見いだし、PCAグループの効果を明らかにしたのが本研究である。

2. テキストマイニングとは

　質問紙調査によって得られるデータは、大きく分けて量的データと質的データの2種類がある。このうち質的データには、アンケートの自由記述がある。このような質的データを分析する方法として「テキストマイニング（計量的テ

キスト分析)」がある。テキストマイニングとは、質的データをさまざまな計量的方法によって分析し、形式化されていない膨大なテキストデータという鉱脈のなかから言葉（キーワード）同士に見られるパターンや規則性を見つけ、役に立ちそうな知識・情報を取り出そうとする手法、技術である（藤井ら, 2005）。たとえば、アンケートの自由記述を読むことで、大体の内容や印象を受けとることができるが、それを客観的に他者に伝える場合にはどうすればよいか。また、大量の自由記述がある場合、読むだけでは偏った印象をもち、他者に伝えてしまうかもしれない。そこで役立つのがテキストマイニングである。

　テキストマイニングの仕組みを簡単に説明したい。テキストマイニングの基本は、テキストを、意味をもつ最少の言語単位である形態素に分解していくことである。もっと簡単に述べるのであれば、品詞別に分解していくこととも言えるだろう。

　たとえば、ある参加者が、PCAグループ参加前に、「PCAグループ楽しみです。新しいクラスになって、今まで交流したことのない人たちとグループを組みセッションを行っていくことで、帰る頃には、みんなと仲良くなれたらいいなという気持ちです」という文章を書いたとしよう。これを、形態素に分解すると、「PCAグループ／楽しみ／です／。／新しい／クラス／に／なって／、／今まで／交流／した／こと／の／ない／人たち／と／グループ／を／組み／セッション／を／行って／いく／こと／で／、／帰る／頃／には／、／みんな／と／仲良く／なれた／ら／いいな／という／気持ち／です／」となる。これは、1人の参加者の文章であるが、複数の参加者の文章も同じように形態素に分解し、数値化する（たとえば、その形態素があれば「1」、なければ「0」という数値を与えてやる）ことで、形態素同士の出現パターンや相関関係を分析できるようになる。これがテキストマイニングの仕組みである。

　今回、テキストマイニングを行うにあたり、テキストマイニングフリーソフトの「KH Coder 2.x」（樋口, 2011）を用いて、自由記述から単語を自動抽出した。分析対象者は、2泊3日のPCAグループに参加した看護学生355名とした。

3. 抽出語数からの検討

　参加者カード、セッション・アンケートに参加者がどのくらいの量の自由記述を記入したかを検討するために、総文字数、総抽出語数、異なり語数、文章数、段落数を表1に示す。χ^2検定の結果、すべての項目に差が認められた（χ^2値は表1を参照）。その結果、参加者カードでは、すべての項目で参加前（pre）＜参加後（post）となり、PCAグループに参加することで何らかの心理的変化が起こったと推測される。また、セッションカードでは第4セッションの「夢セッション」と第7セッションの「こころの花束」で総抽出語数が10000語を超えており、この二つのセッションへの参加者の思い入れが強いことが考えられる。

表1 ― pre、post、各セッションにおける単純集計表

	pre	post	S1	S2	S3	S4	S5	S6	S7	χ^2値
総文字数	15877	47999	13735	16301	15605	18490	17667	15809	20289	$\chi^2(8)=$ 44472.89, $p<.01$
総抽出語数	8739	27206	7127	8825	8777	10556	9903	8371	11337	$\chi^2(8)=$ 26816.61, $p<.01$
異なり語	735	1695	722	771	915	882	1091	874	845	$\chi^2(8)=$ 767.86, $p<.01$
文章数	692	1399	737	811	695	685	780	749	797	$\chi^2(8)=$ 489.49, $p<.01$
段落数	405	472	433	541	425	412	430	418	429	$\chi^2(8)=$ 32.25, $p<.01$

4. 自由記述内容からの検討

　出現パターンの似た語を観察するために、「共起ネットワーク」を用いてPCAグループ参加前・参加後、および7セッションそれぞれについて示した。「共起ネットワーク」は、単語同士が近くに布置されているというだけではそ

れらの語の間に強い共起関係があることを意味しない。また、出現数の多い語ほど大きい円で示した。それぞれの語がネットワーク構造のなかでどの程度中心的な役割を果たしているかを網掛けの濃さで示し、網が濃いほど中心性が高くなることを示す。また、共起線の太さが太くなるほど共起関係が強いことを示す。各ネットワークでいくつの単語が使用されているかをNode（以下、Nと表記）、共起関係の数をEdge（以下、Eと表記）、ネットワークの密度をDensity（以下、Dと表記）で表示した。

例として、参加前の「共起ネットワーク」を図1に示す（N=22, E=60, D=.26）。preでは「不安」「する」「人」「ない」という単語が中心的役割を果たしている。しかし、これだけでは何が不安なのかが分からない。そこで、比較的強くお互いに結びついている部分を自動的に検出してグループ分けを行う「サブグラフ検出」という方法を用いて検討を行った。同じサブグラフに含まれる語は実線で、互いに異なるサブグラフに含まれる語は破線で示す。実線、破線共に共起線の太さが太くなるほど共起関係が強いことを示す。「サブグラフ検出」の結果を図2に示す。

その結果、大きく分けて四つのサブグラフに分類された。一つめは、「不安」についてである（「不安」「する」「なる」「グループ」が一つのサブグラフに分類された）。これは、何をするのか分からない不安、言いかえると、PCAグループに参加するのはいいが、何をさせられるか分からない不安を示していると考えられる。また、グループになるという不安も参加者は感じていると考えられる。これは、村山（2008）がエンカウンターグループを学校教育に導入する際の特徴として述べている、①必須授業であり、「させられ感」やグループに対する不満や不安をもちやすいこと、②対人不安やグループへの不安を感じる人が多いことを顕著に表していると考えられる。二つめは、「PCAグループのイメージ」についてである（「人」「クラス」「仲良く」「思う」「なれる」「話す」「ない」が一つのサブグラフに分類された）。これは、PCAグループに参加することで、クラスの人と話すことができ、仲良くなれるといった参加者のPCAグループに対してのイメージを示していると考えられる。参加者は授業の一貫としてPCAグループに参加している。その際、前もって何を行うのかなど内容の説明は受けない。単にグループで何かをするという気持ちでやって来る。よって、このようなネットワークが結ばれたのだと考えられる。三つめは、「PCAグループに対しての期

テキストマイニング法による PCA グループの効果の測定 | 第14章 |

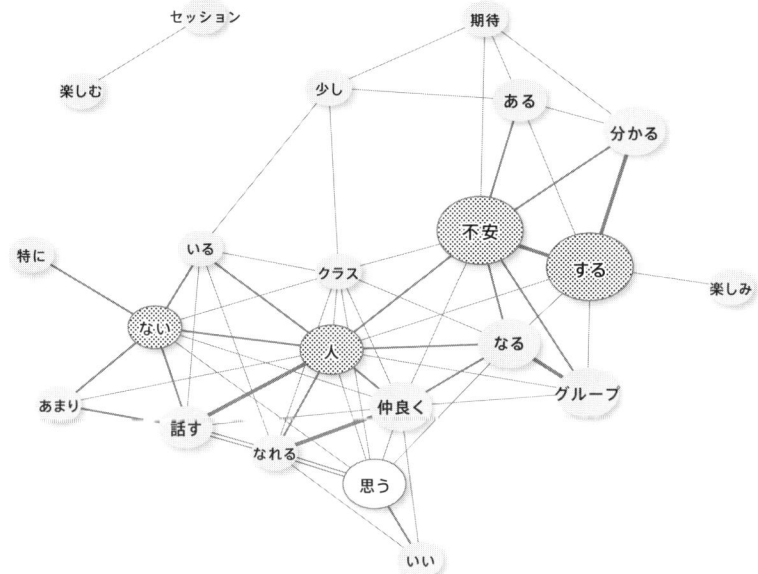

図1 ― 参加前の共起ネットワーク

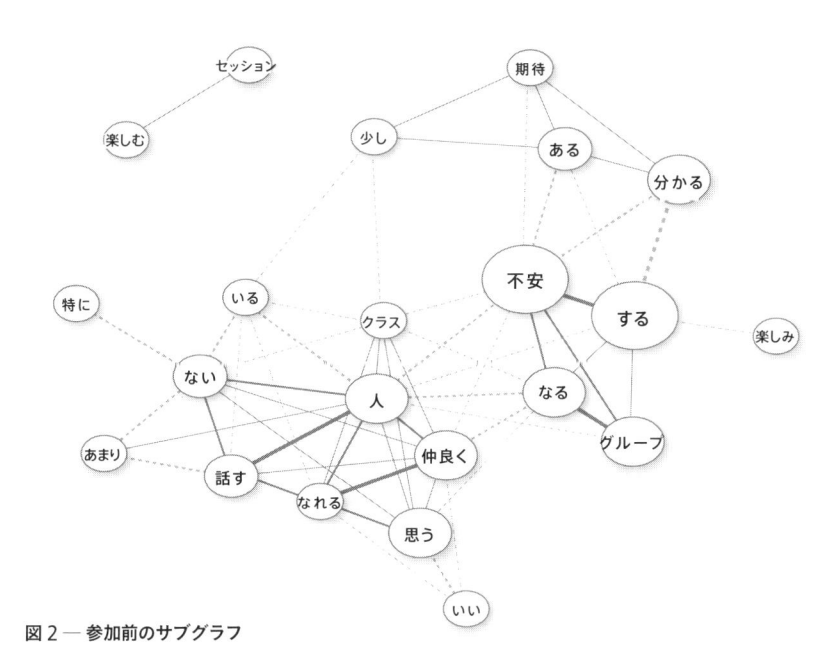

図2 ― 参加前のサブグラフ

待」についてである（「期待」「少し」「ある」「分かる」が一つのサブグラフに分類された）。参加者は、PCAグループに少し期待をもっているように考えられる。四つめは、「セッション」についてである（「セッション」「楽しむ」が一つのサブグラフに分類された）。参加者は、これから始まるセッションを楽しみたいと思っていると考えられる。

　以上のように、参加前・参加後、および7セッションについて、参加者の自由記述を「共起ネットワーク」と「サブグラフ検出」に描いて検討を行った。参加前と参加後の自由記述を見比べてみると、参加前では「不安」という単語が出現数も多く、中心的役割を占めているのに対し、参加後では出現数が減っていることである。これは、PCAグループで大切にしている「不安」の低減を参加者自身も意識しているものと考えられる。

　第1セッションから第7セッション（以下、S1～S7と表記）までの結果を表2に示す。

　各セッションのねらいを参考に、テキストマイニングで明らかになった参加者の感想と照らし合わせながら結果を見ていただきたい。面白い知見として、S4の「夢セッション」において、自分の夢を語り、他者から肯定的フィードバックをもらうことで自己肯定感を高め、グループメンバーに自分のことを話しても受け入れてくれるという安心感や信頼感が生まれることをねらいとしたセッションであるのに対して、参加者は自分のことを話す・語ることは恥ずかしいけど、嬉しいという体験をしていること、また、自分の夢を話す・語るということよりも人の夢を聞けるというほうに参加者は重きを置いていることが示唆された。

　これまで、PCAグループはグループ体験や実践など、ファシリテーターの実践知を中心として発展してきた。今回、参加者の大量の自由記述データをまとめ、ファシリテーターの実践知とすり合わせることで、PCAグループの効果を実証することができた。

表2 ── テキストマイニングを用いて明らかになったセッションの意義・感想

	中心的役割を果たす単語	出現頻度の最も高い単語	共起された特徴的な単語	本研究で明らかになった意義・感想	セッションのねらい
S1 リラクセーション	「リラックス」「気持ちよい」「気持ち」	「リラックス」	「マッサージ」「体」「足」「寝る」「眠たい」「自分」「思う」	①マッサージが気持ちよくリラックスできている。②自分の気持ちに触れている。	①初期不安の低減 ②個人を重視した実施
S2 自己紹介	「グループ」「思う」「とても」「する」	「楽しい」	「自己紹介」「知る」「知れる」「文章」「考える」「難しい」	①自己紹介でメンバーのことを知れる。②100マス作文での文章を考えるのが難しい。	①共同作業 ②自己開示 ③相互理解
S3 コラージュ	「ある」「思う」	「楽しい」	「自分」「する」「好き」「切る」「貼る」「人」「作品」「見る」「個性」	①自分の好きなものを切ったり貼ったりすることを楽しむ。②人の作品を見て個性を認める。	①安全感を生み出す ②個人を重視した実施
S4 夢セッション	「夢」「思う」「自分」「聞く」	「夢」	「話す」「語る」「恥ずかしい」「嬉しい」「人」「聞ける」	①自分の夢を話す・語ることは恥ずかしいけど嬉しい。②人の夢を聞ける。	①自己肯定感を高める ②傾聴とフィードバック ③相互支援
S5 散策	「する」「とても」	「できる」「楽しい」	「グループ」「できる」「歩く」「疲れる」「楽しい」	①グループが自然とできる。②歩くのは疲れるけど楽しい。	①自主的な活動 ②個人の尊重
S6 お任せセッション	「とても」「する」「思う」	「楽しい」	「楽しい」「できる」「ゲーム」「盛り上がる」	①ゲームなどを通して盛り上がるのが楽しい。	①自主的な活動 ②個人の尊重
S7 こころの花束	「自分」「うれしい」	「自分」「思う」	「自分」「人」「思う」「嬉しい」「読む」「恥ずかしい」	①人と相互に思い合うことが嬉しい。②読むのが恥ずかしい。	①自己肯定感を高める ②相互支援

❖文献

樋口耕一(2011)「KH Coder 2.x　リファレンス・マニュアル」立命館大学産業社会学部
藤井美和・小杉考司・李政元(2005)『福祉・心理・看護のテキストマイニング入門』中央法規出版，pp.8-11.
村山正治(2008)「PCAグループの試みと実践を中心に」『人間性心理学研究』26（1・2），9-16.

(本章は杉浦崇仁(2011)「テキストマイニングを用いた複数PCAグループにおけるセッションの意義について」東亜大学大学院総合学術研究科臨床心理学専攻修士論文の一部を転載し，加筆・修正したものである)

【謝辞】　本研究を行うにあたり、ご指導を賜りました東亜大学大学院上薗俊和講師、村山正治教授、アドバイスを賜りました東亜大学古満伊里教授、志學館大学大学院白井祐浩助教に深く感謝いたします。

第15章

PCAグループのセッションの意味の分析
体験感想文を手掛かりに

渡辺元・杉浦崇仁・村山正治

1. PCAグループ仮説の質的検討

　本章は、看護学校のご厚意により提供を受けた貴重な参加学生の体験感想文を原資料にして、以下の3点を中心に分析・考察を試みた。
　①セッションの「ねらい」「ワーク」「体験内容」を整理して、PCAグループの具体像を明確にし、仮説の質的検証を行う。
　②PCAグループの重要仮説の一つである、初期不安プロセスの検討を行う。
　③セッションごとの記述を分析して、その特徴的体験内容を明確にする。
　質的分析の方法は、KJ法などを利用せず、3人のファシリテーターの主観的分析を用いた。

2. PCAグループの実践仮説とその具体的内容の検討

❶ 全体像の抽出

　看護学校において実施した1泊2日のPCAグループのプログラムは、表1のとおりである。これをもとに筆者らは、プログラムの内容を分析して「ねらい」「内容」「生成」の3カテゴリーに分類した（表2参照）。
　「ねらい」とは、ワークを設定するときの目的である。「内容」とはその目的

のために選んだワークである。「生成」とはその結果、参加者に生まれてきた体験内容である。

今回は、第1セッションは、①初期不安の軽減、②グループへの嫌悪感の緩和、③個人重視の目的で「ボディワーク」を選んだ。そこから安心感、ゆったり感、身体と向き合う、初期不安の緩和が見られた。

第2セッションは、①共同作業、②遊び感覚、③相互理解をねらい、「80マス作文」を選んだ。生成としては、相互理解の芽生え、遊び感覚の楽しみ、達成感、創作という項目が考えられた。

第3セッションは、①自己開示、②相互理解をねらい、「自己紹介」を選択した。その結果として、相手を知る、相手に対する印象の違い、相手に対しての第一印象の思い込みの解消、思い込みへの気づきが見られた。

第4セッションは、①チームプレー、②遊び感覚、③自発性、④自主企画を目的として「お任せセッション（学生企画）」を選んだ。そして実施中の様子から、グループからの一時的な解放感、自由感、試合（ゲーム）遊び、賞品なし、連

表1―セッションの実際

	内容	実施時間
1日目	第1セッション ボディワーク	50分
	第2セッション 80マス作文	90分
	第3セッション 自己紹介	60分
	第4セッション お任せセッション	120分
	第5セッション コラージュ	120分
2日目	第6セッション 夢と守護霊ワーク	120分
	第7セッション こころの花束	120分

PCA グループのセッションの意味の分析 | 第15章 |

表 2 ─ PCA グループのプログラムの概要

ねらい	内　容	生　成
初期不安の軽減 嫌悪感をなくす 個人を重視した実施	第 1 セッション ボディワーク	安心感　ゆったり感 身体と向き合う 初期不安の緩和
共同作業 遊び感覚 相互理解	第 2 セッション 80（100）マス作文	相互理解の芽生え 遊び感覚の楽しみ 達成感　創作
自己開示 相互理解	第 3 セッション 自己紹介	相手を知る　印象の違い 第一印象の思い込みを解消 思い込みに気づく
チームプレー 遊び感覚 自発性 自主企画	第 4 セッション お任せセッション （バレーボール大会）	解放感　自由感　試合遊び 賞品なし　連帯感
非言語的自己表現 対人不安の軽減	第 5 セッション コラージュ	達成感　安全感
守護霊方式 自己開示 傾聴とフィードバック 相互支援	第 6 セッション 夢と守護霊ワーク	発言に対する受容　承認体験 傾聴　肯定感の増大 一体感
自己肯定 相互支援	第 7 セッション こころの花束	他人からの承認 団結感

帯感という項目が生成された。

　第 5 セッションでは、①非言語的自己表現、②対人不安の軽減を目的として「コラージュ」を選んだ。そこから生まれてきたことは、作品づくりを通しての達成感、安全感が見られた。

　第 6 セッションでは、①守護霊方式、②自己開示、③傾聴とフィードバック、④相互支援をねらいとして「夢と守護霊ワーク」を選んだ。そこから、発言に対する受容、承認体験、傾聴、肯定感の増大、一体感が見られた。

第7セッションでは、①自己肯定、②相互支援をねらいとし、「こころの花束」を実施した。その結果、他人からの承認、団結感が生成されたと考えられた。

❷ 初期不安仮説の比較検討

PCAグループを行う前と行った後で、どのような心理的な変化が見られるかを実際の感想カードのなかから変化が顕著な人の感想を紹介する。心理的変化を分かりやすく記述するために、参加者全体から見られる特徴を述べるとともに、①参加する前の初期不安が高く、グループ体験後に初期不安が軽減されたネガティブからポジティブに変化した群（N⇒P群と記述）、②参加する前の初期不安が高く、グループ体験後に変化しなかったネガティブからネガティブに変化しなかった群（N⇒N群と記述）の２群の感想を比較して行う。

（※以下の「　」は参加者の感想カードの内容を表す。）

（1）共通する特徴

今回のPCAグループは、参加者が看護学生であった。看護学生という特性から見られた感想としては、「看護はチームで行っていくもので、自分一人だけではとてもできないなと思います。チームで看護を行っていくには、お互いの信頼関係が築けていないとだめだし、協調性も大事だと思います」という感想や、「これから先は患者さんに対して、この人はどんな人だろうと考えたり、思ったりしながら関わっていき、その人を知ろうという気持ちを大切にしながら日々の業務や学校生活、そしてこれから始まる実習の場において役立てていけたらいいなと思う」などが見られ、PCAグループを体験したことによって看護師を目指す仲間との関係や、将来、看護師として実践の場で活躍する際の心構えのようなものに気づいたように思われる。

（2）N⇒P群について

今回の１泊２日のPCAグループに参加した看護学生93名のうち、N⇒P群が約９割であった。特徴的なN⇒P群の感想カードを一部抜粋して紹介する。

- 「今回初めて研修に参加して、いったいどんなことをするんだろうと想像がつきませんでした。しかし、先生方といろいろなセッションを学び、グループで行うことにより、チームワークの大切さ、協力して行うことの重大さを

学ぶことができました」。
- 「この研修をするにあたって、初めは不安、孤立的なマイナーなイメージの自分だったけど、セッションを一つずつ終えることでだんだんと楽しくなり、自分の本当の気持ちを伝えることで気分的に楽になれました」。

このように、グループに参加する前には初期不安が高かったが、セッションを通して徐々に初期不安が軽減していく様子が分かる。また、参加者自身がPCAグループで、各々参加した意義を見いだしているとも考えられる。

N⇒P群の感想カードのもう一つの特徴としては、セッションを通してほかのメンバーとの交流ができたことについては記述しているが、「グループの部屋ではいろいろと語り合うことができ、メンバーを知ることができました」など、セッション以外でのメンバーとの交流がメンバー理解につながっていることも記述してあった。これは、村山（2008）がPCAグループはセッションだけがメンバーの変化やふれあいの場ではなく、ワークショップ全体がふれあいの場であると述べているように、セッション外セッションについての有効性についても示唆している。

（3） N⇒N群について

N⇒N群は全参加者中にごくわずかに見られた。特徴的なN⇒N群の感想カードを一部抜粋して紹介する。
- 「人間関係づくりの場を設けられたり、団体行動が苦手なので、行くまではずっと面倒くさいとか憂うつだなと思っていました。（中略）第7セッションは花束カードで、自分のはまったく書けなかったけど、いろいろと書いてもらって嬉しかったです。コミュニケーションはやっぱり苦手で、これからは自分のペースでやっていけたらいいと思いました」。

N⇒N群は、PCAグループを体験した後もグループに対する不安は改善されなかった。しかし、PCAグループは訓練モデルとは異なり、個人の多様性を尊重したエンカウンターグループである。このようにN⇒N群はコミュニケーションが苦手であることと、自分のペースでやっていければいいという自分のありのままの気持ちでいられることが尊重されるPCAグループ的な視点に気づくことができた

群であると考えられる。

❸ セッションごとの体験内容の分析

本節では、PCAグループで実施されたセッションごとに体験内容を分析し仮説の検討を行う。その方法として、看護学校で実施された各セッションについて、参加者が実際にどのような感想をもったのか確認しつつ、セッション仮説が支持できるものであるか、特に表1の「生成」の項目に焦点を当てた比較検討を行う。

(1)各セッションの感想と仮説の比較

感想文より、セッションごとに特徴的であった感想を抜粋したものを表3に記す。

表3 ── 各セッションにおける特徴的な感想

第1セッション ボディーワーク	少し緊張していたが、セッション後は少し楽な気分になった。
	自分をほぐし、気持ちがゆったりとした。
	体をほぐし、普段気づかない体の疲れや変化に気づくことができた。心身ともにリラックスでき、落ち着き、人の話を聞く余裕のようなものが出てきたと感じた。
第2セッション 80マス作文	みんなで一つの文章を作り上げる楽しさ、協力の大切さを実感しました。また、今まで話したことがなかった人とも話すことができ、こういう人なんだなと知ることができました。
	「何を考えているのだろう」と相手の思っていることを想像しながら行いました。
	みんなで1文字ずつ考えて一つの作文にするというセッションでは、ワイワイ話しながらさっきまでモジモジしていたのが嘘のように話し、みんなで考えながら行えました。
	ほかの人がどういった文章をつくりたいのか、なんと伝えようとしているのかを汲みとるのが難しかったけど、それを考えながら文章につながりが見えたときに一体になれたような喜びがありました。

第3セッション 自己紹介	グループメンバーについてよく知ることのできた時間でした。好きなものや誕生日の思い出、佐賀のおすすめスポットなど、グループで雑談すると、今まで話したことの無かった人についていろいろと知ることができたし、話したことのあった人でも、意外な一面を知れたりと、新しい発見もありました。話し始めは話したことの無い人同士だったからか、なかなか話が続かず、沈黙するときもありましたが、だんだんとみんながいろいろ話をするようになり、少しずつグループでもうちとけて楽しく話ができました。
	グループのことがちょっと分かって親近感がわきました。
	自分のことを知ってもらい、メンバー一人ひとりのことを知ることで、連携づくりができることを学びました。
第4セッション 学生企画	クラス全員でのレクリエーションで長縄とドッジボールをしたときは、グループワークとはまた違う楽しさがあった。久しぶりにあんなに動き回ったし、話したことがない人とも話せてよかったです。
	スポーツを通じてのコミュニケーションはとりやすく、たくさんの人と話すことができました。関係を深めなくても、とれるコミュニケーションがあり、そのくらいがちょうどいいと思いました。
	グループで心を一つにして大縄跳びを少しでも長く飛んだり、ドッジボールで盛り上がったりと連帯感を深めることにつながりました。
第5セッション コラージュ	クラスの人たちのことも知れましたが、自分はどう思っているのか、考えていたのかなど、自分を見つめ、向かい合うことができたのではないかと思いました。
	どんなことを考えている人なのか、どういう考えをもっている人なのか知ることで、共感や興味、その人の人間像のようなものをイメージ、理解がしやすかった。また、自分のことや自分の考え、将来の希望など、自分を客観視できたことで、自己理解や将来への自分がどんなビジョンをもっているのかが分かってよかった。
	メンバーのコラージュを見たり、夢を傾聴することで、まったく話したことのなかった人のことはもちろん、高等課程からの友達の新たな一面を知ることができたりなど、自分を知ってもらえた安心感や自己理解がとても促進されたと感じました。
第6セッション 夢ワーク	自分自身を見つめ直すと同じように、グループの一人ひとりと向き合うことで、自分を知り相手を知り、共に肯定し合うことで、恥ずかしながらも気持ち良く、また、こころ強くもなれた。そして、こんな自分だけどよろしくと自分自身にも素直に伝えられたようで、これからの人生で自分とよく付き合っていこうと思いました。

	どんなことを考えている人なのか、どういう考えをもっている人なのか知ることで共感や興味、その人の人間像のようなものをイメージ、理解がしやすかった。また、自分のことや自分の考え、将来の希望など自分を客観視できたことで、自己理解や将来への自分に対してどんなビジョンをもっているのかが分かってよかった。
	このセッションを通して自分の夢や思い、考えなどをグループの人たちに聞いてもらい、またそれぞれの考えなどを言ってもらうことで、悩みは自分だけがもっているんじゃないと少し安心したし、もう少し頑張ってみようという気持ちになることができました。自分の夢のためにはどうすればいいか、自分の考えだけでなくほかの人の違った意見も聴くことで、いろんな方法があることに気づけたし、自分は間違っていないんだなと自信をもつことができました。
第7セッション こころの花束	一番印象に残ったセッションは、こころの花束で自分の良いところ、グループメンバーの良いところを手紙に書くことでした。グループメンバーの良いところはセッションを通して書くことができましたが、自分の良いところを書くときには、考える時間が必要でした。自分では良いところと思っているけど、過去を振り返ってみると、良い部分と悪い部分であることが分かりました。そしてメンバーから発表されたとき、自分が書いたことがメンバーから書かれた手紙に入っていると、自分が認められた、自分を良く見てくれている、と感じ、とても精神的に安らぐ感じを覚えました。
	自分は今まで人の良いところを見つけようと思って人に接してきたことがなかったことに気づいた。大変な作業だと初めは思ったが、これまでのセッションのなかで出来てきた連帯や信頼など人間関係を築いてきている仲間なので、良いところが出てきやすかった。
	二つのことを学びました。一つめはこれまでは人から自分の長所を聞いても、ただ満足して終わっていましたが、その長所を伸ばすことに意義があり、自己の向上心を発展させることが大切だと学びました。二つめは、意識して相手を観察してみないと、相手の長所はなかなか見つけることができないことに気づきました。しかし、意識して見つけて相手に伝えることができれば、私がグループの人から評価されたときに嬉しかったことと同様に、相手も嬉しいと感じるだろうと思います。それが相互理解へとつながり、より良い人間関係に発展することを学びました。

表3を参考に、各セッションについて、以下のような内容が検討された。

第1セッション

　第1セッションの感想文からは、PCAグループに参加することへの不安の

軽減や、自分自身の体の感じと向き合う効果、さらにリラックス効果があることが確認できた。その内容からは、"安心感""初期不安の緩和"自分のペースで実施できることによって生じる"ゆったり感""身体と向き合う"といった実践仮説が支持できるものと考えられた。

> 第2セッション

　第2セッションの「80マス作文」について言及された感想文の数は、全体の半数近くにおよんだ。本セッションは初めてのメンバーとの共同作業であり、開始時は初期不安が高い状態であることが予測される。そのような状況のなかで軽いゲーム感覚でのセッションは印象に残りやすいのではないかと考えられた。そして、第2セッションは、個人を重視した第1セッションとは異なり、メンバー同士で楽しく活動しながら、同時に相手のことも考えながら実施していることが確認された。このことは、"相互理解の芽生え""遊び感覚の楽しみ""達成感"という実践仮説を支持するものと考えられた。

> 第3セッション

　第3セッションの「自己紹介」は、グループメンバー相互に互いのことを知ってもらうきっかけづくりとなるセッションであったことがうかがえた。表3からは、これまで話したことのなかったメンバーについて知ることができたという内容や、既知のメンバーであっても、新たな一面を発見できたという内容、グループに対する愛着が芽生えたといった内容のコメントが確認できた。このことから、自己紹介セッションの実践仮説である"相手を知る""印象の違い""思い込みに気づく"といった仮説は、支持されることが考えられた。

> 第4セッション

　第4セッションの学生企画は、前セッションまで活動を共にしていた小グループとは異なったメンバーでの活動となった。このことについて、企画者側としてはほかのセッションと同じグループで実施したほうが好ましいのではないかという見解もあった。しかし、「今までのグループから離れ、少し緊張感が和らいだ」というコメントもあり、企画者側にとって今後の方針を考えさせられるきっかけとなった。第4セッションの感想からは、グループワークからの解

放感や、新しいメンバーと知り合えたこと、さらにメンバーの新たな一面を見ることができたという感想や、これまでのセッションとは異なるコミュニケーションの存在に気がついたという感想が確認できた。このことから、"解放感""自由感""連帯感""自発性"といった実践仮説は支持されることが考えられた。

> [!NOTE]
> 第5セッション

第一日目の最終セッションとなった「コラージュ」は一人作業が中心であり、作成している間はメンバーとの交流も少ないことから、自分の今の気持ちに焦点を当てる機会になったという感想が見られた。また、「最後まで何を作ったらいいのか分からなかった」という感想があるいっぽうで、「作品づくりが楽しかった」という感想もあり、得手不得手の分かれるワークであったことが確認された。また、完成した作品の内容をメンバーに伝える段階では、「メンバーのことを深く知るきっかけとなった」といった感想が目立った。そのほかに「セッションを通じて一番印象に残ったセッションだった」という感想もいくつか見られた。これらの感想は、コラージュにおける"達成感""安全感"という実践仮説を支持するものであると考えられた。

> [!NOTE]
> 第6セッション

第6セッションでは「夢と守護霊ワーク」を実施した。前日までに五つのセッションを実施しており、グループの連帯感やメンバー同士の相互理解がある程度構築されていることが予想された。このことが影響していたためか、感想文からは第6セッション実施前にはすでにグループに対する安心感が定着していた参加者が増えていたことをうかがい知ることができた。実際に第6セッションにおいては「一番印象に残ったセッションだった」という感想をもった参加者が多かったが、これはグループ意識の向上、メンバーに対する理解、自己理解がよりいっそう深まったなどの理由からではないかと考えられた。このような背景のもとで実施された感想からは、本セッションの意義として、メンバーからの肯定的なフィードバックによって助長される"ありのままの自己を肯定する重要性"を体験できることが大きなキーワードになっていることが確認された。また、検討の結果として実践仮説にある"肯定感の増大""承認体験"といった内容は支持されることが考えられた。

第15章 PCAグループのセッションの意味の分析

第7セッション

　最終セッションとして実施された「こころの花束」では、終結セッションらしく、グループの連帯感を強く再確認できたという感想が目立った。また、本セッションでは「自分の居場所を再確認することにつながった」という内容の感想が特に多かった。このような感想から、「こころの花束」ワークは、これまでのセッションによって構築された関係性、自己肯定感を確認する作業を担うワークになっており、「こころの花束」を最終セッションに位置づけることは、重要な事項であることも考慮された。本セッションの感想を検討した結果、実践結果として考えられた"他人からの承認""団結感"は支持されることが考えられた。

（2）検討結果について

　今回行った感想文と実践仮説の比較検討の結果、実践仮説の「生成」の項目はおおむね支持される結果となった。しかし、第4セッションの"賞品なし"という項目についてのみ、言及されている記述は見られなかった。今回のお任せセッションではスポーツが実施されたが、参加者からは特に勝敗にこだわる様子はうかがえず、自由な雰囲気のなかで活動していたため、この点に関しては特別に意識しておらず、言及に至らなかったことが考えられたが、今後の検討課題としたい。

　また、お任せセッションについては「関係を深めなくてもとれるコミュニケーションがあり、その位がちょうどよい」といった内容の感想も数点見られた。このような感想からは、お任せセッションのもつ、ほかのセッションとは異なった自由感や解放感のなかで参加者自身を発揮しやすいといった性質が表現されているように感じられた。そして今回のようなスポーツ企画の場合では、身体を動かしながらのコミュニケーションづくりのほうが自分は得意だという新たな気づきが、セッションを通して生じている参加者もいたことが考えられた。この点を「生成」にどのように追加するか検討していきたい。また、今後はこのような検討をくり返しながら、表2のPCAグループプログラムの緻密化を図ってきたいと考える。

3. まとめ

　今回、検討の材料として用いた感想文は、PCAグループに参加した看護学生が、その後、日常生活に戻って作成したものである。PCAグループでは、各セッション終了直後にセッション・アンケートを作成してもらうことがある。しかし、今回のように日常生活に戻り、一定の時間が経過してからPCAグループの感想を文字に起こす作業はめずらしいことである。今回の作文のように、ある程度時間が経過してからの振り返り作業は、PCAグループに参加して体験したことが日常生活においてどのような意味をもっていたのか、また、自分のなかでどのように消化され、どのように活用されているのか考えてもらうきっかけになることが考えられる。この振り返りは、『Pre→PCAグループ経験→Post→Follow』という時間軸からなるPCAグループの"Follow"に位置するものである。今回のように感想文を作成するという作業は、参加者が振り返りを通し、自身の力でフォローアップを体験していることが考えられる。また今回のような振り返りながらの作文は、参加前と参加後の比較材料になることも考えられ、自身の気持ちの変化に気づくという意味からも、重要な作業であることが考えられる。

　感想文を用いて検討を行うことは、今回のように各セッションの意義を確認するとともに、PCAグループのフォローアップのあり方について検討するための手段として活用できると考えている。そして、その方法の一つとしてセッション・アンケートと感想文の比較検討を行う方法が挙げられる。このような方法を用いながら、今後はフォローアップの質の向上を図れるような研究にもつなげていきたいと考えている。

❖文献
村山正治(2008)「PCAグループの試みと実践を中心に」『人間性心理学研究』26（1・2），9-16.

(本章は渡辺元・杉浦崇仁・村山正治 (2012)「PCAグループのセッションの意味の分析の試み──体験感想文を手掛かりに」『東亜臨床心理学研究』11(1)，19-28を転載し、加筆・修正したものである)

第 IV 部

資料編

資料1 | 参加者カード

参加者カード

性　別（男・女）
記入日（　　）年（　）月（　）日

参加前の気持ち

●PCAグループへの期待・不安などについてお書きください。

●あなたのPCAグループへの期待は？

1	2	3	4	5	6	7
まったくない	あまりない	どちらかといえばない	どちらともいえない	どちらかといえばある	かなりある	非常にある

●あなたのPCAグループへの不安は？

1	2	3	4	5	6	7
まったくない	あまりない	どちらかといえばない	どちらともいえない	どちらかといえばある	かなりある	非常にある

参加後の気持ち

記入日（　）月（　）日

● PCAグループを終えて、今の気持ち、感想、学んだことなどを自由にお書きください。

● あなたのPCAグループへの満足度は？

1	2	3	4	5	6	7
まったくない	あまりない	どちらかといえばない	どちらともいえない	どちらかといえばある	かなりある	非常にある

資料2 | セッション・アンケート

第（　　）セッション　名前（　　　　　　）
（　　　　　　　　）グループ

1. 感想など、自由に書いてください。

2. このセッションの満足度についてあてはまるものに〇をつけてください。

```
   1        2        3        4          5        6        7
   |_____|_____|_____|_____|_____|_____|
  非常に    結構     少し     どちらとも    少し     結構    非常に
 不満だった 不満だった 不満だった  いえない   満足だった 満足だった 満足だった
```

3. このセッションをおこなったときの印象についてあてはまるものに〇をつけてください。

```
   1        2        3        4          5          6          7
   |_____|_____|_____|_____|_____|_____|
  非常に    結構     少し    どちらとも     少し       結構       非常に
 きつかった きつかった きつかった いえない   楽に過ごせた 楽に過ごせた 楽に過ごせた
```

資料3 | 夢マニュアル

「夢を語り、その実現に向けた仲間のフィードバックと連帯つくり」(150分)
(通称：夢と守護霊ワーク)

❖目的
メンバー一人ひとりが自分の将来の夢、ビジョン、やりたいことなどを語り、一人ひとりのメンバーからの肯定的フィードバックを受けて、相互理解、自己理解、連帯感が育つ機会とする。

❖方法
　①夢を語り、自己開示してもらう
　②他人から肯定的フィードバックを受ける体験
　③メンバー一人ひとりの夢を真剣に聞く傾聴体験でもある
　④夢だから、実現可能性など考えないでよい

❖デモンストレーション
　①全員の前で、円陣を組み、スタッフ3、4人で、デモンストレーションを行う
　②1人が夢を語る人になり、5分程度夢を語ってもらう
　③それを聞いていた他のメンバーが、夢を語ってくれた人の後ろに回って、その肩に手を当てながら（これを「守護霊方式」と呼んでいる）、(1)夢を聞いて感動したところ、印象などを伝える、(2)その夢をかなえるために、できそうな支援、役に立ちそうなことなどを伝える、(3)これを一人ずつ順番におこない、夢を聞いた人全員の守護霊行動が済んだら、夢を述べた人が感想を述べる、(4)拍手で次の語り手に交替する。以下は同じ手順で実施する（夢は1人5分程度語ること、時間係をグループにつくっておくこと）。

❖夢のメモ作成（5～10分程度）
B5一枚程度の用紙を配布する。夢を語るときのメモを作成する。

❖実施手順
　①一番先に夢を話す人を決める
　②以下は前述した「デモンストレーション」の②以下に提示した手順で、実施する

❖グループでシェアリング

資料4 |「こころの花束」

❖目的
メンバー一人ひとりの（自分のことも書く）魅力、良いところ、尊敬できるところ、長所をお互いにフィードバックし、自己理解と自信を深める契機にする。

❖方法
①花束カード作成段階
　(1)花束カードの作成：各自、画用紙をはさみで切り、メンバー分のカードを作成する
　(2)花束作成：1枚ずつに宛名を書く（花束図を板書する）、メンバー各人の良いところ、魅力的なところ、尊敬できるところを三つ以上織りまぜて、心を込めてメッセージを書く
　(3)差出人の名前は書かない
　(4)留意点：グループで相談しない、メンバーに見せない、書いたカードは裏返しにしておく

②花束の発表段階
　(1)カードを宛名の人に裏返しのまま配布する
　(2)集まった自分宛の花束カードを、そっくり右隣の人に渡す（自分のカードを自分が発表しないため）。
　(3)一番先に読む人を決める
　(4)1枚ずつ丁寧に、他の人に聞こえるように読み上げる
　(5)読んでもらった人は、自分宛のカードをすべて読んでもらったら、花束カードを受けとり、感想を述べる
　(6)拍手して、終了
　(7)次は、花束カードを読んだ人の右隣の人が読む
　こうして順次メンバーみんなが読み上げてもらうまで継続する。

③全体でシェアリング

資料5 | 標準2泊3日PCAグループプログラム準備用品参考例

①学校（職場）で用意していただきたい物品
  ・模造紙……グループ数《100マス作文用》
  ・画用紙……A3（［学生人数+10］×2枚）、A4（20枚ほど）《コラージュ用》
  ・色画用紙……A3厚口（グループ数×16枚　各グループで違う色）《こころの花束用》
  ・マジック（黒・色）、サインペン、クレヨン、ポロッキー3箱
  ・セロテープ、ガムテープ
  ・封筒……カードタイプ（グループ数×8枚　各グループで違う色）《こころの花束用》
  ・新聞紙……10枚ほど《床にひくなど多目的》
  ・ごみ袋……2、3枚ほど《コラージュ切り抜き屑用》
  ・コピー用紙（A4）……1包み（1000枚）《様々な用途に使用》
  ・輪ゴム……10束ほど
  ・学校の封筒（A4）……10枚《セッション・アンケート回収用》

②メンバー（学生）が各自で持参する物
　のり、はさみ、切り抜いてもよいグラビアの多い雑誌（3冊）・リボン等
　動きやすい服装・帽子、バスタオル、雨具
　必要な人はバスタオル、座布団

※寝転がったりすることがあるので、必要な方はバスタオルなど各自持参してください。

資料6 | PCAグループ的学級集団形成尺度

これは、クラスやクラスメートに対するあなたの印象について尋ねるものです。質問について、「当てはまる」と思ったら5に、「どちらかといえば当てはまる」なら4に、「どちらでもない」なら3に、「どちらかといえば当てはまらない」なら2に、「当てはまらない」なら1に○をつけてください。

	質　問	当てはまらない	どちらかといえば当てはまらない	どちらともいえない	どちらかといえば当てはまる	当てはまる
1	私は、クラスメートに対して仲間意識を持っている	1	2	3	4	5
2	私は、クラスの中で安心していられる	1	2	3	4	5
3	このクラスで私は、素の自分で過ごしていると感じる	1	2	3	4	5
4	私は、クラスメートに自分の意見などを伝えている	1	2	3	4	5
5	クラスでは、人と違うところがだめというのではなく、個性として認めてくれると感じる	1	2	3	4	5
6	私は、クラスメート同士の絆を感じる	1	2	3	4	5
7	このクラスは、いろいろな考えを受け入れられていると感じる	1	2	3	4	5
8	私は、クラスを居心地よく感じる	1	2	3	4	5
9	このクラスで私は、本来の自分を出せると感じる	1	2	3	4	5
10	このクラスでは、クラスメート一人ひとりの個性を受け入れていると感じる	1	2	3	4	5
11	私は、このクラスになじんでいると感じる	1	2	3	4	5
12	このクラスは、言いたいことを言える雰囲気である	1	2	3	4	5
13	私は、クラスにいると辛いと感じる	1	2	3	4	5
14	このクラスで私は、ありのままの自分で過ごしていると感じる	1	2	3	4	5

質問	当てはまらない	どちらかといえば当てはまらない	どちらともいえない	どちらかといえば当てはまる	当てはまる
15 私は、クラスの中で行動する時に自信を持って行動している	1	2	3	4	5
16 このクラスは、一人ひとりの価値観を尊重していると感じる	1	2	3	4	5
17 私は、このクラスに対して親しみを感じる	1	2	3	4	5
18 私は、クラスメートと意見の違いがあっても、クラスの中に一緒にいられると感じる	1	2	3	4	5
19 私は、クラスにいるとホッとする	1	2	3	4	5
20 このクラスでは、自分のペースでいられる	1	2	3	4	5
21 私は、クラスの中で自発的に行動している	1	2	3	4	5
22 このクラスでは、その人らしさを認められていると感じる	1	2	3	4	5
23 私は、このクラスの一員であると感じる	1	2	3	4	5
24 クラスメートがどのような考えを持っていても、このクラスでは受け止めてもらえると感じる	1	2	3	4	5
25 私は、このクラスの雰囲気が好きだ	1	2	3	4	5
26 クラスの中では、無理なく自分らしくいられる	1	2	3	4	5
27 このクラスは、個性を出し合えるクラスである	1	2	3	4	5
28 私は、クラスで孤立している	1	2	3	4	5
29 私は、クラスにいても緊張せずにいられる	1	2	3	4	5
30 このクラスでは、クラスメートに気を遣わないでいられる	1	2	3	4	5

(白井祐浩作成　第12章参照)

資料7 | 3つの伝言ゲーム（白井祐浩）

❖目的
第2セッションのアイスブレーキングとして利用する。初めから集団で自分について語るのは緊張や負担が大きいことが考えられるので、まず決まったテーマについて前後の人との2者関係でのコミュニケーションをとる伝言ゲームは有効なワークである。ただ単なる伝言ゲームを行うだけではつまらないので、3つのタイプの異なる伝言ゲームを通して、コミュニケーションに慣れる作業を行う。

❖第1題 「普通の伝言ゲーム」
普通の伝言ゲーム。あらかじめ決められたお題を覚え、後ろの人に伝えていく。最後の人は伝わってきたお題を紙に書く。全グループが終わったらファシリテーターが答え合わせをする。

〈手続き〉
①グループごとにメンバーに1列に並んでもらう。この時、並び方は自由に決めてもらう。また、最後の人には紙とペンを渡す。
②先頭の人は前に出てきて、ファシリテーターの示すお題を覚え、後ろの人に伝えていく。この時、他の人には聞こえないように、1つ後ろの人に耳打ちで伝えるようにする。
③最後の人は伝わってきたお題を紙に書き、書き終わったら紙をファシリテーターに渡す。
④全グループが書き終わったら、ファシリテーターは正解を伝えたのち、各グループの解答を紹介する。この時、一番面白い解答を最後にもってくること、ユーモアをもって紹介することがコツになる。

〈お題の例〉
「この子　どこの子の　三つ子の子　三つ子の魂100まで」

❖第2題 「絵を用いた伝言ゲーム」
絵を見て、その説明を後ろの人に伝えていく。最後の人は伝わってきた説明をもとに紙に絵を描く。全グループが終わったらファシリテーターが答え合わせをする。

〈手続き〉
①グループメンバーに1列に並んでもらう。この時、なるべく色々な人とコミュニケーションをとってもらうために、第1題とは並び方を変えてもらう。また、「このお題は、絵の説明が上手な人が最初に、絵を描くのが上手

な人が最後に来るといいかもしれません」などのアナウンスを入れるのもいい。また、最後の人にはペンと紙を渡す。
②先頭の人は前に出てきて、ファシリテーターの示すお題を見て、後ろの人に説明をしていく。説明は言葉だけでなく、ジェスチャーもOKとする。また、途中の人はきちんと絵の内容を伝えることができるなら、説明を変更しても構わない。
③最後の人は、伝わってきた説明をもとに、絵を描く。描き終わったら、紙をファシリテーターに渡す。
④全グループが描き終わったら、ファシリテーターは正解を伝えたのち、各グループの解答を紹介する。

〈お題の例〉

```
まよいガメ
このカメ見たら110番
```

❖第3題 「単語を用いた伝言ゲーム」
単語の説明を、その単語を使わずに後ろの人に伝えていく。最後の人は伝わってきた説明をもとに単語を推測し、伝わってきた説明と答えとなる単語を紙に書く。全グループが終わったらファシリテーターが答え合わせをする。
〈手続き〉
①グループメンバーに1列に並んでもらう。この時、第1題、第2題とは並び方を変えてもらう。また、「このお題は、言葉の説明が上手な人が最初に、説明を聞いて単語が思い浮かびやすい人が最後に来るといいかもしれません」などのアナウンスを入れるのもいい。また、最後の人にはペンと紙を渡す。
②先頭の人は前に出てきて、ファシリテーターの示す単語の書かれたお題を見て、その単語の説明を後ろの人に伝えていく。この時、書かれている単語を使わずに説明をしてもらう。また、途中の人はきちんと単語の内容を伝えることができるなら、説明を変更しても構わない。
③最後の人は、伝わってきた説明をもとに、単語を推測する。紙には伝わってきた説明と、答えとなる単語を書く。書き終わったら、紙をファシリテーターに渡す。
④全グループが書き終わったら、ファシリテーターは正解を伝えたのち、各グループの解答を紹介する。
〈お題の例〉
「仲間」
＊このお題の場合、単語そのものの内容ではなく人名などを説明に使う抜け道がある。

資料8 | PCAグループの実践に役立つ参考文献

　各章末尾の文献のほか，PCAグループを実践するうえで参考にしている文献を本書執筆者に推薦していただいた。

❖**是非読んでおきたい基礎文献**

『ロジャーズ選集――カウンセラーなら一度は読んでおきたい厳選33論文』
カール・ロジャーズ著，伊東博・村山正治監訳，誠信書房，2001年

『構成的グループエンカウンター事典』
國分康孝・國分久子総編集，図書文化社，2004年

『マンガで学ぶフォーカシング入門――からだをとおして自分の気持ちに気づく方法』
村山正治監修，福盛英明・森川友子編著，誠信書房，2005年

『ロジャースをめぐって――臨床を生きる発想と方法』
村山正治著，金剛出版，2005年

『新版 人間尊重の心理学――わが人生と思想を語る』
カール・ロジャーズ著，畠瀬直子訳，創元社，2007年

『パーソンセンタード・アプローチの挑戦――現代を生きるエンカウンターの実際』
伊藤義美・高松里・村久保雅孝編著，創元社，2011年

❖**ワークの選択・実施に役立つ参考文献**

『エンカウンターで学級が変わる――ショートエクササイズ集』
國分康孝監修，図書文化社，1999年

『小学校学級づくり・構成的グループエンカウンター・エクササイズ50選』
八巻寛治著，明治図書出版，2004年

『こころのワークブック――だれでもできるひとりでもできる自分探し&コミュニケーションガイド』
村山正治監修，太田列子編，こころのワークブック制作グループ著，ふくろう出版，2006年

「プログラム構成からみるPCAグループの意味――必修授業におけるPCAグループ事例をもとにして」
白井祐浩著『九州産業大学大学院臨床心理学論集』6，13-17，2011年

『クラス全員がひとつになる学級ゲーム&アクティビティ100』
甲斐崎博史著，ナツメ社，2013年

『フォーカシングはみんなのもの――コミュニティが元気になる31の方法』
村山正治監修，日笠摩子・堀尾直美・小坂淑子・高瀬健一編著，創元社，2013年

『ほんもののエンカウンターで道徳授業　中学校編』
諸富祥彦編著，明治図書出版，2014年

『じぶん&こころ まなぶBOOK』
村山正治監修，鬼塚淳子編，じぶん&こころ まなぶBOOK制作ワーキンググループ著，培風館，2014年

❖**PCAグループを中学校・高校へ展開する際に役立つ文献**

　スクールカウンセラーとしてPCAグループを中学校や高校で行っている黒瀬まり子に，実践で参考にしている文献や，生徒に紹介した文献，自らのアイディアや実践の幅を広げるのに役立った文

献を解説とともに推薦していただいた。第5章とともに参考にしていただきたい。

『子どものためのストレス・マネジメント教育——対症療法から予防措置への転換』
竹中晃二編著，北大路書房，1997年
▶ ストレスマネジメント教育全般を学ぶにはよい一冊。第三部ではストレスマネジメントの実際として、メンタルトレーニング、リラクセーション、授業や学級活動、地域や家庭などでの実践が紹介され、非常に参考になる。

『いろいろいろんな日』
ドクター・スース作，S・ジョンソン ＆ L・ファンチャー絵，石井睦美訳，BL出版，1998年
▶ いろんな色の気持ちの日を素敵な絵で描いた絵本。どんな気持ちのどんな色の日も、どれも大切な自分の気持ち。大切にしてあげようねというメッセージとともに、気持ちとの付き合い方について考える授業のときには必ず読み聞かせする絵本。

『動作とイメージによるストレスマネジメント教育　展開編——心の教育とスクールカウンセリングの充実のために』
山中寛・冨永良喜編著，北大路書房，1999年

『動作とイメージによるストレスマネジメント教育　基礎編——子どもの生きる力と教師の自信回復のために』
山中寛・冨永良喜編著，北大路書房，2000年
▶ 学校でのストレスマネジメント教育を分かりやすくまとめた本。基礎編では、動作法の解説もあり、クライエントに活用したいカウンセラーにもおすすめ。展開編では、いじめ防止、危機介入などのテーマに沿った記述が実用的で、スクールカウンセラーとして勤務するときに手放せない一冊。

『子どものためのアサーション自己表現グループワーク——自分も相手も大切にする学級づくり』
園田雅代・中釜洋子著，金子書房，2000年
▶ 子どものいじめなど学校で生じる問題にアサーションを切り口に具体的対処、教育を提言している一冊。非常に実用的であり、学級での実践をすぐに行いたい場合の力強い味方になってくれる。

『心のライフライン——気づかなかった自分を発見する』
河村茂雄著，誠信書房，2000年
▶ これまでを振り返り、未来を考えるライフラインの方法を詳細に説明した本。第5章の「夢をひろげる授業」では、ドリームマップの作成のみを紹介したが、時間に余裕がある場合は、ドリームマップ作成前にライフラインを描いてもらい、これまでの自分の歩みを確認してもらうことがある。その際に、参考にした。

『多様性トレーニングガイド——人権啓発参加型学習の理論と実践』
森田ゆり著，解放出版社，2000年
▶ 子どもから大人まで取り組めるアクティビティが盛りだくさん。アクティビティの対象年齢マークもついており、多様性を学ぶ目的でワークを探すときには重宝する一冊。

『レッツ・コミュニケート——いま、この地球をともに生きるものたちとの交歓、共感、未来の共有のために』
角田尚子・ERIC国際理解教育センター著，ERIC国際理解教育センター，2001年
▶ わたし編、あなた編、みんな編、スキルアップ編と4つの視点から、多様なアクティビティが紹介されている。100頁未満の薄い本だが、内容は充実している。

『親教育プログラムのすすめ方——ファシリテーターの仕事』
ジャニス・ウッド・キャタノ著，三沢直子監修，杉田真・門脇陽子・幾島幸子訳，ひとなる書房，2002年

▶ カナダ発のNobody's Perfectプログラムのファシリテーターのために書かれた本。アイスブレーキングやグループ運営のノウハウなど、実施にあたってのさまざまな実践が具体的に紹介されており、PCAグループにも応用できる内容。親に向けてのプログラムを想定して書かれているが、応用範囲も広いと考えている。

『気持ちの本』
森田ゆり作，たくさんの子どもたち絵，童話館出版，2003年
▶ 気持ちとの付き合い方について書かれたとても素敵な絵本。子どもたちが描いた絵が多用され、心理教育の授業などで紹介したり、学級文庫に備えておくのに最適。

『人間関係づくりトレーニング』
星野欣生著，金子書房，2003年
▶ 個人の価値観や思い込みなどに気づきやすいようなワークが多く盛り込まれており、コミュニケーションを学ぶには最適。

『虐待とドメスティック・バイオレンスのなかにいる子どもたちへ──ひとりぼっちじゃないよ』
チルドレン・ソサエティ著，堤かなめ監修，アジア女性センター訳，明石書店，2005年
▶ 子どもたち自身へ向けて書かれた本。虐待や暴力にさらされている子どもたちが、どのように考え、気持ちに向き合い、対処していけばよいかが易しい言葉で紹介されている。気持ちとの付き合い方のヒントを得られる一冊。

『フォーカシングワークブック──楽しく、やさしい、カウンセリングトレーニング』
近田輝行・日笠摩子編著，日本・精神技術研究所，2005年
▶ フォーカシングをワークに取り入れたいときによく開く一冊。様々なフォーカシングの形を知ることができるため、新しいアイディアにもつながりやすいかもしれない。

『傷ついたあなたへ──わたしがわたしを大切にするということ　DVトラウマからの回復ワークブック』
レジリエンス著，梨の木舎，2005年

『傷ついたあなたへ２──わたしがわたしを幸せにするということ　DVトラウマからの回復ワークブック』
NPO法人レジリエンス著，梨の木舎，2010年
▶ いずれもDV被害者の心の回復をねらったワークブックだが、暴力の影響や心の回復について丁寧に解説してある。学校現場など、さまざまな傷つきをもった人たちが参加する可能性があるグループでは、こうした知識やワークを知っておくことは、ファシリテーターに安心感をもたらしてくれると思われる。

『ワークブック　おこりんぼうさんとつきあう25の方法──「怒りのマネージメント」による子どもの理解と対応』
ワーウィック・パドニー，エレーン・ホワイトハウス著，藤田恵津子訳，明石書店，2006年
▶ 怒りに焦点を向けたワークブック。子どもたち自身が取り組めるワークが多数紹介されているだけでなく、子どもが怒ったときに大人ができること、大人の役割についてもきちんと説明されている。学校で、怒りに目を向けてもらう必要性が生じたときに非常に役立つ本。

『アサーティブトレーニングBOOK──I'm OK, You're OKな人間関係のために』
小柳しげ子・与語淑子・宮本恵共著，新水社，2008年
▶ アサーション・トレーニングに取り組むための本。トレーニングの概要だけではなく、考え方や気持ちを振り返るワークやチェックシート等も含まれており、実用的。

あとがき

　本書に展開しているPCAグループの理論、実践、事例、リサーチなどは、これまでのわれわれの活動の蓄積を整理してまとめたものである。
　ここでは、オーガナイザーとして筆者が果たしてきたことを述べ、これらの研究と実践が展開されてきた舞台裏に読者をご案内してみたい。PCAグループの実践と研究に親しみをもっていただき、PCAグループ創出の過程がまさに出会いの連続であったことをご理解いただければ幸いである。

実践とフィールドの開拓

　エンカウンターグループは多様な側面をもっているのが魅力である。個人セラピーモデルを含み、集団を扱う。また、コミュニティワークでもあり、しかもテーマコミュニティである。
　研究と実践には、適切なフィールドや環境を見つけるか、つくり出す必要に迫られる。幸い、ベーシックエンカウンターグループの実践には、九重の「九大山の家」という大自然、温泉、管理が緩いという条件がそろっていた環境があったので、50年も継続できた。
　また、PCAグループに関しては、筆者がたまたま福岡県医療指導課の依頼で、看護師の臨床指導者研修を20年近く、今日、私がPCAグループと名づけた方法の源流として実施してきたことが大きい。
　この研修は、ベーシックエンカウンターグループではなく、2泊3日のPCAグループである。大変好評で、いまだにいくつかのグループが、このときのグループメンバーで毎年同窓会を開いていると聞いている。ここで知り合った看護師たちが看護学校の教員になり、筆者にPCAグループを依頼してくる。われわれのプロジェクトの8割は、このときの関係者が関与している。合宿PCAグループから生まれるつながりの強さに驚いている。

ファシリテーターグループと共創モデル

　筆者は九州大学、久留米大学、九州産業大学、東亜大学の大学院と、50年近い大学での教職歴をもち、幸いなことに、個性的で優秀な院生たちに恵まれてきた。今はそれぞれ一家を成し、大学教員として、心理臨床家として大活躍している人が多数いることも周知のとおりである。

　われわれがエンカウンターグループにおける構成／非構成の二分法にとらわれないPCAグループを初めて提唱したのは、2004年の日本心理臨床学会でのことであった。これは、久留米大学時代の院生と東亜大学の院生とPCAグループに取り組み、PCAグループ研究で博士学位まで取得した鎌田道彦との共創である。2人で精力的にグループの実践と研究に没頭した。「お任せセッション」は鎌田道彦が創った言葉である。鎌田との討論のなかで、次々と新しい視点や事例が生まれてきて、われわれが何か新しいことに挑戦し、何かが生まれてきている実感があった。これに本山智敬が加わり、さらに充実した。

　ついで、九州産業大学時代の白井祐浩、木村太一らとの共創である。白井はPCAグループや筆者の研究発想になじむまでに時間を必要とした人であり、時に筆者と激論をたたかわせることもあった。彼は、筆者の主宰するベーシックエンカウンターグループに2回参加し、体験を深め、さらにグループエンカウンターの本部主催の研修会に参加して、PCAグループやベーシックエンカウンターグループ、グループエンカウンターとの体験的な比較を行った。筆者の仲間うちでは、筆者の知る限りこのような体験をした唯一の人である。彼はPCAグループの研究と実践を博士学位論文のテーマに選び、PCAグループの3要因の特質や効果研究に数量的手法を持ち込んだ。おかげで、ワークショップ前後の効果測定をはじめとして、PCAグループのエビデンスを確実に積み上げることができてきている。

　黒瀬まり子はPCAグループをスクールカウンセラーとして中学校・高校へ展開するとともに、看護専門学校のカウンセラーとして、ファシリテーターとして貢献している。

　石井紀子（看護教員）はPCAグループのリサーチの発展にアイディアと資料を提供し、研究の発展を支援している。

　樋渡孝徳（臨床心理士）は発想の柔軟性とグループ好きでないファシリテーターとして力量を発揮し、PCAグループのオーガナイザー、ファシリテーター

として活躍している。

稲富典子（臨床心理士）は参加者と実施校の教員から高く評価されている実力派のオーガナイザー、ファシリテーター、スーパーバイザーとして活躍している。

また、吉川英光（臨床心理士）は合宿ではなく毎週の授業にPCAグループを地道に展開している。

鬼塚淳子（九州産業大学准教授）は九州産業大学の新入生プロジェクトにPCAグループを展開して初年次教育の充実に効果をあげている。

本書には分担執筆していないが、ファシリテーターとしてPCAグループの発展に貢献してきている人の名前を挙げて敬意を表したい。

樋渡孝徳、吉川英光、稲富典子、田中正江、中山幸輝、新開佳子、前田春菜（以上、臨床心理士）、古野薫、上岡由香、北田朋子、村上恵子、（以上、東亜大学大学院生）。

応援団のありがたさ

PCAグループ研究で楽しいのは、合宿で若い院生たちとファシリテーター体験をすることで、つながりと仲間意識が生まれることである。

九州産業大学時代、学部生を対象として、院生がファシリテーターを行う「タイアップ・プログラム」と呼ぶPCAグループのプログラムを開発していたときであった。

このプログラムには院生の訓練、学部生の参加体験、宿泊施設の厳しい規則など色々な課題があり、生徒指導担当の平井達也准教授（現・立命館アジア太平洋大学准教授）が施設側から呼び出され、注意を受けることもあった。また、海に入った学生が貝殻で足をけがする事件もあった。

そんなプログラムの2日目の夕方、そのときは非番であった院生で、スーパーバイザー担当の都能美智子と吉川麻衣子が陣中見舞いにはるばる福岡から車でやって来てくれた。このときの嬉しさは「波戸岬体験」として今でも忘れられない。来ていただくだけで、こちらが元気になる体験をしたのである。岬のサザエ小屋で、サザエを食べながら、2人に話を聞いてもらった。これは2人のまったくの自発的行為であったが、ほかにもこうした自発的応援は木村太一、杉浦崇仁、近藤崇史など、名前を挙げればきりがないほどである。

今後の課題
(1)ファシリテーター養成

　ファシリテーターの養成に関しては、九州大学時代の仲間の野島一彦、安倍恒久の優れた研究がある。

　本書では、村山が第1部第3章で体験的ファシリテーター論としてベーシックエンカウンターグループとPCAグループの体験から得られたことを書いている。PCAグループになってからは、第1部第1章などを参照いただきたい。システマティックなプログラムを提示している。

　PCAグループのファシリテーター養成はこれからの課題である。

　筆者個人は、
- （1）一緒に体験して、筆者をはじめ、ほかのファシリテーターのやり方を観察すること
- （2）メンバー体験・ファシリテーター体験を記述して整理しておくこと
- （3）次にファシリテーターを経験したい人をワークショップに連れて行くこと

この三つの連続過程がファシリテーターの養成に必要であると考えている。要は、グループ体験をある程度好きになり、自分のペースでいられることが大切である。

(2)基本仮説の重要性

　筆者はベーシックエンカウンターグループもPCAグループも両方体験しているが、どちらもそれぞれの良さをもっている。PCAグループの基本仮説はロジャースのPCA仮説である。しかし、目的に応じて使い分けている。

　日本ではエンカウンターグループ体験そのものに価値があるとされる傾向がある。筆者はその発想が今日まで日本でエンカウンターグループを発展させてきた原動力であることは認識している。しかし、中田行重が初めて指摘したように、「エンカウンターグループは目的を達成するための一つのツールである」と考えると、もっと応用が広がるように思う。

(3)領域の拡大

　PCAグループを活用できる領域や課題は広大である。われわれは、大学、

看護学校、大学院などについては効果が上がる実証的データをもっている。

　これから展開できる領域は無限である。産業領域、子育て支援、幼稚園から大学院教育までの学校教育の領域、会社・官庁の初期不安の緩和、いじめ、不登校、引きこもり、精神科デイケアなど、少し挙げるだけでも無限の広がりがある。

謝　辞

　本書が刊行にこぎつけられたのは、渡辺明美編集部長と小林晃子さんの献身的な努力によるものである。予定より刊行が2年も遅れてしまったが、辛抱強くこりずに最後まで付き合っていただいたおかげである。このお2人の貢献が無ければ、本書はこの世に誕生しなかったのである。心から感謝申し上げたい。

村山　正治

PCAグループに関するお問い合わせ
福岡市中央区赤坂2丁目2-10-102
心理教育研究所赤坂内　21世紀研究所
村山　正治
メールアドレス：shmuray@hiz.bbiq.jp

著者紹介

❖編著者

村山正治（むらやま　しょうじ）
1963年、京都大学大学院教育学研究科博士課程修了。現在、東亜大学大学院総合学術研究科臨床心理学専攻教授・専攻主任、九州大学名誉教授。臨床心理士。著書『ロジャーズをめぐって』（金剛出版）、『新しい事例検討法PCAGIP（ピカジップ）入門』（創元社）ほか多数。論文「PCAグループの現状と今後の展望」ほか。

❖執筆者(五十音順)

相澤亮雄（あいざわ　あきお）
2009年、九州産業大学大学院国際文化研究科国際文化専攻博士前期課程臨床心理・教育研究分野修了。現在、北九州市教育委員会指導部指導第二課常勤スクールカウンセラー。臨床心理士。

相原　誠（あいはら　まこと）
2012年、九州産業大学大学院国際文化研究科国際文化専攻臨床心理学研究分野博士前期課程修了。現在、九州産業大学大学院国際文化研究科国際文化専攻臨床心理学研究分野博士後期課程在学中。北九州市スクールカウンセラー。臨床心理士。論文「大学生におけるPCAグループ体験の意味——PCA的所属感の高低に注目した検討」ほか。

鎌田道彦（かまだ　みちひこ）
2003年、東亜大学大学院総合学術研究科臨床心理学専攻博士課程修了。現在、仁愛大学人間学部心理学科講師（〜 2015年３月）。博士（学術）。臨床心理士。論文「PCA Groupの基本的視点の提案とその展開——学校現場における事例研究による検討」（学位論文）、「学校現場におけるPCA Group基本的視点の提案——構成法・非構成法にとらわれないアプローチ」ほか。

木村太一（きむら　たいち）
2008年、九州産業大学大学院国際文化研究科国際文化専攻臨床心理学研究分野博士課程満期退学。現在、福岡国際大学・福岡女子短期大学学生相談室講師・専任カウンセラー。臨床心理士。

著者紹介

黒瀬まり子（くろせ　まりこ）
2004年、東亜大学大学院総合学術研究科臨床心理学専攻博士課程修了。現在、東亜大学大学院総合学術研究科臨床心理学専攻非常勤講師。博士（学術）。臨床心理士。著書『こころのワークブック』（共著・ふくろう出版）、論文「ライフ・トレイル面接法の開発と実践的展開」ほか。

白井祐浩（しらい　まさひろ）
2012年、九州産業大学院国際文化研究科国際文化専攻臨床心理学研究分野博士課程修了。現在、志學館大学人間関係学部・心理臨床学科助教。博士（文学）。臨床心理士。著書『じぶん&こころまなぶBOOK』（分担執筆・培風館）。論文「PCAグループ的視点から見た学級集団形成尺度の作成」「セラピスト・センタード・トレーニングの意義──『正しい臨床』から『私の臨床』へ」（共著）ほか。

杉浦崇仁（すぎうら　たかひと）
2012年、東亜大学大学院総合学術研究科臨床心理学専攻博士前期課程修了。現在、東亜大学大学院総合学術研究科臨床心理学専攻博士後期課程在学中。山口県スクールカウンセラー。臨床心理士。論文「テキストマイニングを用いた複数PCAグループにおけるセッションの意義について」ほか。

本山智敬（もとやま　とものり）
2003年、九州大学大学院人間環境学府博士後期課程単位取得後中退。現在、福岡大学人文学部教育・臨床心理学科講師。臨床心理士。著書『心理臨床のフロンティア──若手臨床家の多様な実践と成長』（共編・創元社）ほか、論文「コミュニケーション・デザインの視点からみたファシリテーションの検討」ほか。

渡辺　元（わたなべ　はじめ）
2013年、東亜大学大学院総合学術研究科臨床心理学専攻博士後期課程単位取得退学。現在、医療法人謙誠会　博愛病院勤務。臨床心理士。論文「PCAグループセッションの意味の分析の試み」ほか。

「自分らしさ」を認めるPCAグループ入門
新しいエンカウンターグループ法

2014年10月20日　第1版第1刷　発行

編著者	村　山　正　治
発行者	矢　部　敬　一
発行所	株式会社 創元社

http://www.sogensha.co.jp/
本社　〒541-0047 大阪市中央区淡路町4-3-6
Tel.06-6231-9010　Fax.06-6233-3111
東京支店　〒162-0825 東京都新宿区神楽坂4-3 煉瓦塔ビル
Tel.03-3269-1051

イラスト	野津あき
装　丁	寺村隆史
印刷所	株式会社 太洋社

© 2014, Printed in Japan　ISBN978-4-422-11570-2　C3011

〔検印廃止〕
本書の全部または一部を無断で複写・複製することを禁じます。
落丁・乱丁のときはお取り替えいたします。

JCOPY　〈(社) 出版者著作権管理機構 委託出版物〉
本書の無断複写は著作権法上での例外を除き禁じられています。複写される場合は、そのつど事前に、(社) 出版者著作権管理機構 (電話 03-3513-6969、FAX 03-3513-6979、e-mail: info@jcopy.or.jp) の許諾を得てください。